U0543260

# 法国史信札

[法] 奥古斯丁·梯叶里 / 著

许 楒 / 译

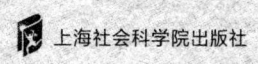

上海社会科学院出版社

图书在版编目（CIP）数据

法国史信札 / (法) 奥古斯丁·梯叶里著；许楣译 . —上海：上海社会科学院出版社，2018
 ISBN 978-7-5520-2344-2

Ⅰ . ①法… Ⅱ . ①奥…②许… Ⅲ . ①法国－历史－研究
Ⅳ . ① K565.07

中国版本图书馆 CIP 数据核字（2018）第 119907 号

# 法国史信札

[法] 奥古斯丁·梯叶里（Augustin Thierry）/ 著
许 楣 / 译

责任编辑： 张　晶
书籍设计： 周清华
出版发行： 上海社会科学院出版社
　　　　　上海顺昌路 622 号 邮编 200025
　　　　　电话总机 021-63315900 销售热线 021-53063735
　　　　　http：//www.sassp.org.cn　E-mail：sassp@sass.org.cn

照　排： 南京前锦排版服务有限公司
印　刷： 上海文艺大一印刷有限公司

开　本： 890×1240 毫米 1/32 开
印　张： 9.375
插　页： 4
字　数： 215
版　次： 2019 年 3 月第 1 版　2019 年 3 月第 1 次印刷
ISBN 978-7-5520-2344-2/K·49
定价： 68.00 元

版权所有　翻印必究

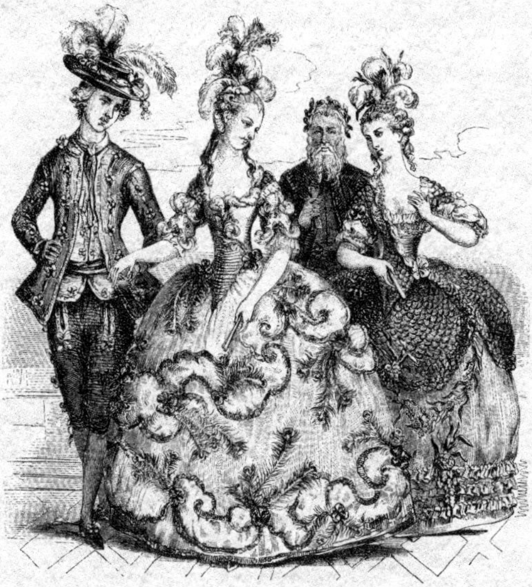

奥古斯丁 · 梯叶里
Augustin Thierry
(1795—1856)

法国历史学家,
早年就学于巴黎高等师范学院,
曾担任过空想社会主义者圣西门的秘书,
深受圣西门历史观的影响,
梯叶里被认为是法国浪漫主义史学的奠基人之一,
著有《法国史信札》《墨洛温王朝纪事》等。

# 序言

本书共收录了25封信件,有1820年底在《法国邮报》上刊登过的10封信,其余信件是首次发表。在这些新信件里,我针对诸多历史问题和公社革命事业展开直接而真诚的讨论,力图确定法兰西史是法兰克王国史的延续这一要点,并阐述了自基督教创立至大革命爆发、法兰西最伟大的社会运动的真实历程。至于过去已刊出的10封信,我的写作目的是对被公众视为经典著作的几本法国历史书籍进行一系列严格审查。也许有人觉得,现在把7年前关于撰写历史的方法和人们对历史的认知所做出的评判,再次逐字逐句地公之于众是不合时宜的,因此我想先简单说明收录这些批评性文章的动机。

1817年,我迫切希望为立宪观念的辉煌胜利贡献力量,于是埋头搜阅历史书籍中的论据来支持自己的政治信仰。我为此项工作投入了极大的热情和专注,在归纳所需资料的同时,历史本身像昔日的图卷般吸引了我。怀着强烈的好奇心,我翻阅各种文献,每当中世纪的一位人物或某个事件,带着勃勃生机或地方色彩浮现在我眼前,我就会不由自主地激动感慨,虽然有些史实与我想找寻或采用的资料完全无关。类似的情绪屡屡出现,几乎扰乱了我的写作思路。不知不觉,我放下现代历史书籍,拿起了旧版编年史,并观察到在某些作家惯用格式和浮夸文笔下种种被扼杀的历史真相。我尝试改变老师们传授给我的思维方式,也真的做到了,可以这么说,我背离了他们。越是名望大、信誉佳的作者越令人愤怒,我曾相信他的文字,而且知道很多读者像我一样受到了欺骗。因此,我在1820年最后几个月中投稿给上面提到的《法国邮报》。

那时,维利院长①和昂格蒂耶②的作品广受欢迎;若谈及文笔深刻犀利,人们常常引述马布利院长③的《法兰西史观察》或图雷④的《革命简史》;德·西斯蒙蒂先生⑤的《法国史》、基佐先生⑥的《法国史概论》、和巴朗特先生⑦的《勃艮第公爵传》尚未出版,所以我有理由断言现代历史作家严重歪曲了中世纪史实。一些人欣赏我的热诚中肯,他们在若干报纸的专栏中,称赞我的工作几乎弥补了目前批评性论文的空白,理清了遗失的历史真相。以上详情是我对几部代表着新颖写作方法的法兰西史一直保持缄默的原因。西斯蒙蒂

---

① 保罗·维利(Paul François Velly,1709—1759),修道院院长、耶稣会士、法国历史作家。——译者注
② 昂格蒂耶(Louis-Pierre Anquetil, 1723—1808),法国历史学家,著有《兰斯民事政治》(Histoire civile et politique de la ville de Reims)、《法兰西史》(Histoire de France)。——译者注
③ 加布里埃尔·马布利(L'abbé Gabriel Bonnot de Mably,1709—1785),法国哲学家,1765年写《法兰西史观察》(Observations sur l'histoire de France)。——译者注
④ 让雅克·图雷(Jacques-Guillaume Thouret,1746—1794),法国政治家,所著《法兰西旧政府的革命简史》(Abrégé des révolutions de l'ancien gouvernement français)实际是公众权利的历史。——译者注
⑤ 西斯蒙蒂(Jean Charles Léonard Simonde de Sismondi,1773—1842),瑞士史学家、经济学家、政论家。——译者注
⑥ 弗朗索瓦·基佐(François Pierre Guillaume Guizot,1787—1874),法国政治家和历史学家。——译者注
⑦ 巴朗特(Amable-Guil laume-ProsperBrugière,barondeBarante,1782—1866),法国历史学家、作家和法国政治家。——译者注

先生注重科学事实，基佐先生善于扩展和细节论述，巴朗特男爵强调叙述的真实性，他们为我们开辟了记载历史的新途径①：只有追随他们的步伐，才能做得更好。不过出版业如同其他商务贸易一样，老作坊生产的物件可确保长期售卖，为了让创新的观念涌现，我们必须克服陈腐旧习，直接抨击伪科学，随着科学影响力的上升，有正确思想和喜好推敲的人将重新聚集在事实周围。

还要提醒的是，人们所阅读的 17 世纪出版的部分法兰西先前史所形成的大众理念，恕我直言应当彻底纠正。大众理念由不同的推断观点构成，有的是完全虚假，有的是沾染了一些谎言。例如以下两个比几何公理更易被接纳的观点：克洛维一世建立了法国君主制；路易六世赋予公社自治权②。两个观点完全没有事实依据，只是现代人的推断。很多书上这样印发，老师们都这样讲授，学生们照例重复，如此产生的效果近乎律法，这掩盖了事实本身。我知道在没有指导下，独自重新整理所接受的历史理念是颇费周章的，不过仍自荐为那些希望以事实取代学院传授的谬论和世上偏见的人士简化这项工作③，利用原始文本以及在充斥着伟大纪事的年代获得

---

① 列举开创历史写作改革之先河的作家作品，假如不提及法兰西文学院约瑟夫·诺代先生的两部回忆录——关于高卢征服后几个世纪的社会状况——将是有欠妥当的。书中一些不带丝毫政治偏见的章节，曾受到 18 世纪学者们的激烈批评，却又因蕴含当时罕见的智慧而流芳百世。（约瑟夫·诺代 [Joseph Naudet，1786—1878]，法国学者、历史学家，以其罗马帝国和拉丁文学作品而闻名，1817 年当选为法兰西文学院成员。法兰西文学院，全名"法兰西铭文与美文学术院"[Académie des inscriptions et belles-let tres]。——译者注
② 克洛维一世（Clovis I，466—511），法兰克王国国王，被认为是法兰克和墨洛温王朝的奠基人。路易六世（Louis Ⅵ，1081—1137），法兰西王国卡佩王朝国王。——译者注
③ 这段表述，仅仅指与作者同龄的人们所接受的最初教育，而非全部的教学范畴。

的政治生活经验，抵制因缺少刻苦钻研而造成的偏见。况且，每位有感知的读者无需阅读旧政权作家们关于君主制或共和制等抽象概念的书，只要自己收集记录、用心核实读到、听到的历史事件，必然会发现往昔尘埃下的精彩点滴。因为我们每个活在19世纪的人对叛乱和征伐、帝国的分割、王朝的衰落和复兴、民主革命和与之相反的复辟运动，比维利、马布利，以至伏尔泰了解得更深入透彻。

此外，我谈一下写这些信件时运用的方法，大部分信件是以论文同叙事互相穿插，并结合史书原文片段。我认为，在书写历史事件时，单凭逻辑推理很难避免风险，举证资料这一方法则始终最为可靠，而且把鲜为人知的特殊事件真实地呈现出来，有可能为几个世纪的历史带来新的光芒。相比其他方法，我比较倾向列举足以信赖的细微证据，并坚持遵照上述原则，对法兰西几座城市的政治历史详情做大量参考求证，试图强调建立公社的民主性质。我想假如当初能完整改变思路，省略叙述中的学术讨论，只谈事实，或许会获得更多的成功。本书切实讲述了拉昂暴动、兰斯内战，这些事件的参与者，理论上可谓最初的第三等级，但在和平胜于一切的两个世纪，第三等级似乎陷入沉睡，被人忘却了，直到今天才骤然加入到爱国主义和政治风暴的戏剧冲突中，于是许多人误认为第三等级是1789年才发展崛起的。也许，历史与当今不同意见的辩论和各种利益的斗争毫不相关，可是如果日复一日地坚持联系探讨，我们就会得到一个深刻的教训：在法兰西，既不存在谁被谁解放，也没有突然而至的权利，我们这一代所拥有的自由权利，都是蹈锋饮血的先辈们夺取的。

# 再版说明

第二版对先前序言中不确切的地方做出了诸多更正。1820年发表的10封信件，有的被替换了，有的我在历史背景和形式上进行了加工。这里我保留第一版的序言是为了解释多次断续修改一部书籍的原因，岁月蹉跎，疾病逐渐缠身，那些对逝去时光的追忆越发令人珍惜，我不愿抹除早期作品中的一切痕迹，不会具体诠释对前一个版本的更正和补充，而是请读者们来判断修改是否合适妥帖。只声明一点，之所以修改，或是出于充分理由，或是对有争议的问题我坚持己见，比如根据日耳曼语校正法兰克名词拼写。

恢复我们民族史最初阶段人物名字的正确写法，这个构想并非别出心裁。16世纪的勤恳学者们努力整理混乱的古老年鉴时，已经注意区分日耳曼名字和罗马名字。学者们清楚克洛维、克洛泰尔、路易、查理等不是法兰西人名，于是不太情愿地按照他们那时的德语拼写并加以修改。此项举措是其中的提耶[①]提议的，他头脑精明，

---

[①] 让·杜·提耶（Jean du Tillet, ?—1570），法国法学家、历史学家，1521年任巴黎最高法院书记官。——译者注

公正严谨。不过公众对这项明智的改革没有什么反响,有些思想激进的作家还以维护法兰西荣誉为名表示抗拒。他们愤怒地宣称没有任何法兰西国王讲德语,更谈不上有德语名字;总之,从法拉蒙德①起法兰西人唯一的应用语言就是法语,绝对是法语。虽然提耶倡导的日耳曼式拼写未能深入人心,我们却不应把它归咎于极端民族主义的发展趋势。因为"叙述"这一文学体裁,已经被学者们摒弃了,如今落入未经专业学习的人之手,用作书写历史的方式,他们以为历史上的法兰西与自己所处的时代没有什么不同。对各时代的差异,他们不仅了解甚少,也不曾仔细观察;他们对这方面不够重视,让读者相信,最先两个朝代国王们说的语言和茹安维尔②所用的语言几乎一模一样。

  10年前,当我第一次从事整理核对古典文献与现代书籍时,立刻决定还原文中的日耳曼词语;我倾注了无比热忱,翻查词典,执着地比较各种不同拼写,试图找到法兰克人名的原始发音和它们的真正含义。我承认这个工作令我产生了几分异常情绪,近似于革命激情,似乎修正人名意味着一系列维新事物的第一步。我本希望按照一般规律并配合以前的发音和拼写,恢复所有原来的日耳曼名称,然而这简直难如登天;经过数次尝试,我改变了初衷,不是因为担心导致公众纷争——反正一切新奇的事物多少都会引起波澜,而是不愿为我打算复原的词语随便捏造一个名字。

---

① 法拉蒙德(Pharamond,370—428),传奇的法兰克人早期首领。对他最早的记载出自8世纪加洛林王朝时期的法国史料《法兰克史》。——译者注
② 让·德·茹安维尔(Jean de Joinville,1224—1317),香槟地区贵族,法国国王路易九世的传记作者、宫廷总管大臣。——译者注

# 再版日耳曼名字的拼写

其实所有这些名字里陆续消失或转化成"e"哑音的中间元音，在那个征战侵袭的遥远年代应该以一种特别的方式发音。最可靠的方法是遵循同时代的拉丁文拼写，但不要像以前6—8世纪的编年史古代译者那样不注意辨别。尤其我们目前使用的语言里有些字母发音，相对于日耳曼语是外来语，必须替换这些字母，或加入其他字母来帮助纠正。在《法国史信札》新版本中，我列出法兰克人统治时期男女名字的拼写规则，以便尽可能恢复它们的原貌。

（1）字母"c"，因为有两种发音，必须用"k"代替。在一些名字词尾，为了不改变拼写，无论是否必要都换成"k"，由此，所有复合音节名字变成 Rikimer、Rekeswind、Rekkared、Théoderik、Alarik，等等。

（2）"Ch"，因为我们按法语字母发音，所以当它在原音前时，要把它换成"h"，比如：Hilderik、Hildebert、Haribert。但有时要把它替换成"kh"，比如：Rikhild、Rikhard、Burkhart；或者简单换成"k"：Kunibert、Godeskalk、Erikinoald、Arkinbald。名字开头"Ch"，后面跟辅音字母"l"和"r"时，我们可以保留"Ch"，作为送气发音的标志：Chlodowig、Chlodomir、Chlotilde、Chramn；除非我们大胆地仿照法兰克人写成：Hlodowig、Hlodomir、Hlotilde、Hram。

（3）字母"g"在"e"和"i"前时，为了恢复以前的谐音，用"gh"代替"g"：Sighebert、Sighiwald、Sighismond、Maghinard、Raghenfred、Enghilbert、Ghisele、Ansberghe。

（4）字母"u"，不管用作元音或辅音，在"i""e"或"a"之前时，都应该换成"w"：Cholodwig、Merowig、Heriwig、Drotowig、Folkwin、rikwin、Galeswinthe、Chlotswinde。字母"o"在字母"e"和"i"前，有时也要同样转换：Audwin、Théodwin。

（5）我们应该保留"bald"这个音节，不要用"baud"取代，比如：Theodebald、Gondebald、Baldrik、Baldwin 等。

（6）为了让每个以"ild"结尾的名字中拥有近似的组合，我们把一个 h 放到字母 i 前，虽然这个字母在拉丁文本中被省略：Chlotilde、Nanthilde、Bathilde，等等。大多数情况下，我们未必非要按照这个规则拼写；但是正如我们不再将 Mathilde 说成 Mahaut，也就不能把 Brunehilde 写成 Brunehaul。

（7）最后，我们必须删除含反日耳曼之意的词语后缀"aire"，用"her"代替：Chlother Lother、Raghenher、Fredegher。

通过这些拼写规则，从法兰西民族史开端直到卡佩王朝出现的全部日耳曼原名，我们保留它们的正确面目，新拼写法与惯常写法大同小异。很多时候，纵然名字更换了几个字母，看起来比较陌生，但单词发音始终不变。只有两位国王的名字被明显改动了，可为什么沿用"Clovis"（克洛维）和"Mérovée"（墨洛维）[①]，并且对相同字母结尾的专属名词加以不同的词缀呢？撰写《圣德尼编年史》的古代作家们较为一致地把两个人写成"Clodovée"和"Mérovée"。其实，哪位19世纪的读者阅读法兰西诸王名单会因德语拼写而晕头转向；又怎会认为"Merowig"和"Chlodowig"这两个名字不悦耳不动听？我甚至觉得它们富有诗意呢。

---

[①] 墨洛维（Mérovée，412—457），法兰克王国墨洛温王朝国王，被认为是撒利族法兰克人的第二位国王。法国历史作家一直写作"Mérovée"和"Clovis"，梯叶里表示反对，不过，"Clovis"法语发音为"克洛维斯"，中文惯用翻译为"克洛维"，关于国王名字都按惯称翻译。——译者注。

第十二封信　对法兰克第二王朝的驱逐 125
第十三封信　公社的独立革命 140
第十四封信　公社革命之旅——勒芒和康布雷公社 150
第十五封信　努瓦永、博韦和圣康坦公社 164
第十六封信　拉昂公社史（上） 172
第十七封信　拉昂公社史（中） 183
第十八封信　拉昂公社史（下） 190
第十九封信　亚眠、苏瓦松和桑斯公社 200
第二十封信　兰斯公社史（上） 213
第二十一封信　兰斯公社史（下） 228
第二十二封信　维泽莱公社史（上） 242
第二十三封信　维泽莱公社史（中） 250
第二十四封信　维泽莱公社史（下） 259
第二十五封信　关于国民议会 269

# 目　录

序言 / 1

再版说明 / 5

再版日耳曼名字的拼写 / 7

第一封信　对法兰西史的需求及现存史书的主要缺憾 —— 1

第二封信　法兰西史最初阶段的虚假色彩和现代历史作家沿用的错误方法 —— 11

第三封信　简谈维利的法兰西史 —— 19

第四封信　梅泽雷、达尼埃尔、昂格蒂耶的法兰西史 —— 26

第五封信　自15世纪起撰写历史的不同方式 —— 32

第六封信　法兰克人、勃艮第人和西哥特人 —— 47

第七封信　征服后的高卢社会状况 —— 67

第八封信　阿塔尔的冒险（533—534年）—— 80

第九封信　继续前文，阿尔卡迪乌斯的使命及君主制建立的真正时期 —— 89

第十封信　所谓君权分立 —— 99

第十一封信　查理曼帝国的分裂 —— 110

# 第一封信　对法兰西史的需求及现存史书的主要缺憾

在目前人们思维活跃、充满政治激情并难以克制烦躁不安的时刻，我把认真研究历史当作一种让自己平静的方法。并非过去的景象和几个世纪流传的经验，令我如同摒弃青春幻想一样放弃对自由的热切渴望；恰恰相反，我依然笃爱自由甚至越发重视珍惜，但不再急进迫切。我思忖，既往每个时代的任何国家都出现过同我有类似追求的人士，虽然我们的境况或见解各异，虽然大部分人还未目睹他们的志向实现便已离世。争取自由的大业正在逐步完善，即使每一代人的努力都仅仅为殷切憧憬的高堂广厦添了一砖片瓦，但强权压迫只会造成不幸困苦，奴颜婢膝带来的唯有耻辱，怀着如此令人慨叹且庄严无比的信念，一些志士忽视利益和名望诱惑，勇往直前地斗争，人民维护国家尊严的责任感也日益提高。

我认为（也许我错了），假若历史知识尤其是法国史在社会上广泛传播，成为普及大众的潮流，那么公众的爱国情怀将变得更加坚韧和纯粹。让我们追随先辈、引领后代，纵观持续数百年的历史编撰，以便远离时事的纷争,消除名利野心的困扰,抑遏内心的胆怯和贪欲。因为,即使在危机重重的时刻,这个国家也从不缺少正义和自由的捍卫者。倘若人们知悉这一点,就会对未来目标更加明确并充满信心。正如世上古往今来的任何族裔,法兰西民族史深深铭刻着独立精神。先辈们对独立自主的理解和期盼,与我们一样清晰坚定;纵然他们没能遗留给我们充分完整的主权,但这属于整个人类的罪责,不是先辈们的过失,他们已经克服了我们未曾遇到的诸多障碍。

那么是否存在这样一部法兰西民族史,它全面记述了先辈们的理念、情感、道德,正是这些人传承给我们姓氏名字,他们的命运影响了我们的命运?我想没有。我研学古代史发现,上述民族史的匮乏反而导致了模糊观点和偏激思想的延续扩展。本应普及推广的真正民族史,埋没在乌烟瘴气的当代编年史书堆中无人整理。并且因缺乏优秀的作品,那些错误百出的编撰一版再版,还被冠以法兰西史的美名。少数特权人物占据着历史舞台,广大民众隐匿于法官华美袍服之后。读者在含混浮夸的叙述里找不到严谨教诲或利于后人的忠告,也无法对和自己境遇有天壤之别的人产生什么兴趣或关注。我们生活的省和城市,寄托个人感情的所有地方、家园,编年史里本应标出它们的存在,可惜大家看到的唯有关于执政家族的出生、婚配、死亡,或宫廷阴谋、战乱等记载,不仅缺少详实细节,语句也平铺直叙,索然无味。

我丝毫不怀疑,关于当代历史作家沿用的记载方法,很多人已察觉其中的弊端。作家们自以为全面掌握了历史,其实他们照搬上一代的编著内容,力图在修辞格调方面超越前任,推崇文学创作式的华丽纯粹。我相信,那些最先敢于改变路径,追溯历史渊源,立志成为历史学家的人一定会受到公众的支持和鼓舞。不过,把全部历史的零散细节或鲜为人知的真实情形嵌合成一个整体,将是漫长艰难的工作，它需要坚韧不拔的毅力和罕见精明的洞察力；我必须赶紧声明，本人没有足堪重任的自信，因为无法抵御研究历史的魅力，从而保持着对它的热忱，仅此而已，这不能称为天赋。我深刻意识到，目前我们未能完成一部真正的法国史，我希望和公众分享我的信念，倘若秉着积极公正的精神集思广益，一定会有当之无愧的作品弥补国内历史作家的空白。当然，无论谁要达成目标必须先考证自己，仅仅敬慕历史上的英雄人物是不足以胜任这项任务的；他应具备广博敏锐的判断力，同时关爱普通民众，不考虑他们的声誉或社会地位；他必须知道国家民族的命运与自己休戚相关，回顾悠远历史，他仿佛遵循友人的步伐，奔赴凶险的旅程。

直到如今，许多尝试撰写史籍的作家仍然欠缺这种深入灵魂的探索：他们对大众没有丝毫同情，不理解各阶层百姓间的亲睦共鸣；而对历史上某些知名人物和具体事件，以及一些特定的阶层，他们却有格外的偏爱，以致所写的故事脱离了民族本色，完全忽略了祖先的民族差异和起源。上帝，我要的不是那种绘制每个家族谱系的法兰西史。我心目中的法兰西史，应当寻找引起人们兴趣、热情的根源，以及导致人们相互接近或疏远的见解，并观察、跟随上述情感于昔日留下的隐约印记，这些无法抗拒的心绪影响着不同政治派别的我们，有人提升了精神思维，有人步入迷途。但是半个世纪以来所发生的一切毫无创新，我们通过姓氏血统和18世纪前的法兰西人民紧密相连，我们的观念、期盼及欲求与他们的息息相通，他们的思想行为依然在我们身上忠实地重现。

在追求公共自由方面，中世纪的民众远远超越我们，六百年前，古典城邦文明因他们的崛起而复兴。要知道，最受作家们忽视的广大民众确实曾获得某些自由，他们理应重新登上历史舞台。不要以为中产阶级或大众阶级是近期爱国热忱爆发的产物，即使不提11—13世纪普遍频繁的起义或任何时期的内战，光就每次外敌入侵而论，法兰西最底层的黎民百姓前赴后继，从未退缩过。在大势已去、军事才能和勇敢兼备的杜诺瓦与拉海尔①已无法率领法军进行有序撤退并且更多的战争损失难以避免的紧要关头，是谁挺身而出驱逐了英国人，重新扶持查理七世登上王位，拯救了这个国家？不正是那些热血沸腾、赤胆忠心的贫苦雇佣兵和乡镇民兵吗？这个辉煌逆转在形式上被授予宗教色彩，实际标志着世间最强悍力量的觉醒。请大家务必放下经典史册，去阅读当时的一些回忆录，回忆录里总是用质朴独特的文笔把民众力量的爆发描写成突然的、非理性的、不可抵挡的。②

当神圣罗马帝国皇帝、英国国王和强大的弗兰德伯爵组成实力雄厚的联盟，进攻菲利普·奥古斯都③统治下的法兰西时，广大民众的国家民族意志就曾竞相呈现，但并未引起充分的瞩目。13世纪编年史作家描述布汶战役时提到150名苏瓦松山谷的骑兵，他们都是来自各乡镇的平民，伫立于阵线最前方④，头顶飘扬着圣德尼旗⑤："旗帜周围有各公社民兵，特别是科尔比、亚眠、阿拉斯、博韦、贡比涅的军队，他们为国王冲锋陷阵，象征着法兰西王室的蓝底金色百合花图案随处可见。公社民兵越过骑士们的阵线，迎击奥托皇帝和他的

---

① 杜诺瓦（Dunois）和拉海尔（La Hire）是英法百年战争期间法国的军事指挥官。——译者注
② 参见巴朗特男爵：《勃艮第公爵传》。
③ 菲利普·奥古斯都（Philippe Auguste, 1165—1223），即菲利普二世，法兰西卡佩王朝国王。——译者注
④ 纪尧姆·勒·布列塔尼：《菲利普·奥古斯都传》，《高卢史和法兰西史汇编》，卷十七，第96页。
⑤ 圣德尼旗（Saint-Denis）是中世纪法兰西国王在战场上使用的旗帜。——译者注

军队;对付这些人,奥托也感到棘手……"①

梅泽雷、维利或昂格蒂耶都没有抄录这些简洁语句,他们忽视了对中世纪平民的赞美,只机械夸张地重复着百姓、民族等冗词赘句。有的作家着意记述了直至克洛维和查理曼统治时期的法兰西民族与统治民族,不过故事中缺少对地方特色、个人生活状态的真实刻画。尽管贵族王室通常在史册上占据着殊荣,作家对他们在这方面所费笔墨却未必比第三等级更多。用过去王公贵族的个人肖像代替不同时期形形色色的人物描写,我无法理解这是哪一种抽象类型的尊严荣誉和英雄主义。从克洛维到路易十六,我们现代历史书中描绘的国王,没有一位的形象可称为栩栩如生,全都是黯淡无光的模糊影子,很难区分。不同朝代的君主王公尤其是优秀杰出者,被一成不变的言词称道赞扬。其中四五位由于世人的批评稍微显出了个性,这才打破了单调乏味的歌功颂德。总之看上去他们始终像同一个人,同样苍白枯朽的灵魂,转世轮回一个接一个执掌大权,不仅人物性格千篇一律,外貌一模一样,而且每个时代的政治主张、社会习俗也无甚差别。纯正日耳曼王、墨洛温王朝法兰克王、加洛林王朝时期以恺撒称呼的法兰克日耳曼王、封建社会法兰西岛国王以及自封建制度起到现在掌握过王权的各类统治者都被混为一谈,这种混淆也掩盖了他们原本的特征。

解决路径只有一个,就是重新研究自 17 世纪起知名史学家们渐渐背离的原始资料:彻底改变史实不足的现象,并且对纯文学作品中的科普书籍、历史缩写本和应用于初等教育的历史科学书进行修正。目前广泛流行的入门书里,包括了凭想象捏造的、最荒唐虚假的

---

① 《圣德尼编年史》,《高卢史和法兰西史汇编》,卷十七,第 409 页。

关于重大历史事件的记载,而且陈述方式比数学公理还简短生硬,一字不漏地抄录了大型著作里的错误内容;虚伪谎言披着"历史上主要场景"的奇装异服,通过大量印刷品读本,几乎渗透到每位读者的身心。翻开这些令家庭妇女们咂舌的昂贵时尚书册,你们会看到法兰克人和高卢人握手结盟,一起驱逐罗马人;克洛维在兰斯加冕;查理曼披着百合花图案的袍服;布汶战役①那天菲利普·奥古斯都身罩16世纪式样的铠甲,把他的王冠放在祭坛上。

我尤其不能容忍最后的这一桥段,它在公众中的流传简直是一桩历史丑闻。一个国王公开展示他的王冠和权杖无可厚非,这是非常令人振奋的行为;但若把戏剧里出现的场景当成历史事件来深信不疑就极其荒谬了。好像特意选择法兰西军队遭突袭的重要时刻,炫耀所有的帝王饰物!以此表现菲利普国王的积极、达观,对任何事物的判断都果敢英明。这个离奇故事最先出现在当时的一部古老编年史里,该书作者生活在法兰西国土之外,是孚日山脉深处的修道士,与那个时代的伟大领袖毫无关联,他喜欢听逸闻趣事,凭着天马行空的想象力不经核查就抄录下来。他认真描述布汶战役,什么执旗卫士刺穿了弗兰德伯爵的身体,鲜血从他后背喷涌溢出。相应地,这段故事的其余部分也无法找到一个真正或可能存在的情景。关于展示王冠的著名片段,编年史作者写道:

---

① 布汶战役(La bataille de Bouvines)发生于1214年,交战双方是法国国王菲利普二世,以英国国王约翰为首的由神圣罗马帝国皇帝奥托四世、弗兰德伯爵组成的联盟。以教皇英诺森三世支持的菲利普二世获胜而终,经此一役,法国国王权力大为扩张,确立了法国的强国地位,而英国国王约翰战败,导致英国内部矛盾加剧,对之后签署《自由大宪章》以及伯爵战争产生了重要影响。——译者注

法兰西国王菲利普站在山丘上,召集他的贵族和骑士,对他们说:"啊,勇敢的骑士们,法兰西之花,你们看到我戴着象征君权的王冠,但我同各位一样是凡人,如果你们不支持这项王冠,身为一国之君的我就不能佩戴它。"接着他果然摘下王冠向大家展示,继续说道:"在这个时候,我希望你们每个人都是国王,你们实际上真的是,没有你们的辅助,我无法担任国王、统治国家……用发自内心的力量,勇敢战斗,赶跑这帮恶人。我命令诸侯将士,在战斗结束之前,无论如何,你们不能拾捡敌人丢弃的武器和马匹,违者以绞刑论处。"(他事先已经命人竖起数个绞刑架)……所有人都同时高喊,保证他们会全心全意地服从国王的号召和命令。①

很难解释我们的历史作家怎样挥毫,创造出如此滑稽可笑的景象,读者牢记英雄人物的激昂话语,更糟糕的是,对其真伪没有产生丝毫怀疑。"勇猛的战士们(这是昂格蒂耶的叙述)已经准备为保护这顶王冠奉献生命,如果各位觉得在您中间有谁比我更值得拥有它,我心甘情愿将王冠让与这个人,只要他能保护王冠的完整,不让它被恶人损毁。——菲利普万岁! 奥古斯都国王万岁! 全军上下高喊:王权和冠冕永远与他同在! ……"②修道院院长维利的叙述风格更加悲壮:"据说开战几个小时前,神父为军兵做弥撒,国王把他的金制王冠放到祭坛上给将士们看,说道:'慷慨仁义的法兰西人啊,如果你

---

① 西蒙·理查(Semoniens Richer)所著编年史,《高卢史和法兰西史汇编》,卷十八,第690页。
② 昂格蒂耶:《法兰西史》,卷二,第130页。

们当中任何人,觉得比我更有资格戴这世上首屈一指的王冠,我定会让与他;但如果您支持我的权威,那么请记住,现在您要捍卫自己的王者、您的家人、您的财产与荣誉。'人们欢呼回答:'菲利普万岁!您永远是我们的王。我们为保护您和国家而战,宁死不屈!'"①

此处我插入一位13世纪时的目击者、菲利普国王随军神父的记录,布汶战役开始前的真实情况与经过3个世纪科学和1个世纪的哲学发展后现代历史作家们所描写的截然不同,只是一次平淡无聊的阅兵,没有人呼喊效忠口号,在这个关键的时刻人们都在行动,没有时间浪费。国王和军队尽职尽责,他们用心祈祷然后奋力搏杀:这些中世纪男性个性鲜明,不是戏剧里呆板面孔的演员。

我们向一座桥推进,这座连接桑甘和锡苏万两地的桥,名叫布汶桥。大部分军队已经通过布汶桥,国王除去武装;敌人猜测他还没有过桥,决定马上攻击,好杀掉所有留在桥另一端的人。因身负沉重的铠甲长期行军,国王感到疲惫,于是脱下战衣,卸掉盔甲,坐在一棵白蜡树的树荫下休息,旁边建有一座圣彼得纪念教堂。突然部队后方的人飞跑近前,竭力高声通报敌人来了,队尾的弓箭手和骑兵难以抵御敌军猛烈的攻击,处境十分危险。国王立刻站起身进入教堂,做完一个简短的祷告后,他愉快平静地走了出来,从容地穿戴盔甲,拿起武器,跃上战马,好像要去参加婚礼或庆典一样。平原上回荡着他的喊声,"拿起武器,领主们,拿起武器!"听到号角声,已经过桥的部队折返回来;被召回的圣德尼旗帜原来处在其他旗帜前,它行进的速度不够快,人们

---

① 维利:《法兰西史》,卷三。

便不再等待。国王率先快马奔到最前线,和敌人几乎面对面。

敌人出乎意料地看到国王,掩饰不住惊讶和恐惧;他们位于道路右侧的队列向西移动,在北边平原的最高处一字排开,正对太阳方向,那天的阳光炎热而毒辣。国王布置阵线,法兰西人在敌人南边,背对烈日。两军左右延伸到同样的长度,彼此相距不远。国王菲利普立于第一排正中,旁边并肩的是最勇猛的骑士纪尧姆·德巴赫、年长富有经验的巴塞洛缪·德·罗伊、睿智勇敢的谋士高杰尔·热讷,以及皮埃尔·莫瓦桑、热拉尔·拉特维、艾蒂安·德·朗尚、纪尧姆·德·芒福德、让·德·胡弗埃、纪尧姆·德·加朗德,以功绩和仪表著称的、年轻英勇的巴尔伯爵亨利;其他有名的骑士举不胜举,他们都勇猛善战,武艺高强,作为国王贴身护卫加入了战斗。皇帝奥托也在他的军队中央,缀有金鹰的皇帝军旗在四轮支起的高高木杆上飘荡。决战时刻来临,国王对他的贵族领主和所有军士做了一次简短的演说:

"神赐予我们一切的希望与信任,奥托和他的同伙是教皇口谕所驱逐的恶人。他们捣毁教堂,侵占教会的财产,变成神圣教会的敌人,他们付给士兵的军饷是贫苦人民的血泪,是对神职人员和教会的掠夺。而我们基督徒享受着神圣教会赐予的共融和平,为了救赎每个人的罪孽,我们应与教会团结一致,遵从上帝的意愿,用我们的力量保卫自己,解救神职人员的苦难。慈悲的上帝怜悯我们,赐予我们勇气和信心,尽管我们有罪,上帝仍将引领我们战胜共同的敌人。"

国王说完,骑士纷纷向他请求祝福。国王抬手画十字祈祷上帝保佑他们。等号角吹响,法兰西军队发起勇烈的冲锋。国王身后紧跟着一位随军神父和一位教士,神父记录了以上文字。

当第一声号角吹响,将士们唱起了赞美诗:感谢上帝,我的主,指引我的双手去战斗,并一直坚持到底;继而他们唱:愿上帝永远高高在上;接着唱:主啊,您的美德令王欢欣鼓舞,直至永远,他们的眼眶中含着热泪,他们的歌声因哽咽而停顿……①

---

① 纪尧姆·勒·布列塔尼:《菲利普·奥古斯都传》,《高卢史和法兰西史汇编》,卷十七,第94、95页。

# 第二封信 法兰西史最初阶段的虚假色彩和现代历史作家沿用的错误方法

标题本身就是造成历史作家和读者们产生误解的重要原因,因而我们首先要澄清"法兰西史"这个名称。5 到 18 世纪的法兰西史,真的是同一个民族的历史吗,这个民族有着共同的起源、习俗、应用语言,以及公民权利和政治利益吗?事实并非如此;"法兰西人"这简单的命名已经形成一个委实的年代错误——我是说用"法兰西人"称呼墨洛温王朝的国民,不是指莱茵河以外的部族。

著名本笃会修士多姆·布凯①在纪事年表上写道:"掠夺高卢人的法兰西人被皇帝朱利安击退。"我们可以原谅这样的疏忽,因为他的书面向学者们,并有相应的拉丁文对照及时纠正了错误。但这个错误出现在流行的历史作品中,主要的读者是想学习最初民族史的

---

① 多姆·布凯(Dom Bouquet,1685—1754),法国本笃会修道士,历史学家,他的主要作品是《高卢和法兰西历史》,是高卢和法兰西的历史学家的作品合集,内容涵盖直到 987 年的法兰西历史。——译者注

公众,那就引起另一个非常严重的后果。当可怜的学生读到,"法兰西国王'长发'克洛迪奥(Clodion-le-Chevelu)、克洛维和法兰西人的皈依,等等",怎么可能不产生误解呢?日耳曼部落的领袖克洛迪奥①,实际上不曾统治当今法国任何一个省,而且在克洛维斯时代——我们把他称作克洛维,这片土地上的居民除新增的数千名移民之外,都是基督徒,正宗的基督徒。

如果说我国历史以统治和被统治者的民族属性完全一致而告终,那么它的开端则截然相反。我们的祖先并非来自同一种族,也不仅仅是法兰克人和高卢人:他们当中还有许多问题需要区分。高卢人的定义很模糊,它其实包括几个起源和语言各异的种群。至于法兰克人,他们也不是加入到异乡族群的唯一一支日耳曼部族。在法兰克人征服高卢北部前,西哥特人和勃艮第人占据着南部和东部。北方征服者逐步入侵,5世纪推翻了罗马政府和其他割裂部族在高卢的统治;但入侵者并没有把这些族裔歼灭,也未立即与他们融合。民族之间的融合是缓慢的,经历了漫长的几个世纪;这是从法兰克王国衰落后才开始的,而非自王国建立就发生了。所以,把法兰西史奠定在单一法兰克民族史基础上是极其荒谬的。这是对我们众多祖先的遗忘,他们应受后代尊敬,值得拥有更准确的称谓。书写一个多民族国家史的首要意义是牢记这片领土上每个民族和属于他们的事迹,不会遗忘、忽略任何人。唯有家乡、城市、省份的历史,能让我们心头涌起爱国情怀;其他地区的历史,或许令我们好奇,受到启发进而萌生敬意,但不至于震撼我们的灵魂。设想一下,一个朗格多克人

---

① 克洛迪奥(Chlodion)这个名字,我们也可以写成克洛迪(Chlodi),无非是两个音节组成常见缩写,日尔曼词"hlod"意思是"光辉",词尾的"n"不属于原名,是拉丁语名词变格。

或普罗旺斯人会喜爱法兰克人史并接受法兰克人史作为自己国家的历史吗？法兰克人仅在卢瓦尔河以北建立了固定政权，他们超越势力范围南下，不过是为了掠夺，向他们称之为罗马人的当地居民索要赎金。对一个布列塔尼人来说，他的祖先们在墨洛温王朝和加洛林王朝时期与法兰克人进行平等谈判，难道克洛维或查理曼后裔的传记是他的民族史？

从 6—10 世纪，甚至 10 世纪以后，法兰西北部的"英雄豪杰"一直是地中海沿岸的祸害灾难。历史上的查理·马特，又称"铁锤查理"①——他的属下借助对雷神索尔的崇拜给他加了这个绰号，他是阿基坦和普罗旺斯的破坏者，而不是救世主。关于加洛林王朝领袖的征战功绩，编年史最初版本里有细致详尽的陈述，与现代历史作家及诗人们展现的爱国情怀形成鲜明对比。下面是其中的一些故事片断：731 年，"当得知阿基坦公爵厄德背弃了条约内容后，法兰克公爵查理·马特带领军队越过卢瓦尔河②，一边驱赶厄德公爵一边大肆掠夺阿基坦公国的财物，同一年内，他率部队蹂躏了该地两次，才返回到自己的国家……"735 年，"厄德公爵死去，收到消息的查理公爵听从将领们的建议再次率军越过卢瓦尔河，并直抵加龙河③，成为波尔

---

① 据 9 世纪历史作家的记录，当时异教徒诺曼人给查理大帝取了同样的绰号。圣高尔修道院僧侣所著的《查理大帝传》，原文本，《高卢史和法兰西史汇编》，卷五，第 130 页。该词在日耳曼语中也指"名将"。（查理·马特，又称"铁锤查理"［Charles Martel, 686—741］，他是法兰克王国墨洛温王朝的宫相、查理曼的祖父。他实行采邑改革，为加洛林王朝的建立奠定了基础。——译者注）
② 卢瓦尔河(Loire)，法国最长的河流，发源于塞文山脉，流程 1 020 公里，先向北、西北，后向西注入比斯开湾，两岸有闻名世界的卢瓦尔城堡群。——译者注
③ 加龙河(Garonne)，位于欧洲西南部，穿越法国和西班牙的一条河流，是法国五大河流之一。——译者注

多城和布拉伊要塞的主人；他讨伐占据该国的每一个角落，无论城市乡镇、军事堡垒……"736年，"精干的查理公爵指挥自己的军队挺进勃艮第，攻克高卢都市里昂，迫使该省主要居民和地方官员向法兰克帝国称臣。他在该地区，甚至直到马赛和阿尔勒都派驻了自己的司法官员，然后带着一大批珍宝和许多战利品回到实际上由他统治的法兰克王国……"①737年，"查理公爵自上而下地拆毁了一座座房屋，推倒了一面面墙壁，尼姆、阿格德和贝济耶②等著名古城皆陷入火海；他还蹂躏周围的城堡、乡村……"③此处我不由得停下笔，意识到竟没有任何一部法兰西史揭露过这一点，幸好令人敬慕的尼姆竞技场呈现了真相。在巨大走廊的拱门下，当您沿着穹顶望去，就可以发现石材表面缝隙上有火焰蔓延留下的黑色印记，它们既不会褪色也不会消除。

　　历史作家应遵守的伟大信条是注重区分而非混淆，依靠少量的文献资料无法得出历史真相。可惜，头脑平庸的人总喜欢随波逐流，他们觉得如法炮制是最便捷的方法。尽管统一的说辞歪曲了一切事实，至少能避免争议，让所有写作之路变得平坦宽阔。于是编年史记录者们不惜任何代价打造历史的和谐一致，坚持我们的祖先来自同一个民族，这个观点如同阿里阿德涅的线④，贯穿了许多个世纪。4世纪欧洲地图上，莱茵河口以北标刻着"法兰西亚"一词，他们依此断

---

① 《费德加尔编年史》，第二部，《高卢史和法兰西史汇编》，卷二，第454及455页。
② 尼姆(Nîmes)，法国加尔省的省会，是此省最大的城市，有着古老的历史。阿格德(Agde)，法国朗格多克—鲁西永大区埃罗省的一个城市。贝济耶(Béziers)，法国朗格多克—鲁西永大区埃罗省的一个城市。——译者注
③ 《费德加尔编年史》，第二部。
④ 阿里阿德涅(Ariadne)，古希腊神话人物，为克里特国王弥诺斯与帕西淮之女。在大多版本的神话里(忒修斯、弥诺斯的迷宫等)，阿里阿德涅给了忒修斯一个线团以使他可以标记走过的路(这线团本是代达罗斯送给阿里阿德涅的)。——译者注

定全部法兰西人最初的生活区域是在莱茵河外。① 接下来这个莱茵河外的法兰西族不断前行扩张，460年部族势力延伸到索姆河的边缘，493年征服塞纳河一带，507年日耳曼法兰西部族领袖率族人入侵高卢南部直至比利牛斯山脚，侵略目的不是定居而是掠夺大量战利品和委派一些主教。远征结束后，高卢全部属地被冠以法兰西的名字，当前的法国和君主政权便突然地建成了。这个基础上我们的历史简单完美地延续下来，若遇到名字相仿的国王，就在他们的传记名录前巧妙地编号。

您怀疑这和谐一致的版本不够完整全面吗？法兰克人是多部族联盟的统称，虽然这些部族说着近似的语言，但有各自的习俗、律法和领袖。历史作家们对这个细微真相束手无策，他们只得把法兰克人称作无法区分的野蛮民族。每当面对这个问题，记录们不敢深入探讨，他们避重就轻地贸然推论出某位部族领袖成功征服其他部族，或者取代了其他领袖的地位。另外，帝国的统一仍然含糊和可疑——而且必须是君主集权制下的绝对统一；在尚未统一的情况下（这十分常见），记录者们便依赖假设的方法，好比编写简易史书的最后一级台阶。法兰克国王的征服和法兰西国王的统治便被错误地同化了，大家相信，既然地理范围一致，他们的民族和政权形式也应该相同。然而，从查士丁尼大帝②同意移交普罗旺斯，到马赛战船桨手

---

① 参见伯丁格地图上"从波伊廷格开始"的旧路线，该图是13世纪罗马帝国主要城市和军事道路的地图副本。
② 查士丁尼大帝，即查士丁尼一世（Justinianus Ⅰ，约483—565），东罗马帝国皇帝。约546年底547年初，查士丁尼一世将普罗旺斯的一切权力转交给法兰克人。——译者注

们第一次以国王名义在桅杆上升起三百合旗,数个世纪间默兹河①与两海之间②的边界反复无常,多少次的征战讨伐以从南到北、从西到东的撤退而收场!多少个地方政权崛起扩张,再走向衰落,直至被人遗忘!所以,如果认为上述重要过程是通过社会制度和国家政体的简单改变而悄然实现的,并且只需对行政管理和民间社会的构成元素有正确概念便能够阐明,就大错特错了。在我们今天生活的同一片土地上,中世纪时期有多个群体彼此敌对、竞争、共存。与现代法律有天差地别的各种律法操纵着6到15世纪的一系列变革,不断改换高卢的社会状态。这个漫长时期里,各省在政治上几乎完全独立或部分独立,我们今天称之为法兰西的疆域那时实际上是指整个欧洲,公国之间通过战争或外交、征伐或瓜分来解决领土争端。而王国内政管理范围,确切地说只占巨大版图中的一个角落。

人们后来美其名曰的领土并入和王冠叠加,都是自12至16世纪的重要历史事件,它们的性质应该如实呈现,有或多或少的强取豪夺,也有大大小小的阴谋诡计,还可能是扑朔迷离的外交策略。我们不该抱着近代社会才萌生的普遍法律观念给这些扩张合法化,更不能把12世纪西南各省居民看作老法兰西人,以为他们拥护法兰西君主的统治,或简单理解成他们的封建领主篡权夺位。当时地方政权其实就是独立的公国,对黎民百姓来说,一切外来势力入侵、推翻原有统治阶级皆意味着血腥暴力,无论成功与否都是他们的敌人。光阴流逝,原始的敌意逐渐消退,但我们仍应铭记它曾存在的

---

① 默兹河(Meuse),发源于法国香槟—阿登大区上马恩省朗格勒高原,流经比利时,最终在荷兰注入北海,和莱茵河口连成三角洲,全长925公里,是欧洲的主要河流。——译者注
② 两海之间指北海和波罗的海。——译者注

时刻,否则浩瀚历史长河中的一切都将被岁月湮灭。要知道,诺曼底区被菲利普·奥古斯都攻陷或者说接管后,鲁昂自由民对法兰西国王怀着不共戴天的仇恨,这曾令编年史记录者头疼不已;①13世纪的普罗旺斯人为囚禁圣路易②和他的弟弟安茹公爵欢呼雀跃,王国老臣民们得知这个消息忧心如焚,而马赛人却唱起赞美诗感谢上帝让他们摆脱领主的统治。他们用"Sires"("领主")这个外来词,嘲笑法兰西的公爵们。③

庞大的法兰西王国完成统一仅有两个世纪,如果我们希望不光法兰西岛人,而是全国各地的人都能找回自己家乡的历史,务必把史册上的虚假部分删除,并重新纳入所有外省的有关记载。日耳曼人征服高卢之前,这片土地上居住着多个种族,罗马人侵入时,就已存在3个民族和3种语言。④ 这些民族源自何处,他们和欧洲其他地区的居民有什么样的血缘关系呢?异族迁移时是否有一个原住民族,为大批陌生人的到来感到忐忑不安?随着时间的推移,诸多原先的习俗、特征和语言又是怎样退化演变的?外省虽然散发着文明教化的统一色调,我们可否从地方风土人情上寻觅到一些昔日印记?比如各省的方言土语、口音词汇的差异,不正揭示了古代习惯用语的多样性?还有,我们执拗的地中海沿岸同胞对法兰西口音总不能适应,

---

① 纪尧姆·勒·布列塔尼:《菲利普·奥古斯都传》,第七册,《高卢史和法兰西史汇编》,卷十七,第213页。
② 圣路易,即路易九世(Louis Ⅸ,1214—1270),法兰西卡佩王朝国王,第七次十字军东征时,于1250年被埃及军队俘获。经过长期谈判,路易九世在交付大量赎金后获释。——译者注
③ 法兰西外省人民之怨。参见马修·巴黎:《英格兰史》,卷二,第654页。雷努阿尔:《游吟诗人诗歌集》,卷五,第277页。高弗里:《普罗旺斯史》,卷一,第140页。
④ 参见恺撒:《高卢战记》,"论贝尔盖人、凯尔特人和阿基坦人的区别"。

这难道不是最初两个民族截然不同的标志？上述问题探讨起来涉及的范围是广大的，要深入到各个历史时期，会彻底改变我们对整个领域的原有观念。①

---

① 我认为(有可能是出于手足情深)我的兄弟阿梅德·梯叶里(Amédée Thierry)已经在他所著的《高卢人史》(*Histoire des Gaulois*)中把其中的很多问题澄清了。(阿梅德·梯叶里[Amédée Thierry, 1797—1873], 法国记者兼历史学家, 本书作者的弟弟。——译者注)

# 第三封信 简谈维利的法兰西史

有人断言,法兰西史复兴者是18世纪著名的维利院长,而且他的作品依旧保持着当年的人气。要承认,对他有这样的名望,我很难抑制自己的愤怒,不过我应该冷静下来,我明白,由于缺乏好书,公众也只能以阅读劣质作品为乐。那时候,也就是在1755年,维利院长信心十足地打算撰写一部民族史,不仅讲述每位国王的生平,还有各阶层人民的生活,介绍每个世纪真实的政治社会形态、习俗和思想。维利的作品令全法兰西甚至国外各类读者极其满意,被翻译或至少简写成多种语言,报刊上也尽是对他新颖写作方式的评论文章。我想知道这个值得称颂的计划究竟是如何实现的,怀着好奇心翻开第一卷,看到一段关于希尔德里克一世[①]被废黜的故事,故事本身不算重要,但借用了原始文本中带有浓厚地方色彩的描写。"统治法兰克

---

[①] 希尔德里克一世(Childericus,440—481),撒利族法兰克人国王。他是克洛维一世的父亲,是墨洛温王朝能够确证存在的第一位国王。——译者注

王国的希尔德里克，"一个世纪后的图尔主教格雷戈里①在《法兰克人史》中写道，"他沉湎于酒色，侮辱臣僚的女儿，愤怒的众人把他放逐。当希尔德里克得知他们还打算杀了他，就逃到图林根……"②维利院长在序言中自夸他参考典籍资料，准确地描述了那时的礼仪、习俗和传统，以下是维利写的片段：

"希尔德里克是位酷爱冒险的王子，也是王国里最英俊的男人，他智勇兼全，但天生一副温柔心肠，多情善感，这正是他失势的原因。法兰西众领主因他们的妻子无法抵御年轻王子的魅力感到愤怒，密谋废黜他。希尔德里克被迫屈服，退避到德国……"③

作者用愉快的文笔讲述希尔德里克在日耳曼待了八年，我略过这部分，先看图尔的格雷戈里怎样记载希尔德里克被法兰克人召回，并娶了原图林根王后巴西娜："从图林根返回，希尔德里克重登王国宝座，我们刚才提到的这位巴西娜，抛弃她自己的丈夫来找他。希尔德里克好奇地问她为什么从那么远的地方来到这里，据说她是这样回答的：'我意识到你的优秀和勇气，因此想同你一起生活，但你必须明白，倘若我知道海外某个地方有比你更强大勇敢的人，我也会照样去找他，与他在一起。'法兰克王听了非常欢喜，于是和她结婚。"④

现代历史作家懂得要保留原文中强调的憨直粗鲁，并暗示法兰克人的野蛮，他是这样讲述的："合法的王子重新登上宝座，他的殷勤

---

① 图尔主教格雷戈里（Grégoire de Tours，538—594），高卢—罗马史学家，代表作为《法兰克人史》。——译者注
② 格雷戈里：《法兰克人史》，卷二，第12节，原文本，《高卢史和法兰西史汇编》，卷二，第168页。
③ 维利：《法兰西史》，卷一，第41页。
④ 格雷戈里：《法兰克人史》，原文本，《高卢史和法兰西史汇编》，卷二，第168页。

英勇曾令他沉沦。紧跟这个不可思议的事件又发生一桩奇闻,图林根王后,像抛弃自己丈夫的另一位海伦,来找她的新帕里斯。'如果我知道,'她说,'世上有一位英雄比你更风流勇敢,哪怕天涯海角我也定会去找寻他。'巴西娜不仅美丽,而且很有思想;希尔德里克对美色诱惑和甜言蜜语毫无抵抗力,就娶她为妻,正义人士认为这是一桩大丑闻,他们再三呼吁婚姻之神圣,男人之间友谊的不可侵犯,但希尔德里克毫不理睬。"①

通过这个简单的对比,我们可以看出著名的维利院长在写故事方面的技巧。他的继任者维拉雷②在某篇序言中谈到他时说,维利院长能够把"前几个王朝的乱世描述得非常美好"。维拉雷评价得没错:维利院长的作品令人赏心悦目。他可以被称为野史作家,擅长写风流韵事;但把他列为民族史学家,这是完全不可能的。他抹除一切民间色彩,以所有笔墨精心打造宫廷浮华,用风雅时尚粉饰旧王朝的残酷。但是,关于野蛮征服者建立政权后原住民的悲惨生活,法律赤裸裸的不公造成征服民族和被征服民族间的不平等地位——按规定对违法外族的处罚金额仅是对原住民罚金的一半③,国王的恩典只

---

① 维利:《法兰西史》,卷一,第42页。
② 克劳德·维拉雷(Claude Villaret, 1715—1766),法国文学家、历史学家。——译者注
③ "任何一个自由人杀了一个法兰克人或蛮族人,根据《撒利克法》,他将被判有罪,罚金200苏。一个有产业的罗马人,也就是说在他居住的地区拥有自己的财产,如果被打死,那么经证实后,杀人者将被判有罪,罚金100苏。"《撒利克法》,第144条,原文本,《高卢史和法兰西史汇编》,卷六,第147、148页。根据盖拉德先生在《最初两个王朝法兰克族货币体系回忆录》中对金币固定估值(法国古钱币杂志,1837年11月12月刊),1苏的实际价值为9法郎28生丁,相当于我们现在的99法郎33生丁。估算起来,社会各阶层野蛮种族的人命价值是同阶层高卢人价值的两倍。杀死国王的一名法兰克族侍从要付罚款600苏,等于3 768法郎,相当于19 (转下页)

赋予胜利民族,还有大型集会的场面:所有日耳曼氏族男子手持武器,从头至尾每个人都参与磋商讨论,等等,以上内容是否呈现给读者了呢?完全没有,维利院长谈论的只有"流动议会"和"宫廷庆典",这些是"国王们(狩猎后)娱乐活动的一部分"。"我们的国王很快就不能举办这些盛大的节日庆典了。"可爱的维利院长补充道,"可以说,加洛林王朝时期经常举办这样的宫廷盛会……然而宫廷庆典接二连三,更殷勤好客、更彬彬有礼、更具品位,世上再也找不到如此规模、如此奢华的宴会了……"①

坦白地讲,还要堆砌多少荒诞不实的场面啊?难道人们是在读居鲁士②时代的小说,或哄骗小孩子的国王与王后的故事?什么样的历史竟如此虚假轻浮。法兰克人曾经是罗马统治者最凶悍的敌人,他们多次入侵,疯狂掠夺,怀着极度的仇恨,以至在他们的法典序言中,竟也引用了赞美本民族胜利和侮辱被征服民族的歌谣;当国王对进攻的决意产生动摇时,他们咒骂责备他,并威胁要杀死他。③ 这群

---

(接上页)世纪的 59 718 法郎,如果杀死同样职位的高卢人,要付罚款 300 苏,约 1 884 法郎,相当于 19 世纪的 29 859 法郎,如果杀死高卢种田人或农场主,要付罚款 45 苏,约 417 法郎 60 生丁,相当于 19 世纪的 4 478 法郎 85 生丁,和偷一头公牛的罚款相同。(本杰明·盖拉德[Benjamin Guérard, 1797—1854],法国历史学家、图书管理员,因他的加洛林时期修道院个人编集档案而闻名。苏[Sou 或 sol],从古至今不同货币的名称。这里的苏,名称来自罗马货币索利多[Solidus],是君士坦丁时代金币单位的更名,和现在法国货币的苏不同。——译者注)

① 维利:《法兰西史》,卷一,第 381、382 页。
② 指居鲁士二世(Cyrus Ⅱ,约前 600 年或前 576—前 530 年),波斯帝国创建者、阿契美尼德王朝第一位国王。居鲁士二世的形象在古代东西方的文学和历史著作中留下了不可磨灭的痕迹。——译者注
③ "他们一拥而上,扯破他的帐篷,粗野地咒骂他,甚至还强行把他拖走,要是他再不与他们同往,就把他杀死了。"格雷戈里:《法兰克人史》,卷四,第 14 节,原文本,《高卢史和法兰西史汇编》,卷二,第 210 页。

人在维利院长笔下却变成法兰西的诸侯领主、风雅忠诚的宫廷贵族。除了矫揉造作的刻画,维利院长还把历史著作里从杜艾朗流传至梅泽雷①,自梅泽雷延续至他的各种无知错误照搬不误。他津津乐道地谈论法兰西王室子嗣的采邑、公主们的生活、6世纪时王后们的高级侍卫、萨利安人的领地及克洛维如何填补空缺的主教职位;精致的片段表现了历史作家对官派笔调和空洞词汇掌握得多么游刃有余。若能认识维利院长又与之见面,我会尽量恭敬地劝谏他,不如把那些漂亮话换成十几个日耳曼词汇。但是一些思想激进的女士也许会强烈反驳我,难道凭我们的语言不能书写历史吗?

我们当然可以用法语书写现代史,但用它不足以明智地记载古代史。比如,追溯圣路易统治时期,我们就必须清楚,圣路易所讲的语言与现在的法语完全不同;回顾查理曼的时候,也应该了解他和子嗣们使用的语言。那么当时的语言是什么样的呢,请看查理曼传编写者的解释:"他以本民族的习惯用语表示月份,直至现在法兰克词语仍有一部分来自拉丁文,一部分来自日耳曼语。他还同样地创立了12种词语分别表示来自各个方向的风,而在此之前人们只定义了4个方向。12个月份的名字如下:1月是wintarmanoth(冬月),2月是hornung(霍农月),3月是lentzinmanoht(伦青月),4月是ostarmanoht(春月),5月是winnemanoht(温月或爱月),6月是brachmanoth(休耕月),7月是heximanoth(干草月),8月是aranmanoth(阿兰月或收获月),9月是wintumanoth(风月),10月是windumemanoth(收葡萄月),11月是herbistmanoth(秋月),12月是heilagmanoth(圣月)。至于各种方向的风,东风为ostroniwint,南风

---

① 杜艾朗和梅泽雷均为十六七世纪法国历史作家、史学家,详见后文。——译者注

为sundroni,东南风为sun-osni,等等……"①"皇帝("虔诚者"路易一世)明白自己的末日临近,让人为他做最后的赐福,也就是当临终者灵魂离开身体时,神职人员为他祷告等一系列仪式。正当主教们举行仪式时——许多人向我描述过,皇帝把头转向左侧,像是个愤怒的动作,他耗尽全力说了两次'huz, huz'! 意思是'出去,出去',很明显他看到了邪灵……"②

使用外国语言的法兰西君主,"虔诚者"路易并非最后一位。9世纪下半叶,法兰西宫廷语言不是国内民间用语而是纯粹的日耳曼语。最后我要说明那个时期语言的特殊性,当人们提到法兰西语,指代的是今天的德语,民间常用语是罗曼语,后来转化成目前的法语。但是在维利院长的故事里,我们完全找不到上述演变的痕迹。对他来说,自5—18世纪,这片国土上的人一直叫法兰西人,崇尚荣耀和享乐,国王总是开明虔诚的,并且拥有一大批英勇侠义的骑士。维利给法兰克人创造了一套政治术语,时而从罗马法典上借来一些文句,时而抄录封建文书的通用格式,竟始终没遭到一丝质疑。对以上疑难问题,维利院长不予理睬,也从未产生过困惑,他依靠16世纪编纂人员的帮

---

① 艾因哈德:《查理大帝传》,第29章"日耳曼史",卷二,第458页。据基佐先生所述,查理曼之前日耳曼人称呼12个月:1月"冬月",2月"牛角月、盛宴月",3月"春月",4月"复活节月",5月"爱月",6月"光泽月",7月"干草月",8月"收割月",9月"风月",10月"收葡萄月",11月"秋月",12月"圣月"(因为救世主的诞生)。(艾因哈德[Einhard, 770—840],法兰克王国史学家,"加洛林文艺复兴"的代表人物之一。——译者注)
② 《"虔诚者"路易一世传》,原文本,《高卢史和法兰西史汇编》,卷六,第454及455页。法兰克拼写"huz"或者"usz",现在德国人写成"aus"。

助①,和皇家年鉴中节选的法兰西君主制宪法,坚持走自己的路线。

然而,能感受到历史尊严的人是不愿用这样的方式篡改法兰西史的。他一定按照祖先们本来的样貌,而不是以我们的外表来描述他们;他会阐明,在我们脚下辽阔的土地上,多个种族混居一起最终融合成现在的法兰西民族;他会诠释,他们的社会风貌和思想的原始多样性;随着这些民俗习惯的逐渐消亡,他将指出统一现代文化中残存的古风遗迹,赋予每个民族各个时期的特殊色彩;法兰克人讲的是法兰克语,罗马人则说罗马语②;他想象着同那些摧毁城镇和抢劫乡村的征服者一起安营扎寨,观看当大规模入侵时到处为分配战利品、金钱、家具、衣服、土地而进行的抽签活动。他能发觉,在野蛮人的肆意妄为和混乱的竞相掠夺导致社会制约全部失效的情况下,战胜民族和战败民族之间萌生的初步友谊。他描述古代文明慢慢衰退,传统法律渐被遗忘,开明思想彻底磨灭,无论种族,权贵富人都对贫穷弱者进行压迫欺诈。接着,当历史形态变化时,他的视角也随之变化,并避免 14 个世纪的人物外貌、社会习俗都千篇一律,拒绝采纳照搬过去书本的便捷手段。

---

① 指帕斯基耶尔、富歇、提耶、罗塞尔等人的作品。(艾蒂安·帕斯基耶尔[Étienne Pasquier, 1529—1615],法国政治家、历史学家。克劳德·富歇[Claude Fauchet, 1530—1602],法国历史学家。让·杜·提耶[Jean du Tillet 150?‐1570],法国法学家和历史学家。安东尼·罗塞尔[Antoine Loysel, 1536—1617],法律顾问。——译者注)
② 罗马人(Romain),这是罗马帝国的征服者对各省居民的称呼。法兰克人这样称呼高卢人,哥特人这样称呼西班牙人,汪达尔人这样称呼非洲人。当地居民称呼入侵者和统治者为"野蛮人"(Barbares),该词不带贬义。东哥特人王狄奥多里克赋予了"野蛮人"和"罗马人"平等权利的律法。格雷戈里,《法兰克人史》,卷四:"修道士们对一帮意图抢劫修道院的法兰克人说,不要过来,不要过来,野蛮人,这里是真福者马丁修道院。"

# 第四封信
# 梅泽雷、达尼埃尔、昂格蒂耶的法兰西史

前几封信我从批评历史普遍问题,略显唐突地转向一位当代历史学家,就他的作品提出了些具体意见。附带说一句,这些意见可能会引起尖锐的争论,需要以冷静的判断来认同。为了更好地说明,我对比了具有相似风格和同样主题的其他书籍,它们流行至今,也深受公众欢迎。各位知道我想谈的是梅泽雷①、达尼埃尔、昂格蒂耶的历史作品。

梅泽雷的《法兰西史》,发表在1643—1650年,16世纪后半叶和17世纪初几年间的频繁内战导致那时法国公众的科学思想较弱,道德观念很强。在艰难境况下长大的人们,不再流连于尼科尔·吉尔(Nicole Gilles)的大型法兰西编年史的简写本,或者半历史、半虚构的无聊合集。② 宗教奇幻和侠义冒险都已过时,读者感兴趣的是国家事件,期待描写自古权贵与良法的致命冲突之新作。梅泽雷想满足

---

① 梅泽雷(Mézeray),即弗朗索瓦·厄德(François Eudes, 1610—1683),法国历史作家、史学家。
② 参见第五封信。

这一新的需要：他把历史当作一个公审平台，为党派利益做辩护，指出它一直是最优秀而最不幸的。① 正如承诺所言，梅泽雷重温古老自然法权，强调它们的不可取代，一方面他不怕得罪显贵、热爱真理并有魄力说出真理；另一方面他无意追求历史事件的深度和准确性，但那个世纪的读者并不苛求内容品质，于是给了他错误的评价。我们这位历史作家可能天真地觉得资料研究是一桩苦差，获得的荣誉却寥寥无几。② 迎合公众口味是梅泽雷的唯一准则，他为读者服务，并不试图超越他们的精神思想水平。与其称之为历史学家，不如醒世作家更适合，因为在他粗浅、错误百出的叙述中充斥着各式各样的感言反思。尽管宫廷朝堂的人憎恨他，内阁部长柯尔贝尔还取消了他的津贴，大多数公众对梅泽雷的好感依然存在。17世纪后半叶，瓦卢瓦、马比戎、杜亢之和其他学者的著作陆续引起强烈反响，而忽视引用文献求证的历史学家的声望大幅下降。③ 随着科技发展的进步，读者的品味开始倾向真实和严谨。直白的座右铭，无法继续成为梅泽雷叙事轻佻的借口；读者苛求历史学家的，也不再只是正直及勇气。梅泽雷在抵制权势利诱的人士眼中以诚实著称；不过，无论谁一旦受到新研究的启迪，梅泽雷历史学家的形象就荡然无存了。

---

① 投石党乱期间，梅泽雷写了几篇反对红衣主教马扎然的抨击文章，还被国王授予历史学家的头衔。——译者注
② 梅泽雷经常照搬一些当代作家的语句，但如果考察史料来源就会发现，他延续了原作者的错误，因此无法援用佐证并遵循维尼尔和杜波莱西的例子。即使他见到先前这些学者，也不会向他们请教，他吹嘘自己超越了杜亢之先生，实际上他从未阅读过这些人的作品。出自勒隆神父：《梅泽雷传》，图书刊物，《法兰西史》，卷三，《法国史家们回忆录》，第85页。（尼古拉·维尼尔[Nicolas Vignier, 1530—1596]，法国法学家、史学家和神学家。西皮翁·杜波莱西[Scipion Dupleix, 1569—1661]，法国历史学家、文法学家、哲学家和国家顾问。——译者注）
③ 参见梅泽雷的《法兰西史》前言。

1713年,耶稣会会士达尼埃尔·加布里埃尔①完成了一部新法兰西史,正文前有两篇关于早期历史的论文和一篇剖析了写作方式的序言。②"梅泽雷,他忽视取材。"达尼埃尔用简短的话谴责前任,而他本人推崇根据原始资料,遵循考证来写作,并附以历史学家独创的见解。他注重历史的精确性,这并非指一丝不苟地记录下琐碎事件发生的真实时间地点,而是意味着各个时代的面貌和语言都应无误地再现。达尼埃尔是法兰西第一位具备描绘史实才华的历史作家,他怀疑史书上的无数错误是盲目使用现代语言所造成的。③

历史契合性,是达尼埃尔认为必须严格恪守的唯一准则。任何社会化的谐和敦睦,与历史契合性相比,都不值一提。由于他的作品里删除了墨洛温王朝的四位国王,缩短了69年的古代法兰西君主政权,当时一家报纸上发表对达尼埃尔的叛国指控,人们看到的唯有他轻蔑的回应。④ 达尼埃尔认为君权交替在相当长的时间是通过选举进行的,他无畏也不关心是否会引人不快,他还抨击编写者用伪造族谱来取悦卡佩王朝的君王。⑤ 可这位作家,虽然科学严谨地阐明了我

---

① 加布里埃尔·达尼埃尔(Gabriel Daniel, 1649—1728),耶稣会士,历史、哲学和宗教作家。——译者注
② 论文讨论了克洛维之前的法兰西君王和三个王朝的继承模式。
③ 他(达尼埃尔)嘲笑那些作家,比如瓦利拉斯称呼路易九世"陛下",事实上到路易十二统治时期人们才这样称呼;还有称弗朗索瓦一世之前的军官为"上校",查理九世之前的部队为"军团",给前两个王朝的国王们配备王室纹章。(安东尼·瓦利拉斯[Antoine Varillas, 1624—1696],法国史学家——译者注)
④ 参见《学者日报》(le Journal des Savants),1720年9月、10月坎普斯神父的两篇论文。(弗朗索瓦·坎普斯[François de Camps, 1643—1723],法国神父,帕米耶主教,法国国家图书馆馆藏钱币学家。——译者注)
⑤ 以下为"伪造族谱",加洛林王朝的开创者是墨洛温王朝所谓克洛泰尔一世的子孙、梅兹主教阿努尔夫(saint Arnulf)的后代,卡佩王朝开创者是加洛林王朝查理·马特的兄弟、希尔德贝尔特(Childebrand)的后代。

国历史上留存的一些疑点,却未能全面记叙整个历史。达尼埃尔坚韧的信念开始动摇,且随着远离古典时代越来越微弱,他仅仅认真完成了对早期历史的撰写。纵然明知道不应受所处时代和阶级状况的影响,他着手写当代史时,却无兴趣再做相应的探索研究,他被神职人员的精神思想与时代的道德风尚引领,在叙述中展现出狂热和奴性,连他自己也感到惊讶。达尼埃尔起初的成功曾为读者揭示了一种历史真实感,四分之一世纪过去后,他的失败证明公众思想已超越了他的学术品位。

不过,达尼埃尔神父毕竟是首位提出正确研究法国历史方法的人,这是属于他的荣耀,即使他缺乏毅力和才能来付诸实践,即使很少有人赞同他的方法。他之后的作者很少像他这样努力——我指的是无论为了取得学识成就,还是从他作品中的事例和教训中获益。比如维利院长,认真抄录达尼埃尔序言里一些含有讽刺意味的无礼词语,将希尔德里克比喻为"新帕里斯",巴西娜比喻为"新海伦",犯下该序言明确标出的错误。又如,他笔下的克洛维到过德国和勃艮第,巴黎在克洛迪奥时代就是法兰西帝国的都城。史学研究最基本的原则不在于遵循什么道德标准和按照某种特定的政治观点,而是要忠于历史本身。因此,我们可以否认达尼埃尔神父具备公民的灵魂和尊严,但必须承认他的叙述品质卓然,带给人真实的感受。尤其提倡以他为榜样,摒弃年代错误的道德风尚,杜绝每位作者以当代观念肆意衡量历史的沿习。

很难解释在18世纪的法国,维利的作品竟然风行大卖。恐怕当时有权威形成自己的判断并把它当作整个民族观念传播的人,正是思想最浮浅者。在新晋历史学家面前,所有人被迫保持沉默。学者们敬畏维利院长,甚至不敢纠正他地理知识方面的错误和他混淆的事实,以及他擅自篡改专有名词的方式。维利既同梅泽雷一样欠缺科学的严谨,又同耶稣会士达尼埃尔一样,思想落后保守。他编写史籍时(他的继任者卡尼尔承认)既不筹划也不钻研,毫无写作天赋,只会蹩脚地、铺天盖地运用模糊或铿锵的语句。对自己前几部书籍的成功,维利院长谨小慎微,为了继续编写,他阅读法兰西铭文学院回忆录,胡乱把几篇不正确论文中的古老民风习俗大段地抄录下来,以便使自己的作品更可观。维利最大的爱好,就是精心描述每个世纪充斥着金饰品和珠宝玉石的歌舞筵席,他称之为"宫廷时尚庆典",他还将所有年代的流行元素混合,让读者眼花缭乱。例如,自加洛林王朝丕平的统治起,人们看到每逢国王赏赐,传令官要高声宣布。我引述这段文字:"每一位侍从听到长笛和双簧管的音调都站了起来。等甜食端上,20名传令官,每个人手捧斟满美酒的大杯,高喊三次:最强大国王的慷慨恩赐,然后撒出金币和银币,百姓一边捡钱一边欢呼。千万号角吹响,赞美这一恩赏……"[①]维利的两个接班人,尤其是卡尼尔[②],有较多影响力和指导性。但他们的工作缺乏基础研究,从而失去了价值。因为读者若对法兰西史的早期阶段没有明确概念,就无法理解后续事件。

我们接着看昂格蒂耶的《法兰西史》,作为19世纪初的现代作品,它出版后受到这一代人的欢迎,虽谈不上反响热烈,至少是尊重和认可。这本书朴实无华,既无梅泽雷的政治辛辣,也无达尼埃尔的确切性,更比不上维利明快的感染力。人们注意到它的形式简单明

---

[①] 维利:《法兰西史》,卷一,第380页。
[②] 让-雅克·卡尼尔(Jean-Jacques Garnier, 1729—1805),法国历史作家和学者。——译者注

了,深一步讲,他随意复述梅泽雷和维利的故事,摘抄新史学家引用的段落——可以这么说,他把每个角色都抄了一遍:其实这位神父的判断很敏锐,有能力达到更高水平。据说,昂格蒂耶有撰写法国君主通史的计划,他不愿利用现有史书重做文章,想根据文物资料和古籍原本来写作。也许人们该为昂格蒂耶未实行这一计划而遗憾;依靠多样资源,凭借机智的头脑,昂格蒂耶一定能够透彻领会并清晰呈现过去的习俗和豪情。他的兰斯史便是有利证据,尽管和其他同类作品境遇相仿,阅读者很少,但作者在书中将中世纪公社风雨如磐的命运,理智而生动地刻画了出来。

昂格蒂耶的另一著作《圣盟之魂》,亦显示了卓越品质;书中的描写和用语体现着时代的印记。与18世纪作家的一贯风气相反,作者热爱他所写的题材;他并不藐视那个狂热混乱的年代;正因为这样,他的书非常有吸引力。这是第一部用我们的法语再现16世纪风貌,不曾以怪诞文笔来歪曲史实的作品。但我要重申,昂格蒂耶的《法兰西史》绝对没有《圣盟之魂》的精确性和别致生动的优点。相比维利院长的《法兰西史》,该书学院派的夸张腔调较淡,语气又轻松,所以备受当时社会的青睐;必须承认,1804年的作家并不擅于嘲笑"温柔虚弱的风流王子"。请看昂格蒂耶关于希尔德里克一世统治时期的记叙,他一开始写道:"希尔德里克,一个大胆的浪荡子,在登上王座第一年因性事方面肆无忌惮,引起臣僚的不满愤恨,共同将其废黜……"[①]对照1755年流行的叙述方式,我们可以发现公共道德层面在此期间有了明显突破,那么历史的编写也进步了吗?

---

① 昂格蒂耶:《法兰西史》,卷一,第268页。

# 第五封信 自15世纪起撰写历史的不同方式

1476年,第一部以印刷方式出版的法兰西史诞生了,标题为《大型编年史》(*Grandes chroniques*)。这是一卷古老的、由圣德尼修道院僧侣们用法语编译的纪年体史册,因此又叫作《圣德尼编年史》(*Chroniques de Saint-Denis*)①,长期闻名于世。国王查理五世②曾命人抄录下来,语言上稍微做了改动,以丰富他的图书馆,并让人继续撰

---

① 《圣德尼编年史》由12和13世纪的圣德尼修道院人员编译,有拉丁文的版本,约1250年完成,654年前的史料来自艾穆安·弗勒里(Aimoin de Fleury)的《法兰克人史》手稿,后续部分由11世纪至12世纪的圣-日耳曼-德普雷修道院(l'abbaye de Saint-Germain-des-Prés)的僧侣编写,12世纪末圣德尼修道院的历史学家们整理编译,13世纪中叶添加了《菲利普·奥古斯都传》。1285年,圣德尼修道院本笃会修士纪尧姆·德·南吉(Guillaume de Nangis)陆续完成了路易七世、路易八世、路易九世和菲利普三世的手稿。

② "英明的"查理五世(Charles V le Sage, 1337—1381),法国瓦卢瓦王朝第三位国王。他逆转了百年战争第一阶段的战局,使法国得以复兴。——译者注

写至他当政的年代;此书问世时,已陆续编写到路易十一①的统治时期,法兰西刚刚扩大成现有的疆域,大型编年史的出版令人们对早期法兰西史产生了共同观念,遗憾的是,该荒谬观念需要花费太多时间和精力去根除。法兰西《大型编年史》记载,高卢人与法兰克人都是特洛伊逃亡者的后裔,一部分人的祖先据说是埃涅阿斯之子阿斯卡尼俄斯(Ascanius)的儿子布鲁图斯(Brutus),其他人的祖先是赫克托耳(Hector)的儿子弗兰库斯或弗兰松(Francus 或 Francion)。原文开端这样讲述道:

> 罗马城建立前的 404 年,普里阿摩斯(Priam)统治着伟大的特洛伊城。为了报复希腊人曾给予的羞辱,他派长子帕里斯到希腊掳劫了国王墨涅拉俄斯(Ménélas)的妻子王后海伦。希腊人对此非常恼怒,发动大军围攻特洛伊。攻打特洛伊历时 10 年,国王普里阿摩斯、王后赫卡柏(Hécube)和儿子们几乎统统被杀,特洛伊被烧毁,贵族和平民遭到屠杀。但也有一些王子和许多其他的人从城中逃脱,到其他地方建立新家园,如赫勒诺斯、埃利亚斯和安忒诺耳(Hélénus, Elyas 和 Anthénor),等等……特洛伊最高贵的王子之一埃涅阿斯(Enéas),带领 3 400 特洛伊人出海……两位堂兄弟图尔库斯(Turcus)与弗兰松或弗兰库斯(因为弗兰库斯是赫克托耳的儿子,图尔库斯是特洛伊罗斯[Troylus]的儿子,赫克托耳与特洛伊罗斯兄弟两人都是国王普里阿摩斯的儿子),离开他们的故乡,在一个叫色雷斯的地区附

---

① 路易十一(Louis XI, 1423—1483),绰号"缜密者"[le Prudent],法国瓦卢瓦王朝国王,查理七世之子。——译者注

近定居……在那里一起生活了很长一段时间之后,图尔库斯和自己带的一些人与弗兰库斯道别,来到一个名为小斯基提亚(la petite Scythie)的地方。堂兄弟离开后,留下的弗兰库斯建造了一座城池,给它取名为"斯卡姆布里",不过长期以来居民管它叫"斯卡姆布里安"①。像其他民族一样,他们是罗马人的分支;这座城池自建立到衰亡共经历了1 207年。②

这个奇特开篇之后的几章是"为什么称斯卡姆布里的特洛伊人为法兰西人的各种观点——他们如何征服阿勒芒和日耳曼,以及如何挫败罗马人——如何又何时建立巴黎城,法兰西第一位国王——第二位国王克洛迪奥——第三位国王墨洛维——第四位国王希尔德里克——强大的克洛维如何在其父亲去世后加冕"。③

直到查理曼统治前的手稿,都由10世纪卢瓦尔河畔圣本笃修道院(Saint-Benoît-sur-Loire)或弗勒里修道院(l'abbaye de Fleury)院长艾穆安(Aimoi)所撰写。接着是把查理曼秘书艾因哈德为这位大帝写的传记,做了极不精确的翻译;④随后收录了伪大主教的《图尔班或

---

① 斯卡姆布里(Sicambri),前1世纪日耳曼或凯尔特人建立的城市,根据恺撒描述,位于莱茵河右岸(莱茵河和西格河之间)。——译者注
② 《圣德尼编年史》,《高卢史和法兰西史汇编》,卷三,第155页。
③ 《圣德尼编年史》,《高卢史和法兰西史汇编》,卷三,第156、159、166页。
④ 艾因哈德:《查理大帝传》,《日耳曼史》,卷二,第426页。《圣德尼编年史》取材片段有艾因哈德所著年鉴和其他一些记载,因太长不易列出。

特里班)纪事》①的一些片段,这部分虽然不算是历史内容,但绝对堪称最富于想象力、展现叙事神韵且光芒四射的中世纪小说。书中的国王马尔西勒(Marsile)和巨人费拉古斯(le géant Ferragus),一改阿里奥斯托②诗歌中的娱乐形象,塑造了两位严肃真实的角色。还有,布列塔尼马尔什·罗兰(或罗特兰)伯爵,历史上只提及了一次,他在巴斯克人于比利牛斯山通道上设置的伏击中战死,被尊为最骁勇的、令撒拉森人恐惧的骑士。③ 黑暗的隆塞斯峡谷隘口内,一次前哨小冲突转化为激烈的战斗,交战一方是法兰克人,另一方是摩尔人和西班牙人;罗兰,他是所有同伴中唯一还活着的人,他吹起象牙号角,号角声响彻七里战场内外,重伤的他最终疲惫而亡:

> 尸横遍野的战场上,奋战负伤的罗兰独自徘徊,眼前这么多高贵的骑士战死,他哀伤不已,忍受伤口剧痛来到塞泽尔山脚下

---

① 吉恩·图尔班大主教(l'archevêque Tilpin ou turpin),罗兰之歌中查理曼和罗兰的同伴,《图尔班纪事》(*la Chronique de Turpin*),写于12世纪,讲述了查理曼在法兰西和西班牙的战争事迹。
② 阿里奥斯托(Ludovico Ariosto, 1474—1533)是意大利文艺复兴时期诗人,代表作《疯狂的罗兰》(*Orlando Furioso*)。——译者注
③ "队伍排得很长,以便通过狭长的山路,巴斯克人从山石峥嵘的山顶,向下面山谷中的查理曼部队发动攻击……为了保护辎重,黑夜中与敌人展开近身战,殿后的队伍很快远离了大部队,四处分散…… 在这场战斗中,布列塔尼侯爵罗兰("Hruodlandus")、宫相艾因哈德、帕拉丁伯爵安瑟姆斯和许多人都一同战死……"艾因哈德:《查理大帝传》,《日耳曼史》,卷二,第448页。(巴斯克人[Les Basques],居住于西班牙中北部以及法国西南部的民族。撒拉森人[Sarrasins],源自阿拉伯文的"东方人"。在西方历史文献中,撒拉森最常用来泛称伊斯兰阿拉伯帝国。隆塞斯瓦耶斯隘口战役[Roncevaux]发生于778年8月15日傍晚,巴斯克人在比利牛斯深山隘口设下埋伏,袭击查理曼部队,造成法兰克军队的大量损失。——译者注)

的树林中,于一棵树旁下马。不远处,隆塞斯谷的美丽草甸上矗立着一座巨大的大理石台阶。罗兰手里还握着他的剑,这把杜兰德尔剑[1]比其他任何宝剑都灿烂耀目、锐利坚韧,绝不会折损也不会断裂。他久久地凝视着这柄剑,开始遗憾地哭泣,自言自语道:"美丽而神圣的剑啊,你的剑身如象牙一样洁白,无需擦拭就清澈明亮;你的长度大小匹配完美,锋利无比削铁如泥;你的剑柄镶嵌着金碧辉煌的十字架,授之以祝福,上面雕刻着耶稣基督的圣名,赋之以力量;从今往后,谁将秉承你的仁慈,拥有你,佩戴你呢?我死之后,假若劣等的骑士或一个懦夫得到了你,那是多么令人悲伤啊,我死之后,假若撒拉森人或其他异教徒得到了你,那是多么令人哀痛啊。"罗兰越发懊悔,他高高举起剑狠狠击打了面前的大理石阶三次,想要损毁这把剑,以免落入撒拉森人之手。结果如何呢,大理石阶从上到下被劈开,剑却安然无恙,当罗兰看到用各种方式都无法把剑击断,就更加悲哀。他把象牙号角放在唇边用力吹响,这样,如果有一些基督徒因害怕撒拉森人而躲藏在树林里,听到后走出来,或者那些已经穿越谷口的人能够返回,他们发现他即将死亡,会取走他的剑和马。罗兰竭尽全力吹着号角,以至他颈部血管筋脉胀破,号角的中部裂开。呜呜的号角声悠扬回荡,传至查理曼耳中,他正在一座山谷休整队伍:这座通往加斯科涅的山谷如今被称为"查理曼谷",

---

[1] 杜兰德尔剑(Durandal),据说是中世纪欧洲大陆上的三大圣剑之一,此剑是单手剑,剑身为白色并且能够自动放射出耀目的光芒,黄金制成的剑柄上镶嵌着水晶,造型精美,削铁如泥,又称"恒常之剑"。——译者注

离罗兰约8里远。①

关于艾因哈德描述的查理曼,《大型编年史》掺入了一些流行素材。史书记载:"传说查理曼可以一下子轻松地拉直三块铁马掌,甚至能把一名穿盔甲武装的骑士托在手掌上,从地面稳稳举起。用他的茹瓦约斯剑②,把一位全副武装的骑士瞬间劈成两半……"③这是该书唯一借助了某些小说细节的部分,其余为情节不太连贯的故事片段,记载到路易六世统治时,他的生平由圣德尼修道院院长苏格(l'abbé Suger)撰写,从而开启了当代人编录法兰西国王本纪的一系列篇章,直至查理七世时期。

从法兰西《大型编年史》的叙述形式看,它不是能够让大多数人阅读的书籍,也未曾很快流传开来,在出版不到20年后,一位睿智的学者为满足公众愿望,进行了简写。国王路易十二世的秘书尼科尔(或尼古拉斯)·吉尔大师,1492年完成了编年史的简写本并出版,书名为《法兰西年鉴与编年史》④,内容有法兰西人起源、来到高卢,以及高卢的国王公侯,直到国王查理八世,统共编一册。这部简写本取得了空前成功,它于《圣德尼编年史》基础上改变了语言风格,适合当时人们的观念和品味。可是,12世纪与13世纪编译者们保留下来的、最初两个王朝的少许原始色彩,被作者用漂亮空洞的现代措辞所粉

---

① 《圣德尼编年史》,《高卢史和法兰西史汇编》,卷五,第303页。
② 茹瓦约斯剑(Joyeuse),加洛林王朝国王查理大帝所佩,又被称为"黄金之剑""欢悦之剑"。——译者注
③ 《圣德尼编年史》,《高卢史和法兰西史汇编》,卷五,第266页。
④ 《法兰西年鉴与编年史》,尼科尔·吉尔所写,1553年,巴黎,对开本,第14页右页。

饰,他还以大幅篇章渲染贵族短暂的善心,刻画法兰西诸王对教廷的奉献,甚至捏造了托尔比亚克之战①前克洛维的祈祷。作者笔下的克洛维说:"圣主耶稣,我将感应您的召唤,本国土上的人民,所有不愿皈依者,将被放逐或消灭。"实际上,《圣德尼编年史》里根本没有上述语句或任何相似的记载。

  提起法兰克国王们的横征暴敛,尼科尔·吉尔的用词一概是他那个时代众所周知的人头税、借款和特别附加税。他把许多寓言和传奇故事、12世纪时尚不存在的事物添进简写本,例如戴着百合花冠的天使;圣德尼大教堂的耶稣亲笔题献;国王克洛泰尔在教堂杀人后,为赎罪创立伊夫托王国并规定星期五为圣日。② 最经典的一段要数对查理大帝的外貌描写,什么八尺身高,饭量是别人的好几倍,高康大③的形象跃然纸上。"他身材颀长,姿态雄伟,足有八尺高,头部肥大,脸的长度约一拃半,额头近1英尺④宽,鼻子小而扁平,眼睛又圆又大,像绿宝石一样闪闪发光……他不爱吃面包,但对野味鹿肉特别喜爱。晚饭经常能吃掉四分之一只羊,或一只孔雀,或一只灰鹤,或两只家禽,或一整只鹅,或一只野兔,前后不需要其他的配菜。"⑤这些怪诞情节无疑引用了风靡12世纪的低俗民间小说和伪大主教的《图尔班纪事》。

---

① 托尔比亚克之战(la bataille de Tolbiac),法兰克国王克洛维打败阿勒曼尼人的战役。——译者注
② 传说克洛泰尔一世在苏瓦松教堂杀掉前侍从高杰尔·伊夫托(Gautier d'Yvetot),教皇圣亚加一世威胁将国王开除教籍,为了平息教皇的愤怒,克洛泰尔封伊夫托后裔为王。——译者注
③ 高康大(Gargantua)是《巨人传》(*Pantagruel*)里的人物。——译者注
④ 1英尺约等于30.48厘米。——译者注
⑤ 尼科尔·吉尔:《法兰西年鉴与编年史》,对开本,第44页右页、第45页右页。

今天人们不需什么魄力就可以说,路易十二世秘书的简写本既缺乏学术研究,也没有写作技巧,然而,没有任何一部其他的法兰西史能如此长期受欢迎,这本书先后共出版了16次,最后一次出版是在1617年,作者已去世了114年。尼科尔·吉尔的声誉远远超越了他生活的年代,那时全欧洲兴起了一场伟大的文化运动,尤其批判中世纪文学和思想。受15世纪古典文学复兴影响,意大利国内一批新派历史学家展露锋芒,他们仿照古典文献的著作,被学者们热情传阅,逐渐改变了大众爱好。

这个学派的马基雅维利①和圭恰迪尼②主张,不能像写编年史一样孤立地或并列地介绍史实,要根据事物的相似性来全面表现它们的所有成因与造成的影响。人们称这种新派史书为政事史、古典体史;编写者如同搞文学创作般地仿照古希腊罗马作家的方法风格,他们还高谈阔论,利用一切机会,只要宫廷或军队有审议的迹象就大肆插入讨论。无人对作品中这些矫揉造作的形式、制度、习俗和现代政治理论,或者16世纪的国王、大公、王子身穿罗马或雅典执政官、军官、演说家等古典服饰的奇怪现象感到惊讶。欧洲各国的开明人士、思想激进派们都渴望有这样新式的民族史,彻底摆脱中世纪的陈辞滥调。

1537年出生于波尔多的贝尔纳德·德·吉拉尔,即杜艾朗领主,是第一位按照意大利学派方法原则着手编写法兰西史的法国作

---

① 尼科洛·马基雅维利(Niccolò Machiavelli,1469—1527),意大利的哲学家、历史学家、外交官。——译者注
② 弗朗切斯科·圭恰迪尼(Francesco Guicciardini,1483—1540),意大利历史学家、政治家。——译者注

家。① 这项令他极为自豪的工作开展前,24岁的贝尔纳德发表了一篇预备草案,标题是《法兰西史的承诺与计划》。1576年,他向国王亨利三世②展示自己的第一部对开本著作,获得了一份津贴和史学家头衔,新头衔取代了王室编年史作家的旧称。杜艾朗对这部伟大的创新作品有按捺不住的骄傲和激动,他在序言后面的段落谈到自己时,十分幼稚地夸耀道:"可以毫不吹嘘地讲,我是第一个重新让历史发扬光大的人;之前尼科尔·吉尔的编年史里有很多圣玛尔定和酒神狄奥尼索斯之类的故事,都只是按年月枯燥地记录,对事件起因、应有的建议和所获成就却避而不谈,更缺乏演讲的叙述,而这是编写历史的先决要求。"③

作为法兰西的第一位史学家和批判编年史前辈作家们的运动领袖,杜艾朗毫不掩饰对格雷戈里的轻蔑——实际上他把对方同费德加尔、艾穆安和特里特米乌斯混淆,他也同样看不起维勒哈杜因、茹安维尔、伏瓦萨。④ 如今读者喜爱的地方特色、优美风貌、丰富细腻的描写、原汁原味的对白,在古典派杜艾朗眼里都是根本不值一提的粗鄙旧货。"他们津津乐道地描述自己与他人的谈话,"杜艾朗说,"一位绅士与另一位绅士的谈话、一位上尉与一名士兵的谈话,这个的那个的,豪华庆典、等级礼仪、果酱调汁、皇亲贵族着装、宾客座次、人们之

---

① 贝尔纳德·德·吉拉尔(Bernard de Girard, 1535—1610),法国历史作家,主要作品为《从法拉蒙德到查理七世法兰西诸王通史》。——译者注
② 亨利三世(Henri Ⅲ, 1551—1589),法国瓦卢瓦王朝国王。
③ 贝尔纳德·德·吉拉尔:《法兰西诸王通史》,巴黎,1615年,敬告读者。
④ 维勒哈杜因(Villehardouin, 1150或1164—1213?),中世纪编年史作家,十字军骑士。前文曾提及茹安维尔。让·伏瓦萨(Jean Froissart,约1337—1405),中世纪的法国作家,作品既包括短抒情诗,也有较长的叙事诗。——译者注

间的寒暄拥抱和其他微不足道的类似琐事,像随心所欲记流水账一般,但都与历史毫无关联,历史应该只记载国家大事,比如王公大臣的提议和业绩、事件起因及影响等一系列所涉及的元素,再以精美语句修饰,这样才能吸引读者,令他们受益。"①

这种振振有词的批判似乎承诺了什么;可惜杜艾朗连同他之后所有编写历史的人,几乎通通志大才疏。他在开始几页专心模仿意大利派的夸夸其谈,用最离奇的方式扭曲历史真相。关于法拉蒙德的君主选举制——这位国王是否存在都很难考证,杜艾朗捏造了一个集会,虚构两位发言人查拉蒙德(Charamond)和卡德瑞克(Quadrek),一个接一个滔滔不绝地列举君主制和贵族体系的益处。当涉及重要政治事务和谈判时,杜艾朗尤其喋喋不休地添加个人论点,对那些不包括巨大阴谋的历史阶段,他忽略而过。总体来说,历史早期的人文科教等很多方面是远远落后于杜艾朗所处时代的思想知识水平的,他笔下的克洛迪奥却颁布了所谓的"发型法",我们的史学家写道:"他命令从此禁止人们留长发,除非这人有王室血统。"②关于查理曼的外貌描写,可能是为了迎合早已深入人心的形象,杜艾朗抄录了一部分尼科尔·吉尔的夸大其词,同时补充了艾因哈德提供的细枝末节。尽管对编年史作家不屑一顾,他还是借用1492年简写本中饱含传奇色彩的某些语句,比如:"他一身法兰西人的打扮,总是佩戴着短剑或匕首,手柄镶金嵌银。"③和尼科尔·吉尔一样,杜艾朗谈及查理曼掌握的语言时,说除了作为母语的法语,还有弗拉芒语和

---

① 贝尔纳德·德·吉拉尔:《法兰西诸王通史》,敬告读者。
② 《法兰西诸王通史》,第13页。
③ 《法兰西诸王通史》,第200页。

德语。我可以举出很多类似例子,所有无稽之谈说明了这位史学家的作品价值和旧编年史没什么区别。

杜艾朗之后的西皮翁·杜波莱西虽然做了一些可贵的研究,不过因为他是狂热的天主教徒,得到的认同很少;继而杜艾朗的学生梅泽雷,其作品主宰了十七和十八两个世纪,风靡程度与16世纪尼科尔·吉尔的相当。梅泽雷的商业才智超越了老师,他仿照杜艾朗在叙述中加入热烈讨论,而且为了给它们腾出空间,擅自假设一些会议或想象几场谈判。希尔德里克一世被放逐事件,杜艾朗彻底不提,而17世纪的历史作家采用旧体政治讲演的模式,张弛有度地把它描绘出来,成为格外精彩的一章。

"希尔德里克是一位悠闲散漫、骄奢淫逸的年轻公爵,"梅泽雷写道,"他向人民强征苛捐杂税,身边簇拥着献媚的臣僚。法兰西领主们对此极度愤慨,聚会密谋,其中一人郑重发言说道:'诸位大人,对希尔德里克带给你们的侮辱,你们仅仅感到愤恨吗?这次议会我们要讨论的主题很明确,若不是听见诸位及整个法兰西的祷告,我在此也不敢抱怨什么;如果那个我们指望求助的人正是罪魁祸首,我们又能向谁控诉呢?……既然他持有我们赋予的权杖,那么最合理的是,他应该把我们和我们的妻子看作是他的臣民,而不是像对待奴隶一样来任意侵害。法兰西的领主们,我们不应被如此践踏,三百多年来我们的祖先为自由而战;他们拥立国王,是为了维护自由,而不是承受压迫。再者,即使我们愿意被统治,罗马人和这位相比温柔多了;自己主人带给的痛苦,外国人决不会强加于我们。诸位,如果你们愿以法兰克人的名义,宣布弃绝希尔德里克,就像当初拥立他一样,那么我们就完全不受铁链束缚了。不能允许他继续利用我们的仁厚来伤害我们……当初我赞成推选他为王,如果能弥补这个犯下的错误,我现在就撤回我的话。千真万确,即使付出生命的代价,我也决心反悔,解除我对他的誓言。既然他彻底改变,我就要取消承诺,既然他自己都不懂得也不屑担负国王应尽的职责,我就不再承认他是国王。'"①

在 1668 年出版的编年史作品中,这段慷慨激昂的发言和其他许多同样风格的片段删除了。梅泽雷的作品尽管学术水平不足,但内容周密细致,没有任何古典派的矫揉造作,很快家喻户晓,广受欢迎,取代了其他著作,简写本先后出版了 16 次,最后一次出版是 1755 年,可见公众对它的热爱。同年,维利的《法兰西史》也出版了。

相比梅泽雷的流行,神父达尼埃尔基于精确性的作品略显乏味生硬,而维利院长的书博得好评,梅泽雷的声望于是受到了挑战。相信大多数人都拜读过维利的《法兰西史》序言,作为一名历史作家,维利自认为是开拓者,属于崭新的哲学派别;他写出以下的话:"当阅读一些历史作家的书籍时,我发现作者们似乎把君王的排序更多地作为描述的主题,而不是指引方向。作品内容局限于帝王的胜利或失败,至于人民幸福或不幸,我们完全不得而知。他们花大量笔墨描写攻守城池和各次战役,避而不谈社会道德和民族精神,几乎无例外地围绕一个人……在写这部新《法兰西史》的时候,我努力弥补了上述缺憾。我的建议是,除了记载亲王公爵的统治纪事、他们的成功与失职,还需增添那些扩展疆域的英雄和启蒙思想的天才人物的名字,总之,我们叙述法兰西民族征战和胜利的同时,应穿插对道德、法律、习俗的研究探索。"②

---

① 梅泽雷:《法兰西史》,卷一,第 21—22 页。
② 维利:《法兰西史》,序言,第 10—11 页。

各位都清楚维利院长是如何来履行这一伟大承诺的。不过,无论身为历史作家的他有多么平庸,他的确在故事中,以离散零落的嵌入方式谈论了法兰西民族的思想礼仪,评述了那个时代的价值品味。实际上,史诗般叙事、肖像描写与对白演讲都已过时;人们期待能综合呈现论证、推理和结果的历史作品。但很快地,这种方法和古典风格一样被作家们争相模仿。他们在历史正文里夹杂长篇感言,以及关于政府、律法、美术、服装和军械等种种离题枝节,用简短分散的、截然而止的片段,代替连贯发展的、循序渐进的记叙,时而严肃或讽刺地评论一番;于是历史被一分再分,宛如教科书般给各章各节都加了标题。伏尔泰凭他的独创性和始终不渝的豪情,为大家树立了推理演绎法的榜样,18世纪末英国历史学家受其影响,写作方式更缜密、条理分明。

自印刷术发明到现在,三种历史流派相继蓬勃发展,它们就是中世纪传奇派、复古主义或意大利学院派和哲学演绎派——该流派的代表至今在欧洲享有声望。正如200年前一直期盼法兰西的圭恰迪尼和达维拉,今天的人们需要法国的罗伯逊和休谟。① 可是,这些学者的著作阐释出书写历史的真正方法了吗?他们的精简模式果真能令我们由衷满意,就像以前读者对古代史规划那样地赞不绝口吗?我不这么认为;恰恰相反,哲学模式和前几个世纪的所有文学形式一样,都有一定的缺陷。我的观点是,书写历史不该为描绘各时期的社

---

① 恩里科·卡特里诺·达维拉(Enrico Caterino Davila, 1576—1631),意大利史学家。威廉·罗伯逊(William Robertson, 1721—1793),苏格兰历史学家。大卫·休谟(David Hume, 1711—1776),苏格兰哲学家、经济学家、历史学家,著有《英格兰史》。——译者注

会风情就肆意添加离题万里的论述,为详细介绍每位历史人物就胡编乱造肖像外貌。普通百姓乃至过去数个世纪的民众也理当登上历史舞台,展现自己的存在;不能让读者阅读了近百页,方才明白他们的真实性质。平淡无奇地记录史实,忽略个人色彩、地方风貌,这是一种错误的方法;若没有形象描写,一个历史作家不可能进行精辟叙述,描写和叙述应相辅相成,把它们孤立对待的人几乎经常忽略故事的陈述,而陈述是历史作品的主要部分,进行后续评论时也必须围绕核心脉络来探讨。否则读者难以把作家分散的叙述贯穿起来,对评论也无法理解。错误的写作方法会导致作品缺乏完整性,变成历史故事和哲学理论两本书不连贯的整合:前一本仿若以往不错的历史书籍的简单翻版,后一本展现作者哲学理论的气势磅礴。其实,休谟和拉宾托莱①的英格兰史大同小异,在他们的书中,读者第一次看到关于政治策略、公共经济、立法、考古学的一些综合论述,还有大量哲理性格言或常用警句。附加的报告文献让原本亘古不变的历史变得引人入胜。那么通过该写作方式就可以革故鼎新吗,历史详情还未全面发掘吗?当然不是。我们已熟知每个历史事件的确切日期,也大概掌握了检验日期的技术,然而这一掌握并不足以彻底杜绝虚假的历史。客观地讲,历史包含着不准确性,如果编年史记载者将来为我们提供了伪材料,那就需要重新记载、重新审核,避免复制事件的错误论调和性质。不要以为这项工作仅仅涉及对人物和历史事件的道德衡量,它还包括鉴别人物事件的真实状态是否与我们看到的叙述一致,所描述的人物外观是否与本人相貌符合,防止用现代的标准

---

① 保罗·德·拉宾托莱(Paul de Rapin de Thoyras, 1661—1725),法国历史学家。著八卷本《英格兰史》。——译者注

猜度古代,以当今的尺度想象过去,以上才是工作艰辛之所在;肤浅的作家往往察觉不到历史的深奥,被他们轻视的博学者却不计得失,一直默默耕耘,不断填补空白。

# 第六封信
## 法兰克人、勃艮第人和西哥特人

我感觉,相比其他严肃读物,公众更加偏爱历史书籍的时刻已经来临。也许,继一个思想活跃的世纪后,社会文明发展指引我们进入了崇尚事实的时代;也许,那些由于无知对既往的诋毁,令我们感到乏味;也许,归根结底是因为有阅读的兴趣。沃尔特·司各特①的小说让人们对不久前还轻视的中世纪浮想联翩,他的文学作品虽略显浮夸,却为今天的我们开辟了如何阅读和书写故事的新途径,影响非凡。有关数世纪前和所谓野蛮人的描写强烈吸引了各阶层好奇的读者,小说的出版获得了意想不到的成功。

诚然,我们不可能把沃尔特·司各特的书视为历史著作方面的权威,可毫无疑问此人是把不同种族人民逐步融合成伟大欧洲民族

---

① 沃尔特·司各特(Walter Scott, 1771—1832),18世纪末苏格兰著名历史小说家及诗人。司各特关于英格兰历史的小说有《撒克逊英雄传》,关于欧洲史的小说有《昆丁·达威尔特》及《十字军英雄记》等。——译者注

的第一位作者。有哪位英国历史作家讲述"狮心王"理查一世①的传奇时提到撒克逊人和诺曼人呢?又有哪位根据1715—1745年苏格兰叛乱发觉山区盖尔人②子孙与撒克逊人后裔英格兰人之间的敌意呢?以上问题和其他许多重要史实一直被忽略,社会统一过程中出现的曲折,在现代历史作家笔下消失殆尽。关于中世纪最重要的片段之一、彻底改变英格兰社会状况的事件——我指的是诺曼人登陆英格兰岛③,休谟把这次入侵刻画成与当今某位大公征服他国等同。在他的故事里,盎格鲁-撒克逊王室的末代国王对抗诺曼底公爵的战役,非但毫无古日耳曼部族间侵略和抵御的浓厚色彩,反而像两个垂涎王位者的普通吵闹,胜利的结果无外乎战败一方更换了统治者。实际情况却是整个民族毋庸置疑地被外国人奴役剥削,土地财物、百姓或原住民,直至整个王国都成为他人的资产。

  法国历史作家对异族的记述更是寥寥无几,他们和大卫·休谟一样,将各民族、种族间互相入侵、征服、奴役的漫长争斗归于统治阶层的内部矛盾。真正的历史问题被一堆荒诞无聊的琐事掩盖,比如克洛维是否是位糟糕的国王,他的政治策略是否符合法兰西的利益。先前在我们生活的土地上留下诸多足迹的日耳曼人古老分支——条顿民族的名号泯没了,代之以法兰西和法兰西人,只因这两个名词,人们才依稀记得它的存在。当看到"民族"这个词的时候,请大家不

---

① 理查一世(Richard Ⅰ, 1157—1199),英国金雀花王朝国王,参与过包括十字军东征在内的很多次战争。——译者注
② 盖尔人(gael),起源于爱尔兰,随后扩展至苏格兰与马恩岛。——译者注
③ "诺曼人登陆英格兰岛"指1066年法国诺曼底公爵威廉对英格兰的入侵及征服。这次征服改变了英格兰的历史走向,从此英格兰受到欧洲大陆的影响加深,而受到斯堪的纳维亚的影响逐渐衰退。——译者注

要从字面意思去理解,因为法兰克人并非指一个民族,而是多个部族组成的联盟统称,他们都属于条顿人或者日耳曼人,具体地说有来自日耳曼族西部和北部的分支,部落的原始语言演变成某些方言和古低地德语,另外有来自中部的分支,部落的原始用语互相融合柔化,成为今天的文学语言。作为最著名的古老日耳曼联盟,法兰克人由统治部落和附庸部落或从属部落组成,联盟开始与罗马强权发生冲突后,法兰克人扩大了自己的王国,其统治疆域在北海海岸从易北河口直到莱茵河口,往南从莱茵河右岸几乎延伸到了美因河注入莱茵河处。① 东部和南部,有竞争对手撒克逊人和阿勒曼尼人与法兰克人毗邻。② 不过很难确定它们各自的领土范围,而且随着战争发展或蛮族性格的变幻无常,界限也频繁更改;有时全体部族成员还自愿或被迫投靠其他部族。

现代作家一致认为"法兰克"这个词意味着"自由之人",然而没有任何古日耳曼语的词根能证实这一点。一旦我们澄清该词在历史上的各种含意,就会发现与当前语言的派生词义完全不同,民族虚荣心导致的流行观点立刻变得难以立足。征服了高卢的法兰克人在王国内享有高等的社会地位,他们母语里的旧名词演化成中世纪贵族拥有或期望拥有的一切优秀品质,如自由、决断、正直、诚实等。13 世

---

① 莱茵河(Rhin)发源于阿尔卑斯山区,流经列支敦士登、奥地利、德国、法国,由荷兰注入北海。易北河(Elbe)发源于捷克和波兰交接的苏台德山脉,向南进入捷克,再流成一个弧形转向西北流入德国,经汉堡流入北海,是中欧地区的主要航运河道。美因河( Main)是德国境内的一条河流,流经巴伐利亚州、巴登—符腾堡州和黑森州,最终在美因茨注入莱茵河。——译者注
② 阿勒曼尼人(Ala-mans)是指男人。见 1828 年 1 月的《天主教》(la Catholique)上埃克斯坦男爵(M. le baron d'Eckstein)关于日耳曼联盟的学术论文。(阿勒曼尼人[Alemanni],该名称源自美因河上游区域的日耳曼部落同盟。——译者注)

纪时的"法兰克"(frank)一词,综合了财富、权力和重要政治地位的多方面意思,它的反义词为"贫苦"(chétif),指贫穷与地位低下。① 以上含义由法语转换到欧洲其他语言,连同独立自主的意思,与原日耳曼词语的本义大相径庭。我们可以写成"frank",或是谐音的"frak",它同拉丁词语"ferox"一样,指自豪、无畏、凶悍。② 要知道,形容日耳曼战士时,"凶猛"不应被视为贬义词,而是法兰克人的专有特征,因为从组建联盟起,他们就追随共同信奉的主神奥丁③,狂热好战。联盟的构成原则很可能不是多个部落的自由结合,而是一些强大部落主宰支配其他部落,所以绝无独立性之说,不过我认为联盟有自己的统称,正表明这个英勇团体在敌人面前坚决果敢、毫不怜惜。

法兰克人与罗马人的兵戎相见,自3世纪起就不是防御战争。联盟武力入侵的目的有两个:一是获取罗马帝国的领土,二是通过掠夺邻省致富。法兰克人首先占领了莱茵河上的最大岛屿巴达维岛(Bataves),这是为进一步夺取莱茵河左岸流域和征服高卢北部做准备。在密探和联络人协力奔走加上一些小成功的推动下,法兰克人持续不懈地偷袭罗马人以弥补他们进攻上的弱势,力图完成野心勃勃的庞大征服计划。每年联盟向莱茵河对岸派出热血的年轻士兵,他们情绪激昂,幻想会受到奥丁的嘉奖,战死后进入传说中的英灵

---

① "作为法兰克人,对贫弱者没有慈悲怜悯。"
② 在古老词汇表中写作"franci",意思是"凶猛";在现代德语中写作"frech",意味着"大胆、鲁莽";荷兰语"vrang",意思是"激烈、粗鲁"。
③ 奥丁(Odin),是阿萨神族(Aesir)的主神,传说为50岁左右,身材高大,失去一目,冰冷又严肃。他很少参加战斗,却是战略家,利用计谋战胜敌人。一说法是北欧神话主神奥丁会让伟大的战士死亡,让他们的灵魂进入英灵殿,这是为了给诸神的黄昏——神话预言中的一连串巨大劫难——包括为造成许多重要神祇死亡的大战培养强大的兵力。——译者注

殿。这些迷惘的孩子很少有人能够返回,通常他们的入侵,无论部落首脑同意或反对都将面临严酷惩罚,罗马军团到莱茵河日耳曼人的地盘上报复性地放火杀戮,可是一旦河流冻结,跨河偷袭又重新开始。有时罗马军团的调动使帝国边境上军事要塞的防守能力变弱,联盟各部落首领、青壮年就会纷纷拿起武器,寻找突破口,摧毁保卫河岸的罗马人堡垒。①

经过反复多次的尝试,5世纪后半叶,法兰克人联盟中最西边的一些部落终于征服了高卢北部。这些部落所在的地理位置与联盟其他成员部落相比,对完成高卢的入侵更加有利,因为他们定居于莱茵河口附近的沙丘上,罗马帝国在那里的边境不受任何自然屏障保护,军事堡垒的数量也不如莱茵河上游多;该区域被沼泽和广袤的森林覆盖,没有正规罗马军团的作战空间,却适合机动灵活、铤而走险的日耳曼人,况且又靠近莱茵河口,法兰克人先连续不断侵袭左岸,继而占领一个又一个地区,扩展自己的领土。于是,沿海法兰克人作为领土征服者在联盟中的地位显著上升,通过影响力或武力,他们统治了联盟,其中的主要部落住在接近艾瑟尔河口②的撒利兰(或撒勒)一带,称"撒利斯克"或"撒利族"(Saliskes 或 Saliens),被认为是最高贵

---

① 《圣希多尼乌斯·阿波黎纳里斯颂歌》,《高卢史和法兰西史汇编》,卷一,第807页。圣希多尼乌斯·阿波黎纳里斯(Saint Sidoine Apollinaire,430—489)。古罗马末期的诗人、外交家、主教。出生于今法国里昂,早年显贵,后进入仕途。西哥特人入侵时,他曾被囚禁,后被释放。他的作品反映了古罗马崩溃前夜与中世纪初期的西欧状况,具有重要的研究价值。——译者注
② 艾瑟尔河(IJssel),位于荷兰境内,是莱茵河的支流之一,发源于阿纳姆以东,最终注入艾瑟尔湖,全长125公里。——译者注

的法兰克人；当联盟需要一名领袖的时候，撒利族中的墨洛温或墨洛维①的后人，被推举为王。

最初的国王当中，史料表明确有其人的是克洛迪奥；而马尔科梅尔(Marcomir)的儿子法拉蒙德，尽管名字很有日耳曼风格，也可能真做过联盟领袖，却没有任何可信资料证实此人的存在。所有后来的征战记事都与克洛迪奥这个名字有关，他被尊称为第一个踏入高卢土地的法兰克人，率领大家一直攻取到索姆河②边缘。克洛迪奥成为相继取得胜利，但名字被遗忘的首领们的化身，尤其是在侵略进展缓慢，土地经常得而复失的那几年。请看历史典籍里关于法兰克人入侵高卢充满轶闻性质的记录，其取材似乎来自民间传说：

> 密探回来报告，高卢是个富饶的地区，拥有奇珍异宝，覆盖着广阔无垠的果树森林，土地肥沃，物产齐全，应有尽有。在这样的诱惑下，法兰克人燃烧了斗志，纷纷拿起武器，他们磨刀擦剑，要报复他们从罗马人那里蒙受的侮辱；他们彼此挑战嘲讽以鼓舞士气，下定决心歼灭敌人，不再临阵脱逃。当时，从莱茵河到卢瓦尔河居住着罗马人；从卢瓦尔河到西班牙属于哥特人；同样是阿里乌斯教派信徒的勃艮第人在罗纳河对岸。国王克洛迪奥派他的前哨直抵康布雷③，不久自己率领大军横跨莱茵河，进

---

① 墨洛温(Merovingian)或墨洛维(Mérovéc)，可能的名字还有墨洛温斯(Merowings)，或墨洛维仁(Mérovingiens)，是克洛迪奥的继任者。这个名字似乎代表一个古老的大家族，其成员广泛分布在撒利族法兰克人的领土上。6世纪的撒利族历史文档中也有记载。
② 索姆河(Somme)是法国北部皮卡第的一条河流，全长245公里。——译者注
③ 康布雷(Cambrai)，位于法国斯海尔德河畔，是加来海峡大区北部省的一个城镇。——译者注

入查赫波涅尔森林①,攻克了图尔奈②,再从该城向康布雷挺进。他在康布雷停留了一段时间,命令把那里的罗马人全部杀掉。占据着康布雷,克洛迪奥继续征战至索姆河地区……③

这段叙述最令人惊奇的是,它不仅充分显示了入侵战争的野蛮残酷,还生动刻画了侵略者对财富的贪婪,以及刻骨的民族、宗教仇恨。征伐当然不会一帆风顺,法兰克人终于获得第二行省比利时之前,双方你来我往争夺了数次。克洛迪奥自己曾被罗马军团打败,只得朝莱茵河溃退,甚至退到莱茵河外。5 世纪的一首拉丁文诗歌回忆了这次战斗场面。④ 法兰克人来到一个叫海伦娜(Helena)的镇子,应该是现在的朗斯市⑤。他们在丘陵上的一条小河旁边驻扎下来,帐篷周围环绕货车。法兰克人营寨的警戒一贯松懈,埃提乌斯⑥统领的罗马军队发现后又惊又喜。遭受攻击时,法兰克人正载歌载舞地庆祝某个首领的婚礼,在很远的地方都能听到他们喧闹的歌声,四处飘散着烤肉的烟火。突然,密集的罗马军兵通过狭窄的道路和一座横跨河流的木桥一齐飞快地冲杀过来。野蛮人几乎来不及拿起武器,更不用说组成防御阵线,他们立刻被打垮,唯有溃逃。他们把为婚宴

---

① 查赫波涅尔森林(la forêt Charbonnière),又译为"木炭森林",是法国北部和比利时西部的古老森林。——译者注
② 图尔奈(Tournai),位于比利时埃诺省斯海尔德河畔,距离布鲁塞尔 85 公里。——译者注
③ 艾穆安·弗勒里,《高卢史和法兰西史汇编》,卷三,第 4 页。
④ 《圣希多尼乌斯·阿波黎纳里斯颂歌》,《高卢史和法兰西史汇编》,卷一,第 802 页。
⑤ 朗斯(Lens),位于法国北部,加来海峡省都市,靠近比利时。——译者注
⑥ 弗拉维乌斯·埃提乌斯(Flavius Aetius, 396—454 年),西罗马帝国末期的主要军事统帅。——译者注

准备的各类菜肴、物资、缀满花环的大花盆横七竖八地扔上货车。可是，诗人写道，车辆和里边所有物品，连同和新郎一样金色头发的新娘都落到了胜利者手中。①

直至6世纪，法兰克战士的外貌还被作家们描绘得野性十足：他们把金红色的头发从前额拢起，高高扎束到头顶，形状像一种鸟类的冠羽，后面向下垂落又像马尾；胡子完全剃光，只在嘴边留下两缕长须，他们用粗布紧裹身体，有些人宽宽的腰带上挂着宝剑。②

法兰克人最喜欢的武器是单刃或双刃的投掷斧，斧子用铁打造，极其锋利，手柄非常短。战斗时，他们先向远方的敌人扔斧子，直击敌人头脸部或对方的盾牌。他们很少失手，几乎百发百中。法兰克人管投掷斧叫"法兰克斯克"（frankiske），除此之外，他们还有一种特殊的武器，法兰克语叫"夯"（hang），即钩枪。钩枪长度中等，无论敌人远近，都可以拿它来搏杀，枪头尖而长，有数个锋利的芒刺或弯曲的倒钩，像鱼钩一样。整个木制的枪身几乎都覆盖着铁皮，因此它很结实，不会轻易折裂，更不会被剑一下子砍断。当钩枪戳穿一面盾牌时，枪头的许多倒钩就会在盾牌上固定，钩枪前端就这样挂着，末端拖在地上，盾牌后的人无法立刻拔除。然后法兰克人就窜跳出来，用

---

① "桥头的骑兵听到附近丘陵上，举行婚礼的野蛮人按斯基泰人的方式歌舞喧哗，祝贺金发的新郎新娘。……野蛮人向漫无边际的车辆上匆匆堆放婚宴的酒菜、餐具，从各处搬运一盆盆鲜花……"《圣希多尼乌斯·阿波黎纳里斯颂歌》，原文本，《高卢史和法兰西史汇编》，卷一，第802页。
② "这些怪物头发金黄，扎束在头顶并垂落下来，颈部裸露；他们的眼球混合着绿色和白色，眼珠深邃如潭……他们不留洛腮胡子，脸上只有几缕梳理过的长须；他们身材高大，穿紧身短外衣，露出两膝，腰间系着宽宽的兽皮腰带，紧紧勒住肋部。《圣希多尼乌斯·阿波黎纳里斯颂歌》，原文本，《高卢史和法兰西史汇编》，卷一，第802页。

全身的重量一脚踩住钩枪,迫使敌人放低手臂,暴露出头部和胸部。① 有时法兰克人在钩枪尾端系一条绳子,把它当作捕鱼叉,攫取一切能碰到的东西。一个法兰克人抛出钩枪,他的同伴就拉紧绳子,两人一起发力,要么令敌人丢弃盾牌,要么钩住他的衣服和盔甲,把他拉过来。②

在征服高卢后的半个世纪,当提奥德贝尔特一世③越过阿尔卑斯山去发动对意大利的战争,法兰克人的外貌服饰和战斗方式依然如此。国王的卫兵骑马,配备罗马式长矛;其余战士都步行,他们的防护用具非常简陋,既无胸甲,也无铁片加固的高帮靴子;少数人戴头盔,大多数人光着脑袋打仗。可能因为怕热,他们脱去粗布紧身外衣,只保留布料或皮革的短裤,长至膝盖。法兰克人既无弓箭,也无投石器,除了投掷斧和钩枪,他们没有其他武器。这样的装备令他们在与查士丁尼皇帝的军队较量时战绩寥寥。④

至于法兰克人的精神寄托,正如我上面所说,入侵高卢时他们都是阿萨神族主神奥丁的狂热信徒,誓要踏入瓦尔哈拉神殿。他们凶狠好战,一方面是因为打仗会变得富有,另一方面是他们渴望得到诸神的嘉奖。最年轻勇猛的战士经常陷入到疯狂忘我的战斗状态,那时他们的体能超凡,似乎对疼痛麻木。即使数次受伤——其中最轻

---

① 阿加提阿斯:《法兰克史》,卷二,原文本,《高卢史和法兰西史汇编》,卷二,第65、66页。
② "……由于被绳索紧紧缠住,对方挣扎不得,然后(士兵)跳到盾牌上,将敌人都杀死……"《阿提拉在高卢》(Attilae in Gallias),1780年,第54页。
③ 提奥德贝尔特一世(Thibert or Théodebert, 500—547或548),提乌德里克的儿子,奥斯特拉西亚的国王。——译者注
④ 阿加提阿斯:《法兰克史》,原文本,《高卢史和法兰西史汇编》,卷二,第65页。

的伤也足以击垮正常人,年轻勇士们却仍保持站立,继续战斗。① 这类人实行的征伐,必定伴随毫无理性的血腥杀戮,可惜我们没有细节资料,无法回顾当时的情况与进展。文档缺失的部分原因,是法兰克人于整个高卢的集体皈依中抹去了与新正统教徒有关的血腥回忆。在谴责杀害上帝仆从的恶行的故事中,人们划去了法兰克人的名字;把入侵造成大批殉难者的罪孽,归咎于其他民族,比如匈奴人和汪达尔人②。但依据结合了批评、加上设想补充的零星资料,可以推断出如此明显地掩盖事实,要么是为了奉承统治者,要么是为了表现宗教的宽容。

西哥特人③与勃艮第人④对高卢南部和东部的征服,远远不如法兰克人征服高卢北部那般的凶残暴虐。斯堪的纳维亚人向周边部族传播宗教,而作为异族的西哥特人与勃艮第人,包括妇女和儿童,出于生存需要向罗马帝国境内移居。他们获得新家园的办法,大多是

---

① "……他们凭借惊人的体能、顽强的生命力赢得战斗。"《圣希多尼乌斯·阿波黎纳里斯颂歌》,原文本,《高卢史和法兰西史汇编》,卷一,第 803 页。斯堪的纳维亚语形容战士的这种着魔状态为"Berserkars",参见德平的《诺曼人海上远征史》,卷一,第 46 页。

② 汪达尔人(les Vandales),东日耳曼部族,在民族大迁徙中于 429 年占领今北非突尼斯一带,建立了汪达尔王国。455 年,他们从海上出发,并于 6 月 2 日无情地洗劫了罗马城。——译者注

③ 西哥特人(les Wisigoths 或 les Visigoths),东日耳曼部落的两个主要分支之一,在民族大迁移时期是摧毁罗马帝国的诸多蛮族中的一个。4 世纪,西哥特人兴起于巴尔干地区。410 年,在首领阿列拉克率领下攻陷并洗劫罗马。西哥特人后定居于高卢南部,成为罗马帝国的盟友。随后建立西哥特王国,统治法国南部和伊比利亚半岛,589 年,皈依基督教。——译者注

④ 勃艮第人(les Burgondes),属于东日耳曼民族的部落,可能是从斯堪的纳维亚半岛移居到丹麦的勃恩霍姆岛,勃恩霍姆岛在古丹麦语中称为"勃艮第霍姆",就是勃艮第岛,然后又向欧洲大陆迁徙,古代关于维京人的诗歌说他们是从"勃艮第"来的,因此被称为勃艮第人。——译者注

通过反复谈判协商,而不是武力。进入高卢时,他们和当地人一样是基督徒,虽然属于阿里乌教派,但都表现了怜悯仁慈,尤其是勃艮第人。善良淳朴是这支日耳曼部族的特点之一,而且似乎很早就显示出来了。定居西汝拉①之前,几乎所有的勃艮第人都是手艺人,筑屋工人、细木工匠等,和平期间靠做工维持生计,他们不像其他征服种族,本着战士和闲暇有产者的双重身份,蛮横无礼。② 作为高卢的共同业主,勃艮第人接受了三分之二的土地和三分之一的奴隶,大约相当于所有资产的一半,他们谨慎行事,不愿更多索取。勃艮第人没有把罗马人当作自己的殖民,或像其他日耳曼人称呼他们为末等人(lite)③,而是赋予罗马人一起生活在界定区域的同等权利。在合伙业主、高卢豪门元老面前,勃艮第人甚至觉得自己是装腔作势的暴发户。勃艮第人驻扎于宏伟屋宇里,明明可以扮演主人的角色,然而他们奉罗马宾客为高贵的主人,在清晨前去拜访,称呼"父亲"或"叔叔",这是日耳曼语中常用的尊称。之后他们一边擦洗武器,或梳理长长的头发,一边大声唱本民族的歌曲,愉快纯真地问罗马人认为歌曲如何。④

　　勃艮第人的法律对战胜者和战败者一视同仁,禁止前者滥用武

---

① 汝拉省(Jura)是法国原弗朗什—孔泰大区所辖省份,东临瑞士,因地处汝拉山脉而得名。——译者注
② "因为几乎每个人都是木匠,这意味着他们靠干活赚取生活费用。"《教会史》,第七卷,第30节,原文本,《高卢史和法兰西史汇编》,卷一,第604页。
③ 在古条顿语中,"lide""lete""late""latze"意思是"小的、最末的",日耳曼人用它称呼低阶层的人,在他们家乡指的是殖民地移民或耕种田地的人,也有可能指战败者的后代。
④ "……勃艮第人在头发上涂抹黄油,边擦洗武器边愉快歌唱,他们对年长者尊敬礼让,每日都要去拜访……"《圣希多尼乌斯·阿波黎纳里斯颂歌》,原文本,《高卢史和法兰西史汇编》,卷一,第811页。

力。这方面的条款简直可以说吹毛求疵。例如，法律禁止蛮族人以任何借口，干涉罗马人内部的诉讼案件。① 还有一条法律值得逐字引述："任何人不能拒绝为旅行者提供被褥和柴火，违者罚款 3 苏……如果一个旅行者来到一个勃艮第人房前请求住宿，勃艮第人却让他去另一罗马人的房子住，此事被证实后，那么勃艮第人就要付 3 苏的罚金，并给罗马人 3 苏作为补偿。"②

除了少许阿里乌教派的狂热，罗纳河流域、卢瓦尔河流域和两海的主人西哥特人受到了更多公正思想和精神文明的熏陶。穿越希腊和意大利的漫长行军，激发了西哥特人首领力图超越罗马政治管理的野心，立志至少要继续维持罗马体制。著名的阿列拉克一世的继承者，率领族人从意大利迁移到纳博讷省③的阿陶尔夫④，以质朴强烈的方式表达了他的意愿。"我记得，"5 世纪的一位作家写道："在伯利恒⑤听真福者耶柔米⑥说，他遇到被皇帝狄奥多西⑦授予很

---

① 《勃艮第法》，第 55 条，原文本，《高卢史和法兰西史汇编》，卷二，第 270 页。
② 《勃艮第法》，第 55 条，原文本，《高卢史和法兰西史汇编》，卷二，第 266 页。
③ 纳博讷(Narbonne)曾是古罗马的一个省，目前是法国南部的一个市镇，位于原朗格多克—鲁西永大区奥德省。——译者注
④ 阿陶尔夫(Ataulf,? —415 年)，西哥特国王，是亚拉里克一世的弟弟。412 年，阿陶尔夫带领刚刚洗劫罗马的西哥特人在高卢南部定居。两年后他娶了之前洗劫罗马时俘获的西罗马帝国皇帝霍诺留的妹妹加拉·普拉西提阿。由于受西罗马的攻击，415 年初，阿陶尔夫从高卢退往西班牙，同年在巴塞罗那遇刺身亡。——译者注
⑤ 伯利恒(Bethléem)是一座位于巴勒斯坦西岸地区的城市，坐落在耶路撒冷以南 10 公里处，对于基督教而言，伯利恒是耶稣的出生地，也是世界上最早出现基督徒团体的地方之一。根据《圣经》记载，伯利恒也是大卫的出生地和加冕为以色列国王的地方。——译者注
⑥ 耶柔米(Jérôme, 约 340—420)，也译作"圣杰罗姆"，是古代西方教会领导群论的《圣经》学者。——译者注
⑦ 狄奥多西一世(Theodosius Ⅰ 或 Théodose, 347—395)，罗马帝国皇帝，380 年将基督教定为国教。392 年起统治整个罗马帝国。——译者注

高职位的一位纳博讷居民,宗教思想端正而且明智,在家乡与阿陶尔夫非常友好。纳博讷人经常说哥特人的王有宽广胸怀和杰出思想,习惯说自己最热切的愿望是使罗马这个名字消失,然后占领全部原属罗马的土地,建立一个新帝国——哥特帝国:换一种通俗的讲法即所有属于罗马人的都变成哥特人的,阿陶尔夫要成为另一个奥古斯都·恺撒。根据经验,他知道哥特人素来桀骜不驯,不可能服从法律,但又不能触动法律,因为若没有这些法律,共和国将动摇,共和政体也将不复存在,因此阿陶尔夫决定追求荣耀,把哥特人的力量集中,致力于帝国的建设,重现罗马的辉煌文明,虽然没能成功转化,至少后代认为他是帝国的复兴者。出于这种考虑,他放弃征战,诚心寻求和平……"①

罗马帝国以法律治国的崇高理念、对文明的推崇向往,被阿陶尔夫的接班人当作独一无二的典范继承下来,但附加了较多的独立性,在日耳曼王国和帝国之间的中西部地区,西哥特人的图卢兹宫廷是政治中心,同君士坦丁堡宫廷一样讲究礼仪,甚至更加庄严。和平期间,西哥特王被博学的高卢人簇拥,硝烟四起时,王周围则聚集了日耳曼人。他的顾问秘书是当时最优秀的修辞学家之一。看着他以优雅纯粹的文笔,编撰出令意大利人都钦佩的外交函件,并署上自己的名字,国王尤里克心满意足。② 他是该王朝倒数第二位国王,怀着真

---

① 保卢斯·奥罗修斯:《史书》,第七册,第43章,原文本,《高卢史和法兰西史汇编》,卷一,第598页。
② "……你为你的王写出引以为豪的文字,王之显赫声名震惊了那些远居海外的人……用军队保护臣民,以法律遏制军队,他的国土不断扩大。致尤里克王的顾问秘书莱昂之歌。"《圣希多尼乌斯·阿波黎纳里斯颂歌》,原文本,《高卢史和法兰西史汇编》,卷一,第800页。(尤里克[Euric, 420—484],西哥特国王狄奥多里克一世的儿子,在哥哥狄奥多里克二世被刺杀后,于453年成为西哥特王,在 （转下页）

实的敬仰接受最开明的思想启迪,与引起奴性恐惧的法兰克国王不同,他们皈依正统教派仅仅为了让人们狂热崇拜。

5世纪的著名诗人圣希多尼乌斯·阿波黎纳里斯因有对哥特帝国不满的嫌疑,被西哥特国王从他的家乡奥弗涅放逐,流亡到波尔多请求收留,他运用古典修辞的表达方式秘密写下一段诗歌,以流亡诗人的视角,生动刻画了来自各地的各族人士,为了祖国家园利益云集在哥特王周围的情景:

> 几近两次月亮的阴晴圆缺,我只觐见了王一面:这片土地的主人不似我一般闲暇,整个世界等待他的召唤,向他臣服。在此我们看到湛蓝眼睛的撒克逊人,他们纵横四海,却畏惧陆地。战败削发的老斯卡姆布里人,任由他们的头发生长。暗绿面庞、似乎染上海水色泽的赫鲁利人①,在最终定居的港湾漫步。七尺高的勃艮第人,屈膝祈求和平。东哥特人②来恳请帮助,以便获得力量震撼匈奴人,一方谦卑,另一方自豪。而罗马人自己,来此为你的生命祷告,当北方的威胁引起纷争时,想借助国王尤里克的支持来对抗斯基提亚③的匪帮;请勇武强盛的加龙河,保护

---

(接上页)图卢兹,他向苏维汇国王汪达尔王派出使节,还接见君士坦丁堡和波斯国王的使者,并得到高卢执政官阿尔万德[Arvand]的支持,他不仅会讲哥特语,还会讲希腊语和拉丁语。——译者注

① 赫鲁利人(l'Hérule),起源于斯堪的纳维亚的日耳曼民族,先后臣服于哥特人、匈奴人,5世纪曾在多瑙河中游地区建立政权,6世纪初被伦巴第人所灭,6世纪中叶在历史上消失。——译者注

② 东哥特人(les Ostrogoths)是哥特人的一个分支,3世纪时曾在黑海北边建立帝国,5世纪末在意大利建立东哥特王国。——译者注

③ 斯基提亚(la Scythie),是古希腊人对其北方草原游牧地带的称呼。斯基提亚原意为"斯基泰人之地"。——译者注

柔弱凋敝的台伯河。①"

我们若从这幅画卷或同一位作家用散文诗描绘的狄奥多里克二世宫廷②,转向克洛维统治初期的故事,就像走进了日耳曼的森林。墨洛温王朝的法兰克国王中,克洛维应该算是一位政治家。为创建一个帝国,他与正统教会的主教势力结盟,贬抑对北部神祇的崇拜,打击其他两个阿里乌教派王国。不过,尽管克洛维履行职责,与被公认文明睿智的罗马人进行了各种各样的谈判,同高级神职人员结下友谊,他依然是这个联盟的工具,而非推动者,并一直受本民族传统道德习俗束缚,③蛮族的生活习惯、嗜血成性的原信仰给法兰克人造成的影响,不会因皈依基督教而中止。"低下你的头,骄傲的斯卡姆布里人,爱你先前烧毁的",④但兰斯主教对新受洗者的说教是枉费唇舌,法兰克人在索恩河与卢瓦尔河以南的征战中,到处烧杀抢掠,教堂也无法幸免。

此外,我们绝不能以为他们皈依基督教是突如其来且一挥而就的。首先正统教派新信徒和原信仰坚持者之间发生政治分裂,大多

---

① 《圣希多尼乌斯·阿波黎纳里斯颂歌·致拉皮德斯篇》,原文本,《高卢史和法兰西史汇编》,卷一,第800页。
② 《圣希多尼乌斯·阿波黎纳里斯颂歌·致阿格里科拉篇》,原文本,《高卢史和法兰西史汇编》,卷一。
③ 参见《法兰克国王颂歌》,7世纪手稿,部分章节取材自民间传说,奥勒利安皇帝的使者围绕国王贡多巴德,帕特努斯的使者围绕国王阿列拉克,手抄本,《高卢史和法兰西史汇编》,卷二,第548、463页。(奥勒利安[Aurélien],通常译作"奥勒良",罗马帝国皇帝。贡多巴德[Gondebald],勃艮第之王。帕特努斯[Paternus],3世纪罗马高官,非洲地方总督。——译者注)
④ 这一段是496年克洛维受洗时,兰斯主教雷米对他说的话:"低下你的头,骄傲的斯卡姆布里人,爱你先前烧毁的,烧毁你所爱恋的。"——译者注

数异教徒离开了克洛维的王国,撤回索姆河赫根纳尔(Raghenaher)的领土,其主要城市是康布雷。① 其次国王周围很多法兰克贵族虽未断绝臣属身份,却依旧信奉原来的宗教。传说不仅第一位信基督教的国王,还包括他的继任者们,都不得不和执拗的异教徒们同桌共事,这些人数目众多,在法兰克族内部地位极高。这里我有两个现代历史作家没有讲述过的,但值得一提的小故事,读者不必因担心受中世纪奇闻异事欺骗,就忽略当时的道德习俗,若缺乏这些细节,历史将是模糊的、难以理解的。

克洛维决意把巴黎定为都城,向巴黎折返时,他经过奥尔良,在那里和一部分军队驻留了几天。其间,普瓦捷主教阿德雷菲尤斯(Adelphius)为克洛维带来了一个名为弗里多林(Fridolin)的修士,他被大家视为圣人,国王很想结识他。两名旅者——修士步行,主教照例骑马——来到法兰克人居住区。国王本人在臣僚的簇拥下,恭敬而友好地欢迎他们;亲切交谈几个小时后,国王用丰盛的筵席招待宾客。酒宴中国王命人拿来一只碧玉酒杯,杯身透明如玻璃,上面镶嵌黄金和宝石;斟满酒后,他一饮而尽,然后将玉杯递给修士,修士一边伸手去接玉杯,一边道歉说自己不喝酒;正当弗里多林要接过玉杯时,它意外地从他手中滑落掉到桌上,再从餐桌滚落在地,摔成了几片。司酒官拾起碎片,放到国王面前,国王神色忧郁,不仅是因为失去了这么珍贵的玉杯,而且发生这样的意外会让列席者产生恶劣的

---

① "……很多法兰克战士还未皈依基督教,在拉加里奥(Raganario)领导下,居住在索姆河一带……"《圣雷米传》,原文本,《高卢史和法兰西史汇编》,卷三,第377页。

印象,其中许多人是异教徒。但他用愉快的口吻对修士说道:"阁下,因为你我失去了这只玉杯,它如果从我的手里掉下,可能就不会被打破了。看来这是上帝的意愿,要通过你来彰显他的圣名,让我们当中仍沉迷于偶像崇拜的人不再犹豫,一定要相信全能的上帝。"弗里多林拿过全部碎片,把它们连接起来紧紧握在手中,他的头微微向桌子倾斜,泪水涟涟,深深地叹息着开始向上帝祈祷。祈祷结束后,他把玉杯还给国王,国王发现杯盏完好无损,没有丝毫破裂的痕迹。基督徒们目睹这个奇迹欣喜若狂,数量众多的异教徒更加赞叹不已。国王和所有宾客从桌边站起感谢上帝,参加宴会的那些原先顽固崇拜异教的分裂派们,向三位一体真神忏悔,领受主教手中的洗礼圣水。①

克洛维一世死后,他的儿子克洛泰尔在苏瓦松建立政权,有一个叫赫辛的法兰克人邀请他参加宴会,还请了随行的朝臣中著名的阿拉斯主教——真福者维达斯特(圣·瓦斯特)②。圣人接受邀请的唯一目的是给众多的宾客做有益的教诲,并在国王允许下,说服他们接受神圣的洗礼。走进房屋时,他看到廊下整齐摆放着大批的木桶,里面盛满啤酒,于是问这些木桶是什么人的,有人回答他说,一些酒桶是为基督徒准备的,另外那些是为狂热崇拜异教的宾客准备的,而且已经按照异教教理的礼拜仪式被赐过福了。听了这样的解释,尊者维达斯特开始以基督的名义,不加区分地向每一只酒桶祝福、画十字。当他向异教徒的

---

① "人们叹为观止,不光基督徒,还包括异教徒(很大一部分人),不言而喻,上帝显示了奇迹。"《圣弗里多林传》,原文本,《高卢史和法兰西史汇编》,卷三,第388页。
② 维达斯特(圣·瓦斯特)(Védaste, Saint-Waast)是法兰克高卢的主教,被奉为阿拉斯教区的守护神。——译者注

酒桶赐福的时候,箍桶环和绳索突然断裂,酒水溢出来,淹没了地面。此事令在场许多人萌生敬意,异教徒们皈依正教而得到救赎;人们争先恐后地前来请求圣洁洗礼的恩典,接受正统宗教的制约。①

    法兰克人中一直存在很多异教徒,只是异教色彩逐渐淡漠而已。如果查阅关于6—7世纪的历史文件,就会发现大量这方面的证据。拜占庭历史学家普罗科匹厄斯曾惊恐地回忆说,539年东法兰克国王提奥德贝尔特一世的军队入侵意大利,在那里他们一边行进一边攻击哥特人,杀死该族的妇女和儿童,并将尸体投进波河,这仅是本次战争的开端。② 一个世纪后,在索姆河,甚至埃纳河的沿岸乡镇,异教仍然占主导地位,受法兰克人推崇。北方城市的主教们必须冒着极大危险去这些乡村布道;只有赤诚甘愿的殉教者,才敢在图尔奈城、科特赖克、根特,沿着默兹河和斯海尔德河一带宣扬基督。③ 656年,爱尔兰一位神父为这项危险的任务失去了性命;大

---

① "这同样令在场的人们由衷敬佩,于是很多人接受洗礼恩典,皈依了神圣宗教之后,才离开。"《圣维达斯特传》,原文本,《高卢史和法兰西史汇编》,卷三,第373页。
② 普罗科匹厄斯:《与哥特人的战争》,第二册,第37页。(普罗科匹厄斯[Procopius,约500—约565],东罗马帝国学者,一般被看作最后一位重要的古代史学家。提奥德贝尔特一世在539年春天,率10万人的军队进入意大利,攻击哥特和拜占庭。波河[Po]是意大利最长的一条河流。位于意大利北部,发源于阿尔卑斯山地区,向东在威尼斯附近注入亚得里亚海,全长652公里。流域面积71 000平方公里。——译者注)
③ 《圣埃洛伊主教传》,《高卢史和法兰西史汇编》,卷三,第557页。"……要经过一些河流地区,因担心斯海尔德河流域一带的城市,异端猖獗之处……如根特城的居民,受魔鬼唆使,凶狠地抛弃上帝,神职人员前往布道,为了这片抚育过他的贫瘠土地,为了当地的人民……在这个地方宣告耶和华的话。"《圣阿芒传》,《高卢史和法兰西史汇编》,卷三,第533页。

约同一时期,教会中令人尊敬的人物还有罗马人吕普斯和阿芒都斯(Lupus 和 Amandus,即圣卢[saint Loup]和圣阿芒[saint Amand])、法兰克人奥德梅尔和伯尔特维(Odomer 和 Bertewin,即圣奥梅尔[saint Omer]和圣伯廷[saint Bertin]),他们都赢得了圣洁的声誉。① 基督教神职人员经过不懈努力,终于改变了北部高卢征服者的凶残迷信的宗教信仰,不过这个民族根深蒂固的野性粗犷仍体现在道德习俗上,无论和平年代或战争时期,无论行为或是言语方面。格雷戈里关于这种野蛮强横的描写令人过目难忘,墨洛温王朝末期一些官方文件中亦有相应记载。我举个最典型的例子,撒利族法兰克的法律,又称《撒利克法》,是达戈贝尔统治时期用拉丁语起草的法典。法典序言由某个法兰克教士撰写,字里行间表现了这个民族整体的残暴、粗鲁、无序,可以说他们的灵魂、思想跃然纸上。序言前几行似乎是一首古老日耳曼歌曲的直译:

> 法兰克人的王国,因创造者上帝的爱悦而享有盛誉,它武器强悍,意向坚定,见解高深,地位贵尊。纯洁高尚的民族,从异教皈依基督教得到解脱,它魅力独特,体魄健壮,打仗勇猛,敏捷灵活;它由野蛮信仰支配,接受上帝的创造②,根据本性和特质寻找真理的钥匙,渴望正义,保持虔诚;我们在首领的敦促和口述下,制定《撒利克法典》。我们选出以下四人:维斯族长、波德族长、萨勒族长和文特族长,他们所在的地区名为维斯、波德、萨勒和

---

① 克劳德·弗勒里:《教会史》,卷八,第 290、292、425 页。
② "上帝的创造",这个措词对基督教旨来说似乎有些怪异,上帝不会与任何民族达成协议,只有犹太民族享有与主特殊关系的荣誉。为了准确,尽管有明显的矛盾,也许我们还是应该翻译成"上帝的创造"。

文特。① 这四位族长召开了三次会议②,仔细讨论各种审判理由,并予以不同的处罚方式,然后颁布执行。接着依靠上帝的帮助,杰出的法兰克国王长发英俊的克洛维第一个受领了基督教的洗礼,讨论会中所有不适合的判罚,英明的国王克洛维、希尔德贝尔特、克洛泰尔做出明确修正;这样拟定出以下法令:

热爱法兰克人的基督万岁,他守卫他们的王国,赋予首领们耀目的恩泽,基督保护他们的军队,赞许他们的信仰,并为他们带来和平与幸福;圣主耶稣基督引领国王,以虔诚的方式统治国家。这个民族勇敢刚强,打碎头顶上罗马人的枷锁,当得到神圣洗礼后,他们用黄金和宝石华丽地装饰殉难者的洁净遗体,而罗马人会被屠杀,被烈火焚烧,被铁刃肢解,或被野兽撕碎……③

---

① 族长(Gast),在目前日耳曼语方言中,指"主人";古语中,它似乎用来表达部落或地域领袖的族长尊严。我们在上艾瑟尔省(Over—Yssel)发现古代撒利族居住的地方,一个名叫萨兰(Salland),另一个叫特文特(Twente),或许文特(t'Wente)更准确,这和撒利克法中"文特"(Winde)的名字相吻合。乡镇维斯(Wise)的名字可能取自它的西部地理位置,而波德(Bode)这个名字令人追忆起巴达维岛的古名。
② 玛洛(Mallo)即玛勒(Mal),在古条顿语中,指"符号、演说",扩展的意思是"建议、会议"。
③ 《撒利克法序言》,原文本,《高卢史和法兰西史汇编》,卷四,第122、123页。

## 第七封信　征服后的高卢社会状况

若一个自由人杀了一个法兰克人或野蛮人，根据《撒利克法》，他将被判有罪，罚金200苏。若一个有产业的罗马人，也就是说在他居住的地区拥有自己的财产，他被打死，经证实后，杀人者将被判有罪，罚金100苏。①

若被杀的法兰克人或蛮族人，是国王的亲信，杀人者将被判有罪，罚金600苏。若被杀的罗马人是国王的宾客，罚金为300苏。②

若有人聚众去一个自由法兰克人或蛮族人的家攻击他，并把他杀死，那么主使者将被判有罪，罚金600苏。但若是一个下

---

① 《撒利克法》，第44条，1和15，原文本，《高卢史和法兰西史汇编》，卷四，第147页。根据盖拉德先生对金币固定估值(参见第三封信所注)，这两项罚金相当于1 856法郎和928法郎，等于现在的19 906法郎和9 953法郎。

② 《撒利克法》，第44条，4和6，《高卢史和法兰西史汇编》，卷四，第147页。这两项罚金相当于3 768法郎和1 884法郎，等于现在的59 718法郎和29 859法郎。

等人或罗马人死于类似情况,主使者仅须支付300苏的罚金。①

若罗马人没有合法理由捆绑一个法兰克人,他将被判有罪,罚金30苏。若法兰克人无缘无故捆绑一个罗马人,他将被判有罪,罚金15苏。②

若一个罗马人抢劫一个法兰克人,他将被判有罪,罚金62苏。若一个法兰克人抢劫一个罗马人,他将被判有罪,罚金30苏。③

对法兰克人和高卢人不同出身所制定的不平等处罚,是《撒利克法》倍受争议的问题。有关这方面的一切立法条文,实际体现着个人的生命价值,即"wergheld",字面意思是"人价",蛮族人是罗马人的两倍。一个下等日耳曼人,可能其族群过去被某日尔曼部族征服,被迫为有战士身份的人耕田,而一个有产业的自由罗马人的地位等同于下等人。尽管这部法典无懈可击,令人满意,并为诸位展现出法兰克人征服高卢后建立起来的模糊的社会秩序,我仍怀疑它能否奏效。法典是生硬的文字,不过我们通过这些文字,可以观察到当时生活的多样性,与律法分级相背的细微琐事有趣也有意义。没有比撒利克律法更详实的资料,能把我们同过去自然而密切地连接在一起,为我

---

① 《撒利克法》,第45条,1和3,原文本,《高卢史和法兰西史汇编》,卷四,第148页。请参见前面的货币评估说明。
② 《撒利克法》,第35条,3和4,《高卢史和法兰西史汇编》,卷四,第144页。这两项罚金相当于278法郎40生丁和139法郎20生丁,等于现在的2 985法郎90生丁和1 492法郎95生丁。
③ 《撒利克法》,原文本,《高卢史和法兰西史汇编》,卷四,第188页。这两项罚金相当于375法郎36生丁和278法郎40生丁,等于现在的6 170法郎86生丁和2 985法郎90生丁。

们研究比较当代社会现状提供相近或可甄别的报告。

请您联想,不论读过的或耳闻的,关于奥斯曼帝国统治希腊时拉亚人①与法那尔人②的区别,也就是大多普通希腊民众和被突厥人封为贵族、授予官职的少量希腊居民的社会等级差异;或者我错了,其实,得知被征服民族受暴政压迫,惶恐、不惜任何代价开辟途径,摆脱战败者身份的概况后,再通过一些简单名词,您就能理解他们的真实生存状态;有产罗马人、附庸罗马人、国王的罗马宾客,也会明白蛮族人以多少种形式压榨、奴役高卢罗马人。况且,无论古代高卢还是现代希腊,虽然时期、种族、地域各异,被征服民族的命运和道德态度都具有惊人的相似性。在法兰克人史中,格雷戈里不仅描写了拉亚人的日子非常困苦,经常被蛮族一时兴起掠夺、驱逐出家园,还刻画了凭着狡猾才智为征服者效力的贵族,这类道德败坏的法那尔人,作起恶来无所节制,疯狂到极致。

大约在584年9月,国王希尔佩里克③接待了一个庞大的西哥特使团,他们是国王雷卡雷德④派来的,负责迎娶与之订婚的希尔佩里克之女瑞贡德(Rigonthe)。回到巴黎,国王下令从算作嫁妆的领地抽调许多户人家,把他们用大车运走。许多人哭着不愿离开,国王把他们关入监狱,这样就可以更容易地把他们

---

① 突厥人称呼犹太基督徒为"拉亚人"(Raia)。
② 法那尔人(phanariotcs)是指传统上居住于君士坦丁堡法那尔区的东正教希腊裔居民。——译者注
③ 希尔佩里克一世(Hilperik 或 Chilpéric Ier, 526—584),法兰克王国墨洛温王朝国王。——译者注
④ 雷卡雷德一世(Récarède Ⅰ, 559—601),西哥特国王。——译者注

随同公主一起送走。据说,因无法忍受痛苦,害怕与至亲分离,许多人选择用绳索自缢结束生命。父子分别,母女离散;动身时他们啜泣诅咒:巴黎城无数人悲伤流泪,情形堪比埃及的哀号。① 一些出身很好的人不愿被迫远离,立下遗嘱将他们的财产捐给教堂,并请求等公主一到西班牙就拆阅这些文件,好像他们已经死亡且被埋葬了一般……②

国王贡特朗③(Gonthramn)和几个兄弟一起分得属于自己的那份国土之后,罢黜阿格里科拉(Agricola)的官爵,把高位授予肩宽臂壮、身材魁梧的塞尔苏斯(Celsus),此人言谈倨傲,敏于应辩,精通律法。久而久之,他变得极度贪婪,爱钱如命,经常巧取豪夺教会资产来增益自己的财富。有一天,塞尔苏斯听到教堂里读先知《以赛亚书》,其中有句:"祸哉!那些以房接房,以地连地,以致不留余地的……"便叫道:"唱祸哉、我和我儿子的这种话真是蛮横无理"……④

尤尼乌斯(Eonius),别名穆莫卢斯(Mummolus),被国王贡

---

① 据《圣经·出埃及记》7:11,以色列人在埃及受到法老迫害,耶和华(上帝)通过摩西及其兄亚伦施展奇迹,使法老和埃及人连遭蛙灾、虱灾、蝇灾、畜疫之灾、雹灾、蝗灾等灾难。逾越节那天半夜里,耶和华把自法老以下的埃及人的长子以及一切头生的牲畜尽皆杀死,"在埃及有大哀号,无一家不死一个人的"。法老只得同意以色列人离开埃及。——译者注
② 格雷戈里:《法兰克人史》,第六卷,第45节,原文本,《高卢史和法兰西史汇编》,卷四,第289页。
③ 贡特朗是克洛泰尔一世之子(Guntram,532—592),别号"战争乌鸦",生于苏瓦松,从561年到592年为勃艮第国王。——译者注
④ 格雷戈里:《法兰克人史》,第四卷,第24节,原文本,《高卢史和法兰西史汇编》,卷四,第214页。

特朗晋封为贵族,我认为这里最好讲一讲他的发迹经过。尤尼乌斯出生在欧塞尔①,他的父亲佩奥尼乌斯(Péonius)以伯爵身份掌管该城。希望继续享有爵位和专权的佩奥尼乌斯派儿子带着厚礼去见国王②,然而这位尤尼乌斯为了能取代父亲、谋求到伯爵头衔,对其安排的重任置之不理,以自己名义呈献礼物。接着他逐步攀爬,终于获得最高的职位。③

勃艮第的提乌德里克④执政第十年,在布伦希尔德⑤怂恿下,任用普罗塔丢斯⑥,创建宫相⑦一职,掌管宫廷政务。普罗塔丢斯极端精明,是个非常有才干的人,在税务方面独揽大权,对许多人残忍不公,并通过各种手段竭力四处搜刮攫取金钱,他贬

---

① 欧塞尔(Auxerre),位于法国勃艮第大区、巴黎与第戎之间,是约讷省的首府。——译者注
② 指爵位的续约行为,墨洛温王朝国王之下有公爵、伯爵和贵族的等级模式,详见《马赫克鲁夫章程》,爵位的契据文件有公爵证书、贵族证书、伯爵证书,《高卢史和法兰西史汇编》,卷四,第471页。(《马赫克鲁夫章程》[Formulae Marculfi],收集了自7世纪到8世纪初墨洛温王朝的书面法律文件,如爵位证书或其他行政行为的文件。由圣德尼修道院僧侣玛策林[Marcellin]收集编写。——译者注)
③ 格雷戈里:《法兰克人史》,第四卷,第42节,原文本,《高卢史和法兰西史汇编》,卷四,第224页。
④ 提乌德里克二世(Thierry Ⅱ,587—613),勃艮第国王,在612年提奥德贝尔特二世死后继位为奥斯特拉西亚国王。——译者注
⑤ 布伦希尔德(Brunhilda,543—613),西哥特公主,奥斯特拉西亚国王西吉贝尔特一世(Sigebert Ⅰ)的王妃,国王故后,她作为其儿、孙、曾孙三代之摄政,统治奥斯特拉西亚东部与勃艮第地区,将罗马式的中央集权引入其国内。——译者注
⑥ 普罗塔丢斯(Protadius),勃艮第王国贵族,603—605年任宫相。——译者注
⑦ 宫相(Maior domus)是欧洲中世纪早期的一个官职,7世纪至8世纪间法兰克王国都有此官。名义上是掌管宫廷政务以及辅佐君王的亲近官员,但后来演变成王国内掌握实权者。——译者注

第七封信　征服后的高卢社会状况

低打压所有贵族出身的人,以至再没有人能够威胁、抢夺他自己的权力地位。①

本可以引用很多例子,但我更倾向选择一个较长的片段,来全面讲述一位高卢贵族,一心想得到蛮族的加官进爵,任凭家园被军队蹂躏得满目疮痍和子孙被当成奴隶变卖的故事。

凯尤思·索琉斯·阿波黎纳里斯·希多尼乌斯②,作为阿维尔尼③元老、西罗马帝国皇帝阿维图斯④的女婿、当时最伟大的作家,是高卢地区罗马爱国主义的最后代表。475 年,阿维尔尼或者用我们现在的称呼奥弗涅⑤,已由皇帝尼波斯⑥割让给哥特人,希多尼乌斯被流放,在有生之年他对蛮族政府一直深恶痛绝。希多尼乌斯的儿子与父亲有同样的名字,却比较能适应新的环境;他亲近西哥特人,在 507 年著名的武伊勒之战⑦那天,与之一起对抗法兰克人。⑧ 获胜的法兰克人很快占领了奥弗涅,接着阿尔卡迪乌斯(Arcadius),也就是圣希多尼乌斯·阿波黎纳里斯的孙子,完全遗忘了自己原属的哥特王

---

① 《费德加尔编年史》,第 27 章,原文本,《高卢史和法兰西史汇编》,卷二,第 422 页。
② 即圣希多尼乌斯·阿波黎纳里斯,参见前文注释。
③ 阿维尔尼(Arverni)是公元前最后一个世纪里生活在现今法国奥弗涅地区的一个高卢部落。作为高卢最强大的部落之一,他们多次与罗马人作战。——译者注
④ 阿维图斯(Eparchius Avitus, 385—456 年或 457 年),西罗马帝国的皇帝。——译者注
⑤ 奥弗涅大区(Auvergne),位于法国中部。——译者注
⑥ 尼波斯(Nepos, 430—480),西罗马帝国皇帝。
⑦ 武伊勒之战(Bataille de Vouillé),发生在 507 年的春天,西哥特人和奥弗涅军队对战克洛维一世为首的法兰克人,法兰克人胜利,在战斗中西哥特人失去了他们的国王阿拉里克二世和大面积(法国南部)土地。——译者注
⑧ "许多追随阿波黎纳里斯前往参战的阿维尔尼贵族也英勇战死。"格雷戈里:《法兰克人史》,第二卷,第 37 节,原文本,《高卢史和法兰西史汇编》,卷四,第 183 页。

国和罗马帝国,梦想利用他的贵族出身、逢迎技巧和剩余财产,在新主子的支持下发一笔横财。这时克洛维一世死了,他的领土被四个儿子继承,其中提乌德里克一世①不费吹灰之力得到了奥弗涅,成为东法兰克国王。希多尼乌斯的后人似乎与这位国王的关系恶劣,却受到国王的兄弟希尔德贝尔特的善待,后者拥有贝里领地,对奥弗涅十分眼馋。

阿尔卡迪乌斯发挥溜须拍马的本领,轻松说服蛮族国王相信阿维尔尼的百姓希望希尔德贝尔特成为该区领主,而不是他哥哥提乌德里克。也许他的话确实有可信的一面,当地人不堪忍受征服者压迫,以为更换一位领主会减轻这些苦难。不管怎样,530年,提乌德里克忙着跨过莱茵河与图林根人开战,突然传出他的死讯,奥弗涅人一片欢腾。阿尔卡迪乌斯赶紧派人到希尔德贝尔特国王的驻地巴黎,邀请他前来接管奥弗涅。希尔德贝尔特调集他的军队火速动身。浓雾中军队抵达山脚,而阿维尔尼都城,也就是今天的克莱蒙(Clermont)就坐落于高原之上,国王一边向山坡行进,一边以愉快的口吻说:"我想亲眼看一看人们交口称赞的奥弗涅利马涅大平原②。"可惜他什么也没见,百步之外大雾蔽天。③

---

① 提乌德里克一世(Thierry I, 485—534),兰斯国王。他是克洛维一世的长子,克洛维于511年去世后,其领土被分给了提乌德里克和他的三个兄弟。其中希尔德贝尔特其一世在巴黎,克洛泰尔一世(Clotaire Ier le Vieux, 497—561)在苏瓦松,克洛多米尔在奥尔良。其后,克洛泰尔先后吞并其他兄弟的领地,又吞并整个勃艮第王国,再次统一法兰克王国。——译者注
② 利马涅地区(Limagne)是奥弗涅中心的大平原。它围绕着阿列河谷及其支流多尔,克莱蒙费朗东侧,主要是在多姆山省。——译者注
③ 格雷戈里:《法兰克人史》,原文本,第三册,第9节,《高卢史和法兰西史汇编》,卷二,第191页。

等到了克莱蒙城外,虽然满怀期望,还有阿尔卡迪乌斯的承诺,希尔德贝尔特却发现城门紧闭,大概居民害怕提乌德里克的死亡是个虚假消息,或者他们无论如何都想摆脱法兰克人的统治。国王不得不命令部队先扎营,直到晚上他都在犹豫是强行入城还是返回自己的领地。国王的朋友打消了他的疑虑,在主顾们的帮助下,阿尔卡迪乌斯砍断一座城门的门闩,法兰克人蜂拥而入。① 都城被占,奥弗涅其他地区很快对希尔德贝尔特臣服,接连不断的归顺令墨洛温王朝的国王非常得意,他承诺恪尽职守并要释放一些人质。

正当此际,传来提乌德里克击败图林根人、凯旋的消息。惊诧万分的希尔德贝尔特好像担心被当场抓获,或唯恐有人进攻他原有的领地,仅在奥弗涅留下少许驻军就匆匆赶回巴黎。整整两年过去,东法兰克国王貌似无意收回易主的那些城市。该区名义上归属希尔德贝尔特,实际由当地阿尔卡迪乌斯一派代其统治,这很可能是他唆使希尔德贝尔特吞并奥弗涅的本来目的。可是,不测风云笼罩着阿尔卡迪乌斯的家乡,很快爆发了可怖的骤变。

曾向克洛维一世称臣的勃艮第王国,在他去世后依旧令法兰克王垂涎。523年,希尔德贝尔特与克洛多米尔、克洛泰尔联合展开了第一次征伐,起初比较顺利,但勃艮第人很快夺回了主动权:克洛多米尔战死,接着法兰克人从该国撤离。这次失利的9年后,532年,大概由于法兰克人与罗纳河流域的征服者间存在着民族仇恨,法兰克国王的野心再次膨胀。克洛泰尔和希尔德贝尔特发起第二次入侵,还邀请兄长提乌德里克加入他们的行列,许诺分享得到的一切。在

---

① 格雷戈里:《法兰克人史》,原文本,第三册,第9节,《高卢史和法兰西史汇编》,卷二,第191页。

口信里,希尔德贝尔特丝毫不提抢占奥弗涅的事,提乌德里克也缄口不言,回复说自己不参与两位兄弟组织的这场战争,完全没有不满或另外的表示。两王出发后,当东部的法兰克人听到消息说他们已经进入勃艮第的领土,就开始埋怨他们的国王,指责他剥夺了这场战争给他们带来的丰厚利益。他们聚集在王室宫邸吵吵嚷嚷,并威胁提乌德里克:"如果你拒绝与你的兄弟一起讨伐勃艮第,我们就抛弃你,去加入他们。"①国王知道他们的喧闹是因为不能共同分赃而愤懑,他平静地回答法兰克人说:"跟随我,我会带领你们到阿维尔尼都城,在那片土地上你们随便拿取金银珠宝,想拿多少就拿多少,还有大批的羊群、奴隶、衣服供你们挑选,只是你们别和我兄弟去勃艮第。"②这一提议立刻得到采纳,法兰克人向提乌德里克王发誓听从他的意愿。为了更好地树立信心,国王又再三答应部下,允许每人带回他想要的战利品,还可以把当地人贬为自己的奴隶。全体将士欢欣鼓舞,争先恐后拿上武器。在西部的法兰克军越过索恩河③的时候,东部的法兰克人从国王驻地梅斯启程,向遥远的奥弗涅行进。

  提乌德里克的军队一踏上富饶的奥弗涅平原,就开始不遗余力地四处摧毁蹂躏,教堂或其他圣地皆未能幸免。④ 他们砍断果树,把

---

① 格雷戈里:《法兰克人史》,第三册,第 11 节,原文本,《高卢史和法兰西史汇编》,卷二,第 191 页。
② 格雷戈里:《法兰克人史》,第三册,第 11 节,原文本,《高卢史和法兰西史汇编》,卷二,第 191 页。
③ 索恩河(Saône)是法国东部的一条河流,罗讷河的支流之一,发源于孚日省维奥梅尼尔,流经孚日、上索恩、科多尔、索恩—卢瓦尔、罗讷和安六省,在里昂与罗讷河汇流。——译者注
④ "他们进入阿维尔尼,众所周知,那里有大量教堂和修道院……"《圣·奥斯特雷莫尼乌斯传》,原文本,《高卢史和法兰西史汇编》,卷三,第 407 页。

许多房屋拆得连架梁都不剩。年龄和体力符合条件的当地居民被变卖为奴,法兰克人把他们两人一组,颈部连接捆绑,让奴隶们徒步跟着行李大车,车上堆满了家具。被法兰克人围攻的克莱蒙百姓,在高高的城墙上目睹敌人在乡间劫掠和纵火,努力坚持抵御。克莱蒙主教昆提亚努斯(Quintianus)不顾疲惫地安慰鼓励市民,格雷戈里写道:"在围困过程中,人们看见他夜间到城墙上巡视,唱圣歌,禁食守夜,来祈求主的保护。"①

尽管克莱蒙居民全力以赴、不断祈祷,仍无法长期抵挡大量军队的攻击以及敌人掠夺的欲望:城市终于被攻克和洗劫。气恼的国王想要拆除城墙,执行命令的人却怀着对宗教的敬畏迟迟不敢动手,宗教是高卢人对抗野蛮人怒火的唯一力量。克莱蒙城墙间矗立着许多教堂礼拜堂,如果拆毁墙壁,肯定会损坏这些教堂。宏伟的建筑令法兰克人首领们感到震撼,他们不愿犯下亵渎圣物的冷酷罪行,况且又无利可图。其中一人名叫希尔平格(Hilping),他对提乌德里克说:"荣耀的国王,请听我渺小的建议,这个城市的城墙非常坚固,两侧还有强大的防御,我的意思是指那些装饰外围的宗座圣殿,而且,这里的主教是主伟大的仆人。请停止你打算施行的事,不要摧毁这座城,也不要伤害主教。"②第二天晚上,国王睡觉的时候犯了梦游症:他从床上起身,不知道要去哪里,卫士们阻止他,并劝他戴上十字架。这件事的确对国王造成了一定影响,他决定赦免克莱蒙,不仅保留了城池,还禁止在周边八千步范围内掠夺,不过命令下达时,所剩财产已经屈指可数。

---

① 格雷戈里:《圣·昆提亚努斯传》,《法兰克人史》,原文本,《高卢史和法兰西史汇编》,卷三,第408页。
② 《圣·昆提亚努斯传》,阿维尔尼片段,格雷戈里:《法兰克人史》,原文本,《高卢史和法兰西史汇编》,卷三,第408页。

阿维尔尼都城的旧主提乌德里克国王,袭击一处又一处的军事设防,当地人只得带着最珍贵的家当藏匿起来。提乌德里克在蒂耶尔努姆城堡,也就是今天的蒂耶尔(Thiers)放火,那里有一座木头搭建的教堂被烧毁。① 在沃洛尔,因为一个奴隶的背叛,法兰克人攻入要塞,他们于祭坛旁边屠杀了一位名叫普罗库卢斯(Proculus)的神父。②

纵然某些奇迹的发生令提乌德里克归还了部分财物,惩罚了抢劫圣地的士兵,以平息主的不满,但布里瓦德城(Brioud)还是被洗劫,圣朱利安大教堂(la basilique de Saint Julien)也满目疮痍。伊苏瓦尔(Issoire)的一所著名修道院,按古时作家形容,往昔的辉煌毁于一旦。③ 梅尔利亚克堡(Merliac)的守军抵抗了很长时间:这是一个天然要塞,环绕着陡峭岩石,围墙之内有数处泉水,汇成小溪从一扇门下流到外面。法兰克人本来对占领城堡不抱希望,一个偶然机会,他们抓到了出来寻找战利品的50名士兵。他们把这些士兵双手绑在背后带到城堡壁垒下,示意如果城堡里的人限期内不投降,就杀死俘虏。梅尔利亚克守军怜悯同胞和亲人,打开城堡大门,并支付了赎金。④

---

① 《光荣的殉教者》,第一卷,格雷戈里:《法兰克人史》,卷一,原文本,《高卢史和法兰西史汇编》,卷二,第465页。
② "敌人从破碎的城墙冲进来,在教堂的祭坛对面,数剑刺死神父普罗库卢斯。"《圣·昆提亚努斯传》,第三卷,第2节,格雷戈里:《法兰克人史》,原文本,《高卢史和法兰西史汇编》。
③ "伊苏瓦尔的修道院(Iciodorum, Issoire)变成一片废墟,法兰克人剥夺了它昔日的荣光。"《圣·奥斯特雷莫尼乌斯传》,原文本,《高卢史和法兰西史汇编》,卷三,第407页。
④ 格雷戈里:《法兰克人史》,原文本,第三册,第13节,《高卢史和法兰西史汇编》,卷二,第492页。

当时的历史作家用触目惊心的语句描述奥弗涅的颓败："原来的名门望族和富甲大户都沦落到背井离乡,靠乞讨或做活为生,什么也没有留下来,除了野蛮人带不走的土地。"①削弱所有军事要塞,分配完毕战利品,法兰克军兵押解着长长的车辆和俘虏队伍向北折返,行李车后是各阶层的百姓、教士、非教徒;其中有相当多的儿童和青年男女,在沿途经过的每一处地方被当众拍卖。②

大部分俘虏跟随军队直到莱茵河和摩泽尔河畔,很多神父和教士像其他人一样也被带来,分散到各处的教堂任职,国王放火烧毁了不少奥弗涅的宗座圣殿和修道院,所以希望这些人在他的领地以最适宜的方式为主服务。流亡教士中有位名叫加吕斯(Gallus)的神职人员,来自一个名门望族,他被迫在王室礼拜堂做事,说服许多莱茵河畔的法兰克异教徒皈依基督教。③ 另一位元老贵族(Sénateur)④的儿子菲铎吕斯(Fidolus),去了不太远的特鲁瓦城。还传说一位修道院院长阿文提(Aventin)收到上帝的指示,也许是被一个年轻女奴的境遇所触动,向蛮族人支付他们要求的赎金,让她进入修道院。同样选择修道院生活的菲铎吕斯,因成绩斐然,成为众圣徒中的一员。⑤ 这些圣徒传记为我们提供了往昔事件大部分的

---

① 原文本,《高卢史和法兰西史汇编》卷三,第356页。《圣·菲铎吕斯传》,《高卢史和法兰西史汇编》,卷三,第407页。
② 原文本,《高卢史和法兰西史汇编》,卷三,第356页。
③ "令人崇敬的教堂以圣加吕斯命名。"《圣·加吕斯传》,格雷戈里:《法兰克人史》,原文本,《高卢史和法兰西史汇编》,卷三,第409页。
④ 元老议员的头衔,起初是指进入罗马元老院的高卢人,后来逐渐演化成贵族的统一称号,尤其自罗马帝国衰落之后,指每个城市的权贵政要、望族族长,希腊语中"Aoyovex"原意是"执政官",现代语中指"贵族、大产业主"。
⑤ 《圣·菲铎吕斯传》,原文本,《高卢史和法兰西史汇编》,卷三,第407页。

细节。抱着颂扬宗教美德的唯一目的来编写传记的人们，决不会想到13个世纪后有一天，他们的虔诚记录有极高的参考价值。这是展现征服者折磨迫害下罗马行省实际状况的仅存文档。

## 第八封信　继续前文，阿尔卡迪乌斯的使命及阿塔尔的冒险（533—534年）

希多尼乌斯·阿波黎纳里斯的孙子阿尔卡迪乌斯听到法兰克人进军的消息，没等提乌德里克到达克莱蒙，就匆忙离开城市前往布尔日（Bourges）——他的主子希尔德贝尔特的领地。因害怕居民得知自己秘密逃离，他不顾母亲普拉西迪娜（Placidina）和姑母阿尔西玛（Alcyma）的哀求，独自一人出发；城市沦陷后，她们被掠夺财产并被流放。① 从此阿尔卡迪乌斯成为希尔德贝尔特的心腹，听任蛮族人调遣的工具，他执行命令时不择手段、无所顾忌。其中一项使命酿成了我们历史上一项著名的罪行，即杀害克洛多米尔子嗣事件，现代作家对这一事件的叙述模糊粗略，我们需要从古典史籍中找出头绪。

国王克洛多米尔攻打勃艮第人时丧生，所辖国土无人接管，似乎

---

① 阿尔卡迪乌斯的母亲普拉西迪娜和姑母阿尔西玛在卡奥尔被俘，她们的财产被剥夺，人遭流放。格雷戈里：《法兰克人史》，第三卷，第12节，原文本，《高卢史和法兰西史汇编》，卷二，第192页。

已预留给他的三个儿子提乌德贝尔特(Thodewald)、贡泰尔(Gonther)和克洛多奥德(Chlodoald)继承。孩子的外祖母,王太后克洛蒂尔德(Chlothilde)把他们带在身边抚养,想等其中一人长到成年,将他介绍给克洛多米尔王国的法兰克人,并按照民族习俗,让他站上高举的盾牌。① 克洛蒂尔德爱克洛多米尔超过其他儿子,对他的孩子极其温柔体贴,不离左右,旅行的时候也带上孩子们。有次王太后来到巴黎,准备逗留一段时间,希尔德贝尔特看见他的侄子们日益强壮,暗中派人联系苏瓦松的克洛泰尔,口信里这样说:"我们的母亲抚育哥哥的儿子,希望他们能继承他的王国;你尽快赶到巴黎,让我们一起商议该怎么应对;也就是,让他们剪掉头发做普通百姓,或者杀死他们,我们共同分享哥哥的国土。"②

克洛泰尔果然快马加鞭,到塞纳河南岸的一座旧罗马宫殿见希尔德贝尔特。亲信党羽们为两王的会晤在城内奔波,会晤的主题是安排三个孩子继承他们父亲的遗产。商讨之后,国王们拿定了主意,派使者来向克洛蒂尔德以国王们的名义传话:把孩子带来,我们推举他们登上王位。王太后非常高兴,毫不怀疑暗含的诡计;她给三个孩子吃饱喝足,让他们出发,并说:"如果看到你们代替我儿子统治,我就不会觉得已经失去他了。"克洛多米尔的长子提乌德贝尔特10岁,贡泰尔和克洛多奥德更年幼,在他们的监护人,也就是我们所说的保育侍从和一些奴隶的陪同下,走入叔父的宫殿。三个孩子立即

---

① 日耳曼部落的惯例是国王站在由武士高举的一个步兵盾牌上接受欢呼;众人则挥舞着各自的盾牌,然后国王适时地从盾牌上下来,坐在王座上。
② 格雷戈里:《法兰克人史》,第三卷,第18节,原文本,《高卢史和法兰西史汇编》,卷二,第196页。

被逮捕,遭到监禁,他们的随从被关押在另外一个地方。①

希尔德贝尔特叫来他的心腹阿尔卡迪乌斯,派他去问王太后要如何处置孩子们,为了更有表现力,国王命令他带上一把剪刀和一柄利剑。罗马人遵从了,克洛维的遗孀接见他时,他拿出剪刀和无鞘的剑,说道:"荣耀的王太后,你的儿子,我们的君主想知道该怎样处置那几个孩子,你希望他们削去长发活下去呢,还是愿意他们被杀掉。"听了这些话,惊呆的王太后给了可怖的回复,她神智错乱,辞不达意,自己都不知说了什么,她回答:"如果有人不希望他们成为国王,我宁愿他们死也不愿看到他们的头发被剪去。"聪明的使者不等她再说下去,马上返回,把王太后的答复告诉两王,并说:"有了王太后的允许,你们可以完结这件事了。"②

两位国王走进监禁孩子们的地方,克洛泰尔一下子抓住最大孩子的手臂,把他摔到地上,向他腋下捅了一刀。弟弟贡泰尔听到哥哥的痛苦惨叫,跑到希尔德贝尔特身边,用尽力气抱住他的双膝说:"最亲爱的叔叔啊,来救救我吧;不然我也像哥哥那样丧命了。"尽管心意已决,希尔德贝尔特还是动了恻隐之情,泪水涌上他的眼睛;他对同伙说:"亲爱的兄弟,把这个孩子的命交给我吧,我会补偿你想要的一切,我只求你不要杀他。"但克洛泰尔怒火万丈,血脉偾张,辱骂他的哥哥,"让他滚开,"他喊,"否则死的就是你了:挑起这件事情的人

---

① 格雷戈里:《法兰克人史》,第三卷,第18节,原文本,《高卢史和法兰西史汇编》,卷二。
② 格雷戈里:《法兰克人史》,第三卷,第18节,原文本,《高卢史和法兰西史汇编》,卷二,第196页。

是你,现在却要背弃自己的保证吗。"① 希尔德贝尔特害怕了,他挣脱了孩子,把他推向克洛泰尔,克洛泰尔的刀刺入孩子的肋间。可怕的一幕即将结束时,一些法兰克领主们带着一队勇敢的军士闯入大门,这是国王们没有料到的,他们还未反应过来,法兰克勇士们已抱起最年幼的孩子克洛多奥德,把他安全带出了王宫。② 孩子们的监护人和侍从,无论他们知情与否,全部处死,以免日后这些人为年轻的主人复仇。犯下以上恶行,克洛泰尔毫无愧疚地骑马回到苏瓦松;希尔德贝尔特也离开巴黎,在郊外庄园居住。

可能由于谨慎,也可能是按蛮族的一种惯例,两名凶手请他们的兄长提乌德里克一起瓜分克洛多米尔的国土。提乌德里克分到曼恩和安茹③,条件是不再追究希尔德贝尔特侵占奥弗涅所致的侮辱。两位国王发誓友好,相互送出人质,保证遵守誓言。不过送出的不是法兰克人的子弟——他们太骄傲,不甘忍受这种变向囚禁——而是高卢贵族公子。许多出身名门的年轻人从一国被遣送到另一国,两位国王各自委派最信任的军官看守这些人质。和平期间这只相当于流放,一旦两国有摩擦,人质们无一例外地沦为奴隶,有的成为嫁妆,有的被法兰克首领们接管。人质们要么被强制公共劳作,要么在主人的宅邸作仆佣,但他们凭着比法兰克人更机智、富有创造性的的头脑,利用各种手段计谋,摆脱奴隶身份。许多人成功逃脱,很可能是

---

① 格雷戈里:《法兰克人史》,第三卷,第 18 节,原文本,《高卢史和法兰西史汇编》,卷二,第 196、197 页。
② 格雷戈里:《法兰克人史》,第三卷,第 18 节,原文本,《高卢史和法兰西史汇编》,卷二,第 196、197 页。
③ 曼恩(Maine),法国历史上的一个行省。安茹(Anjou),法国旧制度下的行省,它除了东部和北部被削去一小部分外,大致对应现在的曼恩—卢瓦尔省。省府为昂热。——译者注

因为他们的流放地离高卢城镇不太远,而提乌德里克的人质分散在特里尔①和梅斯,就不太幸运了。②

人质里有个年轻人名叫阿塔尔(Attale),是朗格勒③主教、原欧坦④伯爵格雷戈里的侄子。希尔德贝尔特与提乌德里克发生了新的冲突,朗格勒主教急忙派人去北方寻找他的侄子,想知道他的情况。这时,高卢第一元老贵族的后裔已沦落成一个居住在特里尔附近的法兰克人的奴隶,工作是饲养主人的诸多马匹。派去的人回来报告,主教让他们带着礼物再出发,去见阿塔尔为之看管马匹的蛮人,希望他能放回自己的侄子;蛮人表示拒绝:"一个出身如此高贵的人没有10磅黄金是赎不回去的。"⑤仆人们把这个答复告诉主教,瞬间整个家族的人都知道了。奴隶们也都可怜那年轻人的命运。其中一个厨师名叫利奥(Léon),本着满腔忠诚跑到他的主人面前说:"如果你允许,我一定去设法把他救出来。"主教欣然同意,于是利奥高兴地急忙动身。⑥

刚到特里尔后,利奥窥伺机会看能否将年轻人偷走,但这实在太困难,他只好放弃。接着,他找了一个身份可能是罗马人的男子,吐

---

① 特里尔(Trèves),德国古老城市,位于莱茵兰—普法尔茨州西南部,摩泽尔河岸,靠近卢森堡边境。——译者注
② "他们当中很多人逃回家乡,可是也有一些人还处于奴隶地位。"格雷戈里:《法兰克人史》,第三卷,第15节,原文本,《高卢史和法兰西史汇编》,卷二,第194页。
③ 朗格勒(Langres),法国东北部市镇,隶属香槟—阿登大区上马恩省。——译者注
④ 欧坦(Autun),法国中东部城市,位于勃艮第—弗朗什—孔泰大区索恩—卢瓦尔省。——译者注
⑤ "这种家族出身的人没有10磅金子是赎不回去的。"原文译本中译作"磅",古罗马1磅约合0.721常衡磅(以16盎司28.3495克为1磅)。——译者注
⑥ 格雷戈里:《法兰克人史》,第三卷,第15节,原文本,《高卢史和法兰西史汇编》,卷二,第194页。

露自己的打算,并说:"你跟我一起去那野蛮人的家,然后把我作为奴隶卖掉;卖的钱归你。你要帮我做的就是让我更容易地完成计划。"①商量好了之后,两个人到法兰克人家,那人把利奥卖了12块金币。付钱时,主人问新奴隶能干什么活。"我嘛,"利奥回答说,"我擅长为主人们做各色美味菜肴,在烹调的技巧方面,我从不担心会有人与我不相上下。实话告诉你,若你想为国王举办一次宴会,我能以最出色的方式来预备酒席。""好极了,"法兰克人马上说,"星期日快到了,我将邀请父母和邻居来做客;你要安排一顿令大家都惊喜的饭菜,让他们觉得王宫的筵席都不会比我的更好。""只要主人下令给我提供足够的禽肉,我就按你的吩咐去做。"②

星期日这天,所有宾客都对美味的菜肴非常满意,赞不绝口,还向主人恭维不断,直到告辞。从那以后,聪明的厨师备受主人赏识;他成为宅邸总管,支配其他奴隶,给他们分发口粮、菜汤和肉食。厨师花了一年时间获得了主人的欢心和信赖。待时机成熟,他设法接近阿塔尔,并假装与他素不相识。似乎为了消遣,利奥来到年轻人看管马匹的草甸,在离后者几步远的地方坐下,好让人们察觉不到他们的交谈。这样坐着,利奥对年轻人说:"该是想到自己故乡的时候了,这个晚上你把马匹赶进马厩,一定不要睡着,等我来叫你,我们今夜就逃离。"③当天,法兰克人邀请一些亲戚来吃晚饭,包括他的女婿。

---

① 格雷戈里:《法兰克人史》,第三卷,第15节,原文本,《高卢史和法兰西史汇编》,卷二,第194页。
② 格雷戈里:《法兰克人史》,第三卷,第15节,原文本,《高卢史和法兰西史汇编》,卷二,第194页。
③ 格雷戈里:《法兰克人史》,第三卷,第15节,原文本,《高卢史和法兰西史汇编》,卷二,第194页。

此人性格开朗,也肯和岳父的奴隶们开玩笑。将近午夜,所有客人都离席去就寝,法兰克人的女婿怕睡觉的时候口渴,让利奥捧着一大杯蜂蜜酒跟随他到床前。奴隶把酒放在床边,法兰克女婿打量对方,用嘲讽的语气问:"说吧,你这个受信赖的家伙,是不是想要偷我岳父的马,返回自己的家乡啊?""如果上帝保佑,我打算今晚就走。"利奥用同样调侃的语气回答。"真这样的话,"法兰克女婿又说,"我会严加戒备,免得你偷走我的东西。"说完他觉得很有趣,大笑不止,利奥也笑着离开。① 等人们都入睡后,厨师走出他的房间,跑到马厩找阿塔尔。年轻人立刻站起来,给两匹马套鞍。准备停当,利奥问年轻人有没有刀剑之类的,"我没有别的武器,"阿塔尔答,"只有一支短矛。"利奥听了就大胆地走进主人的房间,取下他的盾牌和剑。② 法兰克人被响声惊动,问是谁,要做什么。他回答:"是我,你的仆人利奥,我刚才叫醒了阿塔尔,让他勤快点,把马带出去吃草,他正睡得很熟,像个醉汉一样。""你看着办吧。"主人说,很快就又睡着了。利奥把武器递给年轻人,他们骑上马,带着一包更换衣服,悄悄出了大门,沿着特里尔和兰斯之间的大路一直跑到默兹河,正想过河时,桥上的守卫要核查他们的真实身份,否则不允许通过。两人只能等夜幕降临再泅水过河,在黑暗的掩护下,他们放走马匹,依靠树枝的浮力游到河对岸。③

这是逃跑以来的第二个夜晚,两人一直没有吃东西。幸好他们

---

① 格雷戈里:《法兰克人史》,第三卷,第 20 节,原文本,《高卢史和法兰西史汇编》,卷二,第 194 页。
② 格雷戈里:《法兰克人史》,第三卷,第 20 节,原文本,《高卢史和法兰西史汇编》,卷二,第 194 页。
③ 格雷戈里:《法兰克人史》,第三卷,第 15 节,原文本,《高卢史和法兰西史汇编》,卷 2,第 194、195 页。

找到一棵结满果实的李树,吃了李子才有点力气。接着利奥和阿塔尔穿越香槟平原,继续向兰斯行进,一路上仔细提防后面有无追赶的人。正当他们小心翼翼地走着,听到了纷杂的马蹄声。两人马上离开大路,藏进附近的灌木丛,趴在地上,握住出鞘的剑。偏偏那些骑马的人在灌木丛旁停了下来。在马便溺的时候,其中一人恶狠狠地说:"该死!让两个混账逃掉了,真找不到了,不过我发誓,要是哪天他们落在我手里,我先吊死一个,再把另一个剁成几段。"①逃亡者听到了这句话,等那些人驱马而去就急忙起身。当晚两人安全地到达兰斯,但已疲惫不堪。他们问街上遇见的第一个路人,镇上名叫保罗的神父住在哪里,等终于找到朋友的家,敲门时晨祷的钟声响了。利奥报上少主人的名字,并把他们的冒险经历简单地告诉神父,神父惊呼道:"这是我的梦应验了啊。今天晚上我梦到两只鸽子飞落到我手上,一只白色,另一只黑色。"②

这是一个星期日,教堂里严格规定,做弥撒前信徒们不能进食,可是逃亡者们饥饿难忍,向收留他们的神父说:"愿上帝宽恕我们,怀着对神圣主日的尊重,我们一定要吃点东西,因为这已经是第四天,我们既没吃面包也没吃肉了。"神父把两人藏起来,给他们面包和酒,然后去做弥撒。法兰克人比两人先到兰斯,他通报逃跑奴隶的名字,四处打听他们的动向。有人透露说保罗神父与朗格勒主教是老朋友,为了看看能否从他口中得些消息,追捕的人一大早来到教堂。尽管法律对收留奴隶者制裁严厉,但法兰克人问了半天,神父镇定自

---

① 格雷戈里:《法兰克人史》,第三卷,第15节,原文本,《高卢史和法兰西史汇编》,卷二,第195页。
② 格雷戈里:《法兰克人史》,第三卷,第15节,原文本,《高卢史和法兰西史汇编》,卷二,第195页。

若,什么都没说。① 利奥与阿塔尔在神父家休养了两天,重整行装回到朗格勒。主教见了他们高兴万分,若引用故事原文的表述:"主教靠着侄子的脖子喜极而泣。"②

奴隶利奥凭自己的才智、毅力和勇气,终于救出他的少主人,按罗马法律规定获得了自由身份。人们领他到教堂举行仪式;那里的每扇门都大开,意味着利奥作为自由民可以去他想去的任何地方,在负责颁授自由身份的副主教面前,主教格雷戈里宣布,鉴于利奥的出色表现,他很高兴给予利奥自由,让他成为罗马公民。由副主教编写的释放奴隶的文书里,遵循惯例标注以下文字:"依据罗马律法永不撤销。有君士坦丁大帝授权解放奴隶的律法保证,在主教、神父、助理祭祀的亲眼见证下,获得自由身份的人,从此将永远拥有罗马公民的权益,受到教会保护,即日起,利奥成为罗马公民。不论哪里,只要他喜欢,他都有权去,和生来就是自由人一样。这天开始,他不再隶属任何人,不再为任何人免费劳役,他自由了,变成完完整整的自由人,而且无论何时都是罗马公民中的一员。"③主教赠给新公民一些土地,因为若没有土地,罗马公民的称呼毫无意义。利奥的身份便进一步抬高,成为野蛮人律法里"有产业的罗马人",无拘束地和家人住在一起,在征服民族的统治下自由生活,并与法兰克人为邻。④

---

① 格雷戈里:《法兰克人史》,第三卷,第15节,原文本,《高卢史和法兰西史汇编》,卷二,第195页。
② 格雷戈里:《法兰克人史》,第三卷,第15节,原文本,《高卢史和法兰西史汇编》,卷二,第193页。
③ 《马赫克鲁夫章程汇编》,第56条,格雷戈里:《法兰克人史》,第六卷,第15节,原文本,《高卢史和法兰西史汇编》,卷四,第321页。
④ 格雷戈里:《法兰克人史》,第三卷,第15节,原文本,《高卢史和法兰西史汇编》,卷二,第193页。

# 第九封信　君主制建立的真正时期

"至1789年法兰西君主制已延续了14个世纪。"这是政治著作和演说中经常强调的一句话、一种惯用说辞,貌似合理,实际严重歪曲了历史。如果我们把法兰克国王在高卢建立政权后统治的时间一并归入法兰西诸王的执政岁月,那么将近14个世纪的用词,没有任何不妥,然而,若混淆各时期的统治形式,认为君主制的概念起始于6世纪、终结于1789年,就大错特错了。我们应避免受权威观点的影响,不要用现代视角去理解"法兰西"和"君主制"这两个词,而是先去除古代君王拥有后继君主独揽的大权这种想象,还必须明确人们笔下的君主制,比如杜博院长[①]撰写的法国君主制度建立,与十七八世纪时期的政权体系,并非同一概念。

我们的历史作家对法兰西民族的诞生年代没有分歧,在此基础

---

[①] 让·巴普蒂斯特·杜博(Jean-Baptiste Dubos, 1670—1742),法国史学家、外交家。——译者注

上,他们习惯把漫长的法兰西史分为三个主要阶段:一律认为第一阶段,君主制延续直至法兰西扩张到现有疆界,大约10世纪时,因外省统治者、他们称作大诸侯的叛乱而废除;接着这次叛乱导致了第二阶段——封建制的合法契约化;第三阶段是君主制的复兴,他们还提出,君主政体具有旧时的全部特权,和最初确立的绝对君主制毫无区别。我在以往的信中,列举了一些零星事实足以驳倒上述的荒谬假设,即克洛维甚至查理大帝,拥有与路易十四等同的王权。至于作为现代君主制根本要素的封建制度,它远非帝国在整个高卢的分级管理结构,而是为国家统一所制定的契约。

  显而易见的是,不论法兰克人的侵略,还是加洛林王朝创始人在政治色彩下进行的第二次征伐,都无法在整个高卢,尤其是北部和南部完成真正的统一。① 征战的结果,不外乎异族之间生硬地接近,又骤然分裂。12世纪前定都北方的诸王,跨越卢瓦尔河,南侵而建立的政权,仅仅达50年,而且从未获得真正的承认。② 即使有人提出假设,法兰克人入侵时就在他们定居的部分高卢地区建立起现代形式的君主制,并随着几个世纪更漫长艰辛的新征伐,权力范围陆续覆盖至整个法兰西,这依然是荒谬的。因为我们可定性为行政扩张的新征伐,贯穿12至17世纪,它最终结束后,由一位国王统治、地方官员遵从国王意愿的统一政体才于整个高卢地区形成。无论克洛维或查理曼时代的国王们,他们派遣本族执政官去外省,特别是到地中海沿岸省份时,这些异族首领协助当地居民发动的反政府叛乱,屡见不

---

① "加洛林(Carlovingien)",不过是"墨洛温(Mérovingien)"一词的翻版,两者都是指代野蛮人的王朝,应该从法兰西民族史上去除。
② 11世纪,一位法兰西修道院院长到图卢兹伯爵领地旅行,开玩笑说:"现在,我和法兰西国王一样有权有势:因为在这里没人会听命于他甚于听命于我。"

鲜。民族利益造成的、对自己曾宣誓效忠的政权的刻骨敌意,激发了异族首领的野心,有时他们竟孤注一掷,加入到罗马农奴反抗法兰克贵族的暴动中(日耳曼语称为"Edil Frankono liudi"),并成为组织的领袖,允许叛军打着自己的旗号,还传授军事经验。诸多暴动起义,既是民族之间的冲突,也是附庸诸侯的叛乱,经历了各种波折起伏,以南部高卢彻底独立结束。由此我们看到,9—11世纪时,在卢瓦尔河、比利牛斯山脉、阿尔卑斯山和两海地区之间,诞生了许多独立公国。这些公国虽然造成法兰克征服成果的四分五裂,但一种与长期彻底独立相抵触的附庸领地理念依旧笼罩着整个高卢。日耳曼后裔在一个新国家,按民族习俗通过征服特权拥有大量地产,如庄园、村庄、城市等,并且与土地相应的战士义务也随之虚化地转加过去。土地根据原始拥有者的级别,变成他人的附庸国或属地。这个例制,从简单私人采邑扩展到有自治主权的外省,于各地建立了一种性质模糊的纽带关系,尽管不太牢固,领主却能因此获得强大的实力,当政治优势来临时,成为封建霸主。主权分级方面,那些有王国称号的,无论多么弱小仍排在其他诸侯之前,更有资格按意愿行使不利于诸侯国的特权,以上就是法兰西岛的君主、我们称之为卡佩王朝的国王们的致富之源。由于附庸理念,纵然国王们的势力最为弱小,他们的级别看起来仍高于强大的邻居,布列塔尼、阿基坦、普罗旺斯、勃艮第的公爵、伯爵们,附庸理念也导致人们产生了所有公国应普遍从属日耳曼帝国的想法,因为帝国统治者持有比国王更尊贵的古老头衔。政治上,皇帝们并未实现这个想法,法兰西国王们却有效利用了它,宗主国的宏愿为他们开通了征伐之路,加上处于中央地理位置等种种有利条件和高卢北部居民好战嗜血的性格,他们竟赢得了不少成功,被认为等级高于其他公国,唯一一个能力出众而且享有完全自主权力的法兰西,成为连接古高卢各地的政治体系中心。法兰克人对不同地区的再次侵略,仅获得了暂时的臣服,各地区重新以稳定一致的方式团结起来。罗马人和法兰克人的国土通过封建契约联系在一起,原先独立的公爵和伯爵,先后向法兰克国王的继承者称臣,表示愿意追随。他们继而感受到一种普遍的束缚,即使那时效忠义务的概念尚模糊,条款亦不明确,现代法国和君主制的雏形也已然呈现出来了。

附庸与领主、公爵或伯爵与国王之间的义务起初是相互的。对忠诚的追随者,国王有严格明确的责任。但国王们渐渐随心所欲,一味要求臣僚对自己效忠和服从,这实际是封建君主的僭越。随着附庸观念越来越根深蒂固,近5个世纪一直维持南高卢2/3地区与法兰克人统治隔绝的地方独立意识,或者更准确地说是国家精神,渐渐磨灭,于是国王们如愿以偿。当各种封建契约完全作废,君主专制便形成了。法国君主制是封建制度的衍生物,同样,以长子继承制为代表的世袭制也源自封建制度。封建制度不仅对一切存在的领土持有模式进行了转化,还就政治秩序推出固定规则,在授任官职上,以私人承袭性质代替换届公共选举。古代法兰克人的最高首脑为"Koning"(拉丁语写作"rex"),指通过选举产生的行政官员,不过这些官员通常来自同一个家族。级别低一些的首领,如"Heri-Zoghe","Graven","Rakhen-Burgh"(拉丁语为"Duces Comités","Judices")也分别经选举产生。① 封建制度成熟以后,从一些人直接支配另一些

---

① "Heri-Zoghe"的意思是"军队指挥官","Here"一词指"军队","Ziehen"是动词,意思为"领导"。"Grave、Graf、Gheref"在所有的日耳曼方言中都表示"次级官员的权力"。"Rakken-Burghe"意味着"身份重要的人或贵族";他们是被部族选出来确保公共秩序的执法官员。

人,变为一些领地管辖其他领地,由每片土地上的合法代表,即前业主的合法继承者来行使权力,不再有选举之说。国王的庄园产业和公爵、伯爵、子爵的领地承继性质相同;所以,伯爵的儿子是伯爵,公爵的儿子是公爵,国王的儿子继续为王。

国王的头衔,现今定义非常明确、绝对,但在法兰克人和古日耳曼人的习俗中,"王"这个称谓的含义同我们所知的有很大出入。北高卢征服者的方言里把王称作"Koning",这个词在荷兰惯用语中保持不变。我们应通过古老权威语言词典而不是现代荷兰语词典,去了解该词的特殊化,它究竟有几种词义?延伸的语意是什么?这对历史研究具有一定的重要性。除了民族诗歌的一些片段,法兰克—条顿语书写的几个《圣经》版本和仿制作品里也经常出现这个词。若把日耳曼作家对"Koning"的各种诠释汇集起来,我们能够很容易理清法兰克人在赋予首领头衔时的思维方式。在福音书中有关希律王的一章,拉丁原文"Rex Judaeorum"("犹太人王"),被翻译成"Iudeono Koning";在其他地方用军队指挥官"Heri-Zog"一词来代替"Koning"。这两个称谓都符合希律王的真实身份,拉丁语总是冠之以"Rex"("王")。我们得出结论:两个法兰克词语"Koning"和"Heri-Zog",原是同义词,象征身份尊贵,第二个词的意义更清晰鲜明。另外,法兰克版本中,提及那位有纯朴信仰的著名百夫长时,同样给予了希律王一样的称号"Koning"①,因此"Koning"一词比"Rex"具有更多的含义。

虽然高卢法兰克人遗留的文献作品少之又少,无法为我们提供更多关于他们方言的准确例句,但兄弟语言盎格鲁-撒克逊语可以弥

---

① 参见"Ein Koning gieiscot iz in icar",拉丁文意思是"百夫长得知实情"。

补这一缺陷。盎格鲁-撒克逊方言中,"Kyning"就是法兰克语的"Koning","Heretogh"就是"Herizog",两个词也是同义词。"Kyning",如拼写成"Cyning",则是国王阿尔弗雷德的称号①,在他的著作中,把独裁者恺撒、将军布鲁图斯和执政官安东尼都称作"Cyning"②,这个词也被当作(不论何种形式)拥有极高权力者的共同称谓。拉丁词语"Imperator(皇帝)"、"Dux(公爵)"、"Consul(执政官)"、"Præfectus(行政长官)",全可以用"Cyning"表示。③ 若从撒克逊语转向丹麦语,我们发现,该词用于类似的语境,只是拼写稍有差别。丹麦语中的海盗头目,由"Konong"和表示海的"Sie"两个词组成,即"Sie-Konong",一支队伍的指挥官,即"Her-Konong";居住在固定居所的部落,其首领叫"Fylkes-Konong"。④ 若进一步北上到波罗的海和冰岛沿岸,这些地区的语言比其他日尔曼方言简短,用"Kongr"或者"Kyngr"两词表示"Koning"或"Konong"的大概意思。今天的瑞典语中,渔船船长还被称为"Not-Kong"。有位法国人从字面上把这个词翻译成"渔网之王",并认为很有诗意;其实这么写是不

---

① 阿尔弗雷德(Alfred, 849—899),盎格鲁-撒克逊威塞克斯王国国王,他率众抗击海盗民族维京人的侵略,使英格兰大部分地区回归盎格鲁-撒克逊人的统治,故得享"大帝"(Alfred the Great)尊称。阿尔弗雷德自己也是个学者,非常支持学术事业。阿尔弗雷德聚集起一群学识渊博的学者,自己也参与其中,翻译了不少著作,包括波依修乌的《哲学的慰藉》、格雷戈里主教的《牧民职务》和比德的《英吉利教会史》。——译者注
② 该词有时表示更具体的尊贵要职,复合词"Gear-Cyning"用我们的语言直译,指"年度国王"。
③ 参见《希克斯北方语言词典》。(拉丁词语"Imperator"指"领袖、当权者、将军","Dux"指"王子、君主、领袖","Consul"指"罗马每年最高行政长官之一","Præfectus"指"权威、政府、指挥"。——译者注)
④ 参见《瑞典—哥特词典》。

折不扣地照搬字母。这种诗意在我们法语中才有,"国王"(roi)一词显出绝对王者的美妙情境,不过它不能替代"Kong"。

若以专业词汇的严谨性去看待历史语言,我们应用语言里的"王"(roi)一词有它的特殊性和限定性,表示绝对的君主权威,不含带古老日耳曼语中该词的广义。事实上,这个称号在撒克逊语,大概也在法兰克语中,既可扩展亦可限定,"Ober-Cyning""Under-Cyning""Half-Cyning"这三个词,渐变的语义勉强对应法语单词"王中之王""副王""半王"。然而世上仅有一个太阳,按我们法语,国家也仅有一位国王;他的存在,性质单一独特,程度上没有高低之分。现代王权概念是通过时间的推移和环境的改变缓慢产生的,指社会的所有权力归结个人领域并传承延续,从不会被委派,甚至不受公众意愿间接的干预。只有中世纪完全过去,各种道德风俗相融,不同的主权逐步集中,伟大民族拥有了共同记忆,一个同名的统一国家才终于诞生。有人想确定法国君主制建立的具体时期,这是非常困难而且毫无必要的、矫揉造作的分类,不仅难以澄清历史,更容易曲解历史,如果一定要追溯这个时期,应该明白它不在封建制度产生之前,而是之后。

被视为个人权利的王权不是一项公共职责,国王作为所有业主的领主,单独享受上帝的眷顾。凭持有财产来划分个人身份等级,承认业主对各方面(国王除外)控制权的一切事物秩序,衍生出上述关于君主政体的古老箴言。有证据表明,14世纪的法兰西国王认为王室沿袭了昔日土地继承制度,在撒利族法兰克人的旧法中,该制度是避免继承纠纷而提出的一项权威立法。人们由此得出一个平庸结论:《撒利克法》规定,行使王权的人选中,女性被永久排除在外。法兰克法确实禁止女性继承父系财产;但这项法律不等于管理权限,也无任何继承管理权方面的条款。①

依赖高卢各地的封建制度,卡佩王朝的君王像在结一个庞大的网络,他们不断添加领土,巩固因瓜分国土而衰落的、克洛维暴虐征服的成果,集中查理大帝统治时期明朗强大的君权。据中世纪小说描写,这位国王将自己原日耳曼真名和人们赋予的奇怪名字调换,他相信如此一来,凭统治手段和管理才能,可以保证自己的帝国持久强大,但实际上毫无作用。他貌似规整的帝国不过是一个战斗民族对其他民族、异乡人及习俗、语言各方面的军事统治。奠基人去世后,大厦将倾。帝国以武力统一的诸多国家,为重新获得政治独立、恢复以往的国名付出了非凡的努力,逐步以"法兰西"的名字扩张。但高卢各行省里,只有南部地区完成这伟大的事业;查理大帝的儿子统治时,叛乱战争爆发,阿基坦和普罗旺斯赢得战争的胜利,成为独立的国家;我们甚至看到,卢瓦尔河以北早已绝迹的古老名称"高卢",重新出现在东南省份。阿尔勒新公国②的国土扩张至汝拉省和阿尔卑斯山,公国首脑自称高卢国王,与法兰西国王并立。

保留法兰西名字的民族,宣扬自己是5世纪征服者的后代,或是他们子嗣的臣属。不过,直到13世纪初,法兰西的疆域仅仅蔓延

---

① 《撒利克法》,第62条,原文本,《高卢史和法兰西史汇编》,卷九,第136页。
② 即勃艮第第二王国,也叫阿尔勒王国,存在于933—1378年。它包括前中法兰克王国的一部分。它是由上勃艮第(统治中心在今瑞士西部,也包括今法国和意大利的一部分领土)和下勃艮第(主要在今法国东南部)联合而成。勃艮第第二王国于1032年加入当时由康拉德二世统治的神圣罗马帝国,称阿尔勒王国。它是帝国境内三个王国之一,另两个是德意志王国和意大利王国。勃艮第王国后来逐渐分裂,于1378年灭亡,余下领土被法国吞并。——译者注

到维埃纳和伊泽尔两河。① 那里是法兰西王室主权,也是北部罗曼方言的最终界限。两河以南的国家是阿基坦与普罗旺斯,当地方言浊辅音和重读音节较多,比如人们把"ony"和"nenny",读成"oc"和"no"。生活在这片广袤富饶土地上的人民因政治独立而自豪,他们憎恶法兰西人,认为对方不如自己文明,这令人想起墨洛温、加洛林王朝时期罗马人和法兰克人之间的敌对情绪。两河对岸的法兰西贵族也本能地模仿他们的祖先,贪婪地注视南部的宏伟城市和美丽乡村。他们的国王从未放弃和查理大帝相同的野心抱负,渴望在比利牛斯山顶插上百合花旗帜,成为全高卢的主人。② 教会煽动的、对阿尔比异端的十字军讨伐③,为国王们提供了插手南部事物的借口,他们迫切把握机会,并充分利用。这场战争的政治影响是巨大的,它使法兰西王国同地中海沿岸永远连接起来,而以前菲利普·奥古斯都参加十字军东征时④,未能在此找到一个欢迎他的港口。

假若缺少王权意识和附庸观念,那么征战的激烈残酷和政治色彩都随之减轻,也许,路易八世和他的继承者们很快便将失去对南部的控制。⑤ 这些最后映现罗马帝国文明的地区,在不可避免的战争岁月中继续保持人文传统,可能比周边不开明的邻居以强制的法律暴

---

① 维埃纳河(la Vienne)是位于法国西南部,属于卢瓦尔河的左支流。伊泽尔河(Isère)是法国东南部罗纳—阿尔卑斯大区的一条河流,全长286公里,发源于意大利边境的阿尔卑斯山脉。——译者注
② 纪尧姆·勒·布列塔尼:《菲利普·奥古斯都传》,原文本,《高卢史和法兰西史汇编》,卷十七。
③ 阿尔比十字军(1209—1229)是教皇英诺森三世为铲除阿尔比派,对法国南部隆格多克发动的长达20年的军事讨伐。——译者注
④ 指第三次十字军东征,神圣罗马帝国皇帝腓特烈一世、英国国王理查一世和法国国王菲利普二世发动了第三次十字军东征(1189—1192)。——译者注
⑤ "狮子"路易八世(Louis Ⅷ le Lion, 1187—1226),法兰西卡佩王朝国王。——译者注

力统治的和平时期还要优秀。日耳曼人入侵时,南部高卢是经济繁荣和思想先进的典范;在整个古罗马世界,那里的城市、建筑和手工业都独一无二。被征服五个世纪之后,高卢的文明家园仍未完全失去其财富和艺术品味。它的船队朝各个方向前进,横渡地中海,与东方人开展贸易;而卢瓦尔河北的法兰西人只知道在东方劫掠。南高卢人创造了第二种优美的罗曼语,似乎比第一个还富有诗意。12世纪前,他们的宗教思想已从阿尔卑斯山一直流传到海外,其大胆创新之处,竟甚于16世纪改革派们[①]的理念。但是,北部狂风席卷该区,整个高卢完成了权力和政体的统一。笼罩于法兰克高卢上空的黑暗降临在罗马高卢,致使中世纪这个具有产业发展和明智观念的南部国家,终于陷入死寂和愚昧。

---

[①] "16世纪改革派们"指宗教改革的改革派,宗教改革是西方基督教在16世纪至17世纪的教派分裂及改革运动,也是新教形成的开端,由马丁·路德、约翰·加尔文,以及其他早期新教徒发起。——译者注

# 第十封信 所谓君权分立

通常称颂法兰克国王的历史作家,对一个问题感到极其遗憾并一致表示指责,即国王们未曾制定明确的政治章程,这致使王国的众多继承人共享实质上不可分割的王冠。一些人试图为克洛维和查理大帝辩护:为了维持统一,两人设立的制度尽管表面上分割了国土,但王室的尊严丝毫不减;长子始终享有对其他兄弟的支配地位;一句话,自古以来"法兰西只有一位国王"。关于克洛维和查理大帝未曾像路易十五那样择立储君,还有一种自圆其说,但也是毫无根据的。不过我们可以胸有成竹地总结,这些国王所处年代久远,他们的政治理念与现今的有天壤之别。

首先,当时王室的风尚与我们的就不太一致,墨洛维子嗣们有润滑光泽的长发,他们若不是和普通日耳曼战士一样用酸黄油,难道用香精吗?① 真正游牧民族的首领们,在一个文明国家露营跋涉,穿越

---

① 《圣希多尼乌斯·阿波黎纳里斯诗篇》,原文本,《高卢史和法兰西史汇编》,卷一。

高卢各个城市，他们除了遍地掠夺，聚敛大量金钱、珠宝和家具，攫取漂亮衣服、俊美马匹和美丽女人，没有其他企图；正如古老编年史记载，以上物资又给他们带来忠诚果敢的将士、民心和资源。① 作为第一个战胜民族，他们通过征服特权，把高卢各地数量庞大的房屋土地据为己有，这些产业变成法兰克人的世袭财产，用他们的语言称作"al-od"②。有的城市也被认为是所持资产的一部分，当作私人产业来传承。拥有新财富令诸多勇敢的战士效忠首领，不但为其保管财物，还为其更进一步地获取财物，这就是法兰克人的政治策略。在物质利益的不断驱动下，他们全力以赴想收回已经转让的产业，抢夺从属的俸禄（fchods③）或土地军饷，也就是之前因服役而得的地产。

仅仅当生病和临终的时候，法兰克人沉迷物欲享乐的激情才会缓解，出于对基督教义的敬畏，加上脑海中有关父辈古老迷信的模糊记忆，他们感到极度惶恐。为安抚上帝，他们精细入微地服侍主，将金质器皿、紫红色华袍、骏马、土地税金献给教会。最后咽气前，他们慈爱地把从祖先那里承继的和自己增添的财产，全部分给儿子们。④这些儿子重演着老一辈的生死，每一代都照例分配家具、农田、城镇，除非有超出的进项，那么掌管家族事物的长辈就要预先调和后嗣们的利益索求。不论人们赞成与否，法兰克国王们临终前要为他们的孩子分配财产，因此，把瓜分国土看作是社会结构和公共权力的实际

---

① 格雷戈里：《法兰克人史》，原文本，《高卢史和法兰西史汇编》，卷二，第168页。
② 在古条顿语中，"od"和"ot"的意思是财富和产业，"al-od"字面上指全部财产。
③ 法兰克语中的"Feh"或"Feo"，指一切动产，如羊群、金钱，扩展意思就是"收入、军饷"，"feh-od"字面意思是"产业军饷"，源自拉丁词语"feodum"和"feudum"，而且关于法语中封地"fief"这个词，也出现很多无意义的论文讨论。
④ 旧条例，原文本，《高卢史和法兰西史汇编》。

解体,是错误的。6、7和8世纪的高卢法兰克人无法理解我们口中现代词汇的含义。在当时,分割国土基本不具有政治行为的性质,所谓君权分立这个意识的形成过程是长期的、潜移默化的。王室庄园遍布在整个被征服国度,并且其中大多数位于法兰克部落喜好驻扎的地区,当国王的儿子们接管了属于他们的那份遗产,事实上就自然地成为该地小业主们和周围驻军将士的首脑。① 如此一来,变成领袖只不过是与个人财富、动产或不动产的获得同时发生的情况,是继承遗产的结果,而非目的。国王的儿子们经常靠抽签来决定土地产权的分配,恰恰最有力地证明了这一点。大家脑海中从未出现分化行政管理及削弱王权威严的想法;即使在今天仍会发生抽签分配遗产的情形。法兰克王子们的言行也表示支持上述方法。他们似乎不太重视土地的多少,但为了夺取财宝和珍贵家具,往往疯狂地争吵。王子们觉得,赠与军官勇士们大量黄金珠宝,是成为像父亲一样君王的最有效手段,也就是说,让足够多的士兵决心支持自己,承认并宣布他们是未来的领袖。有时父亲刚闭眼,儿子们发现他临终遗愿无法满足自己,就抢夺死者的财宝,并尽可能带到他们分得的领地,用来招募新士兵,确保旧部忠诚。

这里有两个值得一提的例子,是561年克洛泰尔一世与638年达戈贝尔特一世②葬礼之后发生的故事。据当时的历史作家记载:

---

① 加洛林王朝有123处王室土地,它们位于比利时和莱茵河沿岸,基佐先生在他的《5到10世纪法国史论》(第123—127页)中讲述王室庄园的性质、来源和面积等有趣细节,我很想引用这部书籍,但只能像对马布利院长的著作那样附加一个简单的评论。
② 克洛泰尔一世去世之后,统一的王国被他的儿子们再次瓜分。613年由克洛泰尔二世再次统一,国王达戈贝尔特一世去世后,王国再次分裂。一般认为,达戈贝尔特于639年去世,此处作者所写的638年似为笔误。——译者注

第十封信　所谓君权分立

国王克洛泰尔在翠色森林①打猎,因发烧被送往贡比涅。由于重病折磨,他常常用日耳曼语说:"唉,你们认为天国的王就这样要让伟大的王死去吗?"②在克洛泰尔悲伤病逝后,他的四个儿子查理贝尔特、贡特朗、希尔佩里克和西吉贝尔特③把他的遗体隆重地运回苏瓦松,埋葬在圣美达尔大教堂④。待葬礼结束,希尔佩里克将存放在布莱讷王室庄园的宝物全部据为己有,用金银不断笼络最有权势的法兰克贵族,让他们听命于他。⑤ 接着他去占领了巴黎,但很快遭到兄弟们的联合驱逐。几个人随后按规矩瓜分土地和城市。查理贝尔特得到叔叔希尔德贝尔特的王国,定居巴黎;贡特朗得到叔叔克洛多米尔的王国,定居奥尔良;希尔佩里克得到他父亲的王国,把苏瓦松当作主要都府;西吉贝尔特得到叔叔提乌德里克的王国,定居兰斯。不久,西吉贝尔特与入侵高卢的匈奴人开战,希尔佩里克乘虚而入,占领了兰斯和其他一些城市,于是兄弟阋墙内战爆发。击败了匈奴人后,西吉贝尔特攻克苏瓦松,抓到希尔佩里克的儿子,把他关进监狱,转身来对付希尔

---

① 翠色森林指屈伊斯森林(la forêt de Cuise),又称贡比涅森林,是法国皮卡第大区的大型森林,靠近贡比涅市,位于巴黎以北60公里。——译者注
② 格雷戈里:《法兰克人史》,第四卷,第21节,原文本,《高卢史和法兰西史汇编》,卷二,第214页。
③ 查理贝尔特一世(Haribert, 521—567),法兰克王国墨洛温王朝的巴黎国王。贡特朗(Gonthrainn, 532—592),勃艮第国王。希尔佩里克一世(Hilperik, 526—584),苏瓦松国王。西吉贝尔特一世(Sighebert, 535—575),兰斯国王。——译者注
④ 圣美达尔大教堂(la basilique de Saint-Médard),557年奉克洛泰尔之命建造,保存着圣美达尔(Saint Médard)的遗骨。——译者注
⑤ 格雷戈里:《法兰克人史》,第四卷,第21节,原文本,《高卢史和法兰西史汇编》,卷二,第214页。(布莱讷[Braine]是法国皮卡区埃纳省的一个市镇,属于苏瓦松区布赖讷县。——译者注

佩里克，双方动武，西吉贝尔特再次获胜，夺回自己的城市……

达戈贝尔特死后，宫相丕平（Pépin）和其他的东法兰克贵族拥戴先王的长子西吉贝尔特为王。最年幼的克洛维，在母亲南蒂尔德（Nanthilde）辅政监督下当上西法兰克国王。西吉贝尔特立刻派人去见王太后和弟弟，索要父王分给他的那份遗产。科隆主教昆尼贝尔特（Kunibert）、丕平和奥斯捷尔的主要首领来到贡比涅，西法兰克人遵照克洛维的命令和宫相埃加（Ega）的意见，取出达戈贝尔特的财宝，一起平分。① 人们把西吉贝尔特那份运到梅斯；让他过目，并制订财产清单……

另外一种情况是，法兰克国王活着的时候会派他们的儿子驻扎到有大片王室庄园的地区。要么为了管理土地的开垦，收取款项，要么为了监视周边业主的行为，还或者是为了巩固加强他们对征伐地区的控制。该使命的家务性质多于政治性质，有时征得当地首领的同意，跟随王子的队伍十分壮观，总被历史作家们描述成朝廷的实际联盟、小国的正式割据。这恐怕又是因为古编年史撰写者滥用拉丁文的政治文书格式，令人产生了错误理解。归根结底，这是在儿子们享受父亲财产之前建立的一种关联，不过，私人事务的交接往往造成另外的影响。驻扎于广阔外省王室庄园的王子，与周围邻居业主们相识，轻松地赢得了他们的青睐，当王座闲置时，理所当然会成为优先于他人的领袖，用编年史撰写者的话说就是：众望所归。② 整个过程进行得

---

① 《费德加尔编年史》，原文本，《高卢史和法兰西史汇编》，卷二，第 445 页。
② 《费德加尔编年史》，原文本，《高卢史和法兰西史汇编》，卷二，第 435 页。

简单自然，没有节外生枝，不会出现路易十四时期的政权分裂。

分割国土的缘由澄清后，无论是按照法兰克国王的意愿，还是需要众首领开会讨论来决定的份额问题，都变得简单明朗。给自己孩子分发财宝或土地，国王不用征求他人意见：这是业主或族长的行为。但国王把土地财产交付给儿子，并希望当地将士们认同并奉其为新的领导者，就是至关重要、习俗上一定会询问的。于是编年史里记载了绝对权威和自由讨论的混合状况。

若用太过古老或现代的观念理解国王称号的词义，我们会错误地想象法兰克人的征服为整个高卢创建了统一的行政中心。然而，即使当克洛维的子嗣们观看阿尔勒竞技场的公共竞技，在马赛铸造金币时，严格地说，他们仅在卢瓦尔河以北、法兰克部落定居的地方，设立了行政机构。①

卢瓦尔河以南，所有管理方式都属于军事占领。为制造恐怖气氛，一队队士兵们去各地流动巡查，或是驻扎于城堡中勒索百姓，他们不参与政务管理，有的留给市政部门解决，有的让主教行驶父系专权。② 我们发现，如果同时有好几位国王，他们不会选择不同的省份，而是在相距几古里③处定都。除了战胜民族的殖民地，在他们眼中没有行政机构的高卢其他全部疆土，不过是一块属地。由此以来，60古里的范围内共设了4座都府④，实际上分割了从韦尔芒杜瓦至阿尔比，及从默兹河到阿尔卑斯山直至地中海的长形土地，甚至会将一座

---

① 原文本，《高卢史和法兰西史汇编》，卷二，第41页。
② 罗马帝国末期皇帝制定的法律，赋予主教极大的市政管理权力。这种权力随着帝国的衰落越发增强，转化为几乎无处不在的封建领主权。
③ 古里(lieue)是法国从前的长度单位，1古里约为4公里。——译者注
④ 四座都府为巴黎、奥尔良、苏瓦松和兰斯。

城市划为几块，并且奇怪的是，若我们仔细研究这些政治部署，就会发现国王们对产权利益的重视高于任何管理目的。

按都城一词的现代概念衡量，南部城市明显比北方城市宽阔干净，更适合作为首府，但国王们无意在隶属自己的南部城市建都。那些地方纵然代表着丰饶的物质资源，却是异乡的产业，改换环境会令他们觉得不习惯。墨洛温王朝国王中只有达戈贝尔特一世的弟弟查理贝尔特，到卢瓦尔河以南定都；这导致他占据北部王国的计划落空；两兄弟缔结的条约表明，法兰克人认为，管治殖民界区之外最大领地的查理贝尔特扮演了一个无足轻重的角色。①

请看历史作家的记载："克洛泰尔二世死后，他的长子达戈贝尔特召集所有奥斯捷尔(Oster)的部属组成军队。② 他派使节到纽斯捷尔和勃艮第，意欲让人推选自己为王。③ 达戈贝尔特到了兰斯，接近苏瓦松时，勃艮第的全体主教和臣僚向他表示臣服。纽斯捷尔大多数主教和部族首领都希望达戈贝尔特执政，与此同时弟弟查理贝尔特全力以赴想取得王国，但他缺少技巧手段，收效甚微。达戈贝尔特

---

① 虽然自克洛维的儿子统治开始，南部人和希腊人、意大利人一样，把整个高卢称为"法兰西""法兰西亚"，盎格鲁-撒克逊人和托堪的纳维亚人称为"法兰克大陆""法兰克人的土地"，但这个专称在法兰克语里，只适用于土地份额中的奥斯特拉西亚和纽斯特利亚。(奥斯特拉西亚[Austrasia]由法兰克王国墨洛温王朝东北部分构成，领土包括今天法国东部、德国西部、比利时，卢森堡和荷兰的领土，首府是梅兹或兰斯。纽斯特利亚[Neustria]是法兰克人在511年获得的土地，范围南起阿基坦，北至英吉利海峡，包括了现法国北部大部分地区，巴黎和苏瓦松均位于这一地区。——译者注)
② 《费德加尔编年史》，原文本，《高卢史和法兰西史汇编》，卷二，第433页。
③ 《费德加尔编年史》，原文本，《高卢史和法兰西史汇编》，卷二，第435页。纽斯捷尔(Neuster)，罗马发音和"Neouster"相同，似乎是法兰克语中表示否定的"ni"或"ne"与表示东部的"oster"组成的复合词。法兰克人在征伐年代称呼"东部和西部"为"东部和非东部"。

不仅继承了克洛泰尔的整个王国，即纽斯捷尔和勃艮第，还占有了父亲的全部财宝。① 后来，达戈贝尔特对查理贝尔特动了恻隐之心，依从幕僚们的建议与弟弟和解，并转让了足够维持生活的土地，即从卢瓦尔河南到比利牛斯山脉的国土，包括图卢兹、卡奥尔、阿让、圣特和佩里格。两兄弟签署了一份协定来承认这次转让，条件是查理贝尔特不能再索要其他国土。查理贝尔特便选择图卢兹作为都城，统辖阿基坦大省……"

墨洛温王朝②的国王对高卢土地的分割，除了卢瓦尔河北的奥斯捷尔和纽斯捷尔，或称东部王国和西部王国，没有一处是维持面积不变或以固定方式传承的。上述的转让是当时唯一一次体现出政权分裂性质的，类似两个独立国家并存。然而无论如何，法兰克早先的国王们不会突发奇想将王国一分为二，这件事的起因委实曲折。东部王国和西部王国似乎在字面上简单标注了两国地理位置的差异，对于法兰克人却意味着更深奥的区分。阿登森林③和埃斯科河流域④，构成东部王国的疆土，它由一个单独的部落控制——即使不是整个地区，也至少在南部与西部、自阿登森林直到布列塔尼人的地段占主导地位。莱茵河和默兹河间定居的法兰克人，又被称为"Ripewares"，这显然是一个拉丁词和一个日耳曼词构成的组合名词，指生活在河边的法兰克人，与默兹河和卢瓦尔河间定居的撒利族

---

① 《费德加尔编年史》，原文本，《高卢史和法兰西史汇编》，卷二，第435页。
② 从书写上严谨地说应该发音为"墨洛维因"，但是人们把它谐音化了。
③ 阿登（Ardenne）是位于比利时和卢森堡交界的一片森林覆盖的丘陵地带，并一直延伸到法国境内。——译者注
④ 埃斯科河（Escaut），发源于法国埃纳省，流经比利时，最终在荷兰注入北海，全长350公里。与斯海尔德河为同一条河流，在法国境内称为"埃斯科河"。——译者注

法兰克人虽然同属一个联盟,但不应被混为一谈。① 撒利族法兰克人是大入侵的先锋、从一开始就起主宰作用的部落,强迫其他部落接受他们的领导和策略。

克洛维一直扩张到南高卢后,突然转身对原先的战友开战,摧毁了一个又一个东边的法兰克国王。② 在强悍领袖和其子嗣统率下,法兰克联盟起初团结如一个民族。久而久之,由于古老族裔的精神和竞争意识,表面同力协契的高卢征服者们分裂成两大主要部落,它们在律法、习俗和语言方面也各有差异;高地德语(如果我们可以用这个现代短语表示)成为东部法兰克人的主要方言,低地德语则是西部法兰克人的习惯用语。东法兰克人处于高卢—法兰克帝国的边界,是帝国抵御其他日耳曼异教部族反复入侵的屏障,征战过程中他们产生了独立愿望,也想对南部的兄弟们发号施令。他们不仅试图摆脱统治,甚至要反过来成为联盟的首脑。实现这个目标必须先有自己的国王,奥斯捷尔的僚属殷勤周到——法兰克人这样描述他们,成群围绕在国王派来的儿子们左右,展现一种臣民的忠诚,或赞成或反对国王的意愿。他们甚至怂恿这些儿子们反叛来满足自己的民族自豪感,实现国家独立的期望。③ 敌对情绪引发的内战贯穿整个 7 世纪,到 8 世纪初,通过王朝的更换,终于成功反转,莱茵河人接替撒利

---

① 在 4 世纪和 5 世纪,"Ripa"曾经是莱茵河上的罗马城市,这个地理名称与条顿语"ware"("人")的意思连用,没有任何惊讶之处,因为其他相似的例子还有,苏维汇人占领多瑙河发源地附近的古波伊地区后,被称为波伊人(Boiowares),就是今天的巴伐利亚人。在英格兰肯特郡定居的撒克逊人,放弃了原有的名字,成为肯特人(Canlwares)。
② 包括科隆国王西吉贝尔特(Sighebert)和康布雷国王赫根纳尔(Roghenaher 或 Roghcnher)。
③ 参见《达戈贝尔特国王传》,原文本,《高卢史和法兰西史汇编》,卷二。

族人的统治,从此墨洛温王朝结束,加洛林王朝开启。

法兰克人东北部落与西南部落的这场斗争,前者必然能占上风,中央都府也会从塞纳河或埃纳河流域迁移到默兹河和莱茵河的地区。事实上,与罗马高卢的法兰克人相比,东部人口并不稀少:来自日耳曼的移民、所有寻求财富者,以及被新宗教吸引、决定投靠由基督徒君主统治的国度的人们,形成了密集群体,他们不喜游手好闲,对金钱和罗马风情也不太热衷。而纽斯捷尔人昔日争强好胜的侵略品性很快酿成私人恩怨,彼此疯狂掠夺,为了一个又一个战利品而争吵不休。富裕豪门,特别是王室,沉溺在无尽享乐和声色犬马中。真的可以说,历史上这些被称作"懒王"的墨洛维后人们,的确存心堕落放纵,任凭某些将领巧妙地掌控了王权;如果没有西法兰克国奢靡腐朽之风的泛滥,丕平这边的一切努力都是白费心机,永远做不到改朝换代。

加洛林王朝的第一位国王按以前君王的传统,把高卢纵向划分给两个儿子。仅仅这次划分,把奥斯捷尔和纽斯捷尔视为国家,把其他幅员辽阔的领土视为附属领土。赐给查理的西部王国,加入阿基坦大区,疆域一直延伸到比利牛斯山脉。赐给卡洛曼的东部王国,包括从莱茵河界至地中海的版图。卡洛曼去世后,东西王国的权杖再次合二为一,法兰克帝国的遗产划分不再墨守成规。① 纽斯捷尔失去主宰地位,也同时失去国家性质;在墨洛温王朝时期性质为属地的另一高卢行省阿基坦大区,新晋级到公国的行列。如此巨大的改变绝非偶然发生的,而是南部原住民怀着民族精神,对征服者政权强烈抵

---

① 768年,丕平病逝,故按照其遗嘱划分遗产,查理的弟弟卡洛曼在苏瓦松即位,查理也在努瓦永登基。(卡洛曼一世[Carloman I, 751—771],丕平次子,法兰克国王。771年,卡洛曼去世,查理合并了他的全部国土。——译者注)

制的一种反应。这个自由独立的公国——当然不是绝对的自由,虽然经常叛乱,仍作为一个有价值的、实际的王国传承给国王的子嗣们,令他们偶尔敢于同父王敌对。作为阿基坦的国王,查理大帝的儿子与达戈贝尔特一世的弟弟完全不同,他继承帝国后,阿基坦人民选他不愿任命的后嗣为王[1],引发了革命,经过漫长血腥的战乱,法兰克帝国终于解体;当然,加洛林王朝的分裂不应该归咎于君王们,这是民族精神的激励和广大平民百姓推动的结果,任何力量都无法抗拒。

---

[1] 781年,查理大帝平定阿基坦后,让尚年幼的路易担任阿基坦国王。路易一世成为神圣罗马帝国皇帝后,他的儿子丕平一世(797—838)当了阿基坦国王。838年,丕平病死,领地和爵位此前已被路易一世剥夺转赠给自己的小儿子秃头查理。但阿基坦公国的贵族不接受这一决定,继续拥立丕平年幼的长子小丕平为继承人。——译者注

## 第十一封信 查理曼帝国的分裂

如果您想了解继法兰克第一位皇帝去世以来的真实动荡情况，请先停止阅读，回想不久前法兰西帝国的衰落。当看到一半欧洲受同一家族统治，罗马、阿姆斯特丹和汉堡等地变成行政省会，您会相信帝国能长盛不衰？接着，战争所缔造的一切又毁于烽火，意大利人、伊利里亚人、瑞士人、德国人、荷兰人不再向同一位皇帝称臣，瞬间分裂，社会激荡，您不禁震惊慨叹？最后，您是否认为帝国的霸权性质导致了它的毁灭？倘若查理曼能活得更长久，或者他的儿子与他相似，那么我们猜测中的历史上法兰克人的称霸，同世人以及帝国创建者目睹的这场灾难，会不会形成一个鲜明对比？

也许，没有13年前格外悲惨的经历，我们单凭旧体制下的思维观念，无法识别导致这场政治运动或查理曼家族没落的真正原因。

很多历史学家引用孟德斯鸠①的话分析说,法兰克帝国政权的维持,是依赖国家法律的完备和秩序之井然,并且分摊给贵族们诸多琐碎事务来使他们无暇叛离,又或靠王公子孙的顺从。其实并非如此。查理曼帝国以武力迫使众异族一个接一个降服,而大部分异族的文明和技术却优于征伐民族。它的分裂与现代君主制的社会等级、贵族领主、其他阶层毫无关联。我们今天清楚,所有靠杀戮建立的政权,在整个疆域内会引发什么样的社会道德现象。为获得军事上的荣耀,不同民族的人民在征服者的旗帜下组成军队,比荣耀更持久的、受异族支配积累的深刻仇恨却悄然无息地增长,最终爆发,倾覆一切。人民一般不愿冒险,耐心等待每个可以反抗的机会,或是叛乱的借口,因此奠基人的死亡往往会给伟大帝国带来致命打击。由此引发人们对历史上公认杰出的君王子嗣们有许多苛责评判,但因他们懦弱导致帝国分裂的这种常态不是绝对的,比如正当壮年的皇帝就向我们证明了这一点,尽管他依然拥有军事才华和政治能力,却避免不了遭受废黜的命运。当然,人们不该把查理曼的子嗣视为伟大天才,举皇帝的例子是提醒历史学家不要只看王公贵族的政绩如何,还应从各方面考虑社会革命的原因。

认为大国的衰败总会造成社会无政府状态也是个错误观点。推翻一个政权常与社会秩序重建、人民自由独立、劳动力的恢复密切相关,而完成上述事宜需要长期努力,况且动荡中还有几代人丧生。假使欧洲列强在很短时间内停止对法国的抵御,假使战乱之后广泛的和平迅速到来,那么脱离帝国的国家一定会回归,可以这么说,旧体

---

① 孟德斯鸠(Baron de Montesquieu, 1689—1755)是法国启蒙时期思想家,也是西方国家学说和法学理论的奠基人。——译者注

制框架的大多数国家其实已习惯长期受控于一个政权。9世纪中叶的状况却不同，作为两大政治强权的高卢和意大利一起反抗条顿帝国（Teutskes或Teutons）①。自4世纪，两个国家的原住民与罗马帝国解离，并从那个时候起，与其说是被异族征服者统治，不如说是被蹂躏，失去了本民族传统。他们知道以往的任何政治体制都无法重现，只能自己创建：经长期顽抗、50多年战争，怀着对昔日祖国尚未磨灭的回忆，9个公国有的凭借天然屏障，有的因种族、语言或方言的差异，最终脱离新帝国而相继独立。② 令人深思的是，表面浑沌状态下，许多事件如同预先商妥般地按着某种规律向伟大的目标迈进，似乎由于战争造成的各种动荡，人民更遵从本能意愿，彼此自然脱离。皇帝路易一世（或路德维希）与儿子反目后，不知不觉中父子争斗引发民族内战，混居于高卢百姓间的法兰克人和留在日耳曼故土的法兰克人，产生了严重的政治分歧。③ 前者无视出身血统，关心被

---

① 这个单词的拼写，因为"d"和"t"的任意变化而有所不同，本是从"Teut""Theod"或"Thiod"衍生的形容词，在古代日耳曼人的方言中意味着"人民"。这个种族的所有部落，无论名字是法兰克还是阿勒曼尼、哥特、伦巴第等，原来都统称"条顿"（Teutske）。相对于外国语言，就是"民族"的意思。该词最初仅指语言，后成为组成法兰克王国所有部落的民族名称。拉丁词"Teutones"证明以前日耳曼人中至少有一部分人使用相同意思的名词"Teut"。（条顿人[Teutonen]是古代日耳曼人中的一个分支，前4世纪时大致分布在易北河下游的沿海地带，后来逐步和日耳曼其他部落融合。后世常以条顿人泛指日耳曼人及其后裔。——译者注）
② 9个公国是日尔曼尼亚、洛林、法国、布列塔尼、意大利、汝拉省外勃艮第、汝拉省内勃艮第、阿基坦和西班牙马尔凯。
③ 最初的法语历史作家引用了一些基本名词，如路易和克洛维，并在当时得到广泛应用。至于加洛林国王的名字，古代法兰克人在字母"l"和"r"前置的送气音被人们忽略，把"Hlodoivig、Hlother、Hrodehert"等写成了"Lodewig（路德维希）、Lother（洛泰尔）、Rodebert（罗贝尔）"。可以说是同一时期，人们在非重读音节中用哑音"e"替代了其他元音。

祖先征服的高卢人民，普遍联合起来反对皇帝，也就是反对高卢原住民的征服帝国。后者指所有日尔曼部落，甚至包括前法兰克人的敌人，全体条顿民族为了维护国家民族大义结成同盟，支持皇帝的权益，对抗高卢法兰克人和威尔士人①，即日耳曼人获胜后创立的强权。据当时人士说，皇帝路易一世猜忌高卢—法兰克人，只信赖日耳曼人。830年，参与调停父子关系的臣僚提议举行集会来达成和解，有不怀好意者将地点定在法兰西一座罗马式古城。同位历史作家写道："皇帝不以为然；他按自己的意愿将人们召集到奈梅根②，整个日耳曼尼亚③的人都前往加入，想援助皇帝。"④

不久以后，一直忠诚效力于帝国的日耳曼尼亚，因新任君主发生了民族分裂。路易一世临终时，让三个儿子洛泰尔、路易和查理平分法兰克国土。虽然洛泰尔获得了皇帝称号，条顿部族却更倾向于第二个儿子、头衔只是国王的路易。帝国对公国的支配问题很快激起兄弟间的武力冲突，内战刚爆发，东法兰克人、阿勒曼尼人、撒克逊人

---

① 威尔士人（Welsle 或 Welsche）是日耳曼人对所有西方人、布列塔尼人、高卢人或意大利人的称呼，他们把拉丁语叫"威尔士语"（welsche），把高卢原住民和居住在高卢的法兰克人称"威尔士人"。今天人们错误地用这个词表示野蛮，而在该词源起的语言中，它指有非常先进文明的民族。
② 奈美根（Nijmegen），位于荷兰东部，瓦尔河沿岸，靠近德国边陲，被认为是荷兰历史最悠久的城市。——译者注
③ 日耳曼尼亚（Germania）是古代欧洲的一处地名，位于莱茵河以东，多瑙河以北，同时也包括被古罗马控制的莱茵河以西地区。地名来自高卢语，由罗马共和国统帅恺撒最先使用，以指代莱茵河以东的居民，意为"邻居"。日耳曼尼亚地区分布着多个部落，以日耳曼人为主，同时还包括凯尔特人、波罗的人、斯基泰人和古斯拉夫人。——译者注
④《虔诚的路德维希传》，原文本，《高卢史和法兰西史汇编》，卷六，第111页。

和图林根人就站在了"恺撒"的敌对方。①

帝国的实际控制领域减至意大利、海尔维②、普罗旺斯,和高卢—比利时的一小部分,皇帝洛泰尔在莱茵河和易北河流域的支持者,同塞纳河和卢瓦尔河的一样少。他召见两个兄弟,他们向皇帝请求保证各自王国的和平安宁,洛泰尔说:"要知道,皇帝称号是至上权威赋予我的,你们该考虑一下什么样的权力和何等壮丽的版图才能与这个称号相符。"③如此傲慢的答复,确切地说是对两国独立诉求的公然驳斥。两兄弟对此做出可怕的回应;为了推翻查理大帝创立的政治体制,威尔士人与条顿部族后人在欧塞尔附近跟同一旗帜战斗,这便是著名的丰唐瓦之战④。联军怀着一种对宗教的崇敬准备迎战,当时的人们坚信这场交锋如同神的审判,除了解决家务争吵,一定还有另外的使命。

正义与和平的期望悉数破灭,路易和查理派人转告洛泰尔,

---

① 法兰克人将"Cesar"(恺撒)写成"Keisar",也用它表示皇帝。现代德语写为"Keiser"。
② 海尔维(l'Helvétie)是高卢的东部,目前瑞士的领土覆盖部分。——译者注
③ 《尼达尔传》,第二册,第11节,原文本,《高卢史和法兰西史汇编》,卷七,第22页。(尼达尔[Nithard,795—844],查理大帝外孙,查理大帝的女儿伯沙与安吉利伯的儿子,9世纪法兰克历史学家、编年史作家,著有《"虔诚者"路易的儿子们》。——译者注)
④ 丰唐瓦(Fontenoy)是法国勃艮第大区约讷省的一个市镇,属于奥克塞尔区皮伊赛地区圣素沃县。"丰唐瓦之战"(La bataille de Fontenoy-en-Puisaye),是"虔诚的"路易三个幸存的儿子于841年在欧塞尔附近的丰唐瓦—普瓦赛进行的战斗。840年,路易一世去世后,其长子洛泰尔即位,宣称自己是王国的最高统治者,同时支持侄子丕平二世继承阿基坦王国。洛泰尔的同父同母弟弟"日耳曼人"路易和同父异母弟弟"秃头"查理结成联盟,反对洛泰尔,展开内战,最终在841年的丰唐瓦之战中击败洛泰尔。842年,洛泰尔求和。次年,三方签订条约。——译者注

除了接受他们的诉求,没有更好的解决办法,否则,第二天正午时分,他们将带来万能上帝的审判。洛泰尔回答说他知道做什么,走着瞧吧,并像往常一样蛮横无理地打发使者离开。次日晨曦升起,两王从营地出发,派他们三分之一的军队占据临近洛泰尔营地的一处山丘;等到正午,洛泰尔果然不负约定前来。双方在一条小河边展开激烈而艰苦的搏杀……洛泰尔被打败逃离……作战结束,战场上,路易和查理讨论如何对待溃逃敌人。有些人满腔怒火、主张追击;另一些人特别是两位国王,对洛泰尔和他的部属动了恻隐之心……认为此刻应让对方见证上帝的怜悯。其余将士都同意放下刀剑,收缴战利品,将近中午才返回营地。两王决定隔天再到战场,这是个星期日,他们举行完弥撒,埋葬了忠诚的战友和狡诈的敌人,竭尽所能地救治每个伤员。两王传信给溃逃军兵,假若他们愿意重拾自己的信仰,所有的冒犯都将被原谅。因兄弟阋墙,基督徒相残而感怀悲伤的两王,向主教们询问如何措置。全体主教出席了评议会,会上宣布,神的判决已昭然证明,这次对战主持了唯一的正义,无论为哪一方出谋划策或直接参战,皆为上帝的意旨,都无可厚非。但是,如果有人凭良知醒悟到自己出于内心的愤怒、仇恨、虚荣,或其他的罪恶,来煽动或发起这场战争,就必须为其恶行忏悔,承担将受到的惩罚……①

特殊情况下两国人民暂时团结起来,以便将来能够各自彻底独

---

① 《尼达尔传》,第二册和第三册,原文本,《高卢史和法兰西史汇编》,卷七,第22、23页。

立,次年(842年),他们公开宣誓,正式建立联盟。路易和查理连同他们的军队聚集在斯特拉斯堡,一方为所有条顿部落,另一方为由法兰克领主指挥、来自北高卢的士兵,以及南部原住民首领统率的队伍。为了向人民表示他们所展开的战争不是一场政治游戏,两王发誓互相支持国家独立,一致对抗皇帝,绝不损害盟友的利益,私自与他休战。年长的路易首先向全军发言,他用条顿语①说:

> 诸位知道,自从我们的父亲去世,洛泰尔不断试图迫害我和我的这位弟弟,既然无法凭手足之情或宗教信仰等公正地维持我们之间的和平,我们最终无奈地请全能的上帝来审判,让每个人服从上帝的意旨。正如诸位所见,依靠上帝的怜悯,我们取得了这场战斗的胜利。他被打败,和属下到可去的地方躲避。出于手足之义和对经历苦难的基督徒们的同情,我们不再想追击消灭他们;不过和以前一样,我们要求自己应有的正当权利得到承认。然而他不接受上帝的审判,继续与我和弟弟交战;他放火杀戮,摧毁树木,让我们的人民遭受不幸。以上原因促使今天我们联合在一起;为了消除诸位对我们诚挚信念和坚实兄弟同盟的怀疑,我们在大家面前定下誓约。我们这样做并非偏私贪心;而是希望在诸位的帮助下,上帝会带给我们安宁,保证我们共同的利益。上帝保佑,若我违反了向弟弟许下的誓言,你们当中任何人都可以背离我,打破你们对我的承诺。②

---

① 《尼达尔传》,第二册和第三册,原文本,《高卢史和法兰西史汇编》,卷七,第22、23页。
② 《尼达尔传》,第三册,原文本,《高卢史和法兰西史汇编》,卷七,第26页。

待路易向那些以条顿语为母语的人致辞完毕,查理转身面对高卢军队,用罗曼语重复了刚才的话。① 9世纪的高卢方言泛称罗曼语,多种多样,南北两地差异尤其明显,查理选择了南部特有的方言,因为在离法兰克行政中心较远的地区,大多领主们已不懂征服种族的惯用语,讲的是民间语言。卢瓦尔河以北则不同,罗曼语过了近一个世纪才开始流行,并逐渐升级为政治语言,最终演化成我们现在的法语。当高卢—法兰克国王说完,日耳曼人国王提高了声音,宣读共同对抗洛泰尔的誓词,他这次不用自己臣民的惯用语,而以高卢罗曼语来博得新盟友的好感。以下是誓言正文,为了不至绝对日耳曼化,要按南部方言口音朗读:

"为了上帝的仁爱和基督的子民,以及我们共同的救赎,从今往后,望上帝赐予我智慧与力量,我将竭力支援我兄弟查理,通过一切方法帮助他,如同他扶持我一样,我们手足情深相辅相成。我永远不会蓄意与洛泰尔达成伤害兄弟查理的任何协议。"接着,查理用条顿人的方言逐字重复了誓言内容。

两位国王已彼此做出郑重承诺,说罗曼语的领主们,或其中之一代表众人,宣誓说道:

"如果路易坚守对兄弟查理的誓言,而我的主人查理违背之,且我或任何人都无法劝止他,我不会帮助他去反对路易。"②条顿人同样宣誓,只改换了名字的顺序。③

联盟条约签订后,人们举行了欢宴和军事庆典。将士们特别喜

---

① 《尼达尔传》,第三册,原文本,《高卢史和法兰西史汇编》,卷七,第26页。
② 《尼达尔传》,第三册,原文本,《高卢史和法兰西史汇编》,卷七,第27页。
③ 《尼达尔传》,第三册,原文本,《高卢史和法兰西史汇编》,卷七,第27页。

欢模拟实战中的搏击游戏,查理大帝经常命令不同国家的战士互相较量,比如东法兰克人对布列塔尼人,威悉河①畔人对比利牛斯山人。尽管某些入侵和叛乱曾引起国家人民之间的仇怨,但遵守这项能为他们谋求独立自由的条约的意念是如此强烈,过去的敌意荡然无存。在双方共同利益的促使下,各地人民似乎比臣服于一个政权更加齐心协力。"这是一个值得记载的盛会,"历史作家尼达尔评述道,"不仅规模宏大,还安排得井然有序。因为既往的军事集会上,即使参加人数不多、大家互相熟悉,也时有冲突发生,而在此背景复杂的庞大场合里却没有一个人负伤或受辱。"②

这时,皇帝洛泰尔在亚琛③的宫廷仍保持查理大帝式的豪华排场,他想利用政体机构的昔日权威争取高卢同日耳曼的支持者。他于摩泽尔④渡口布置了两个军团来阻挡联盟军;可是敌军刚临近,所有守军一哄而散。当得知两个弟弟已进入帝国都城,洛泰尔摘掉皇帝冠冕和珠宝,匆忙逃离。他带了很少的人先逃到特鲁瓦,又从那里跑到里昂,认为有罗纳河阻隔,可以从容不迫地从意大利和普罗旺斯招募新兵。但洛泰尔很快发觉,没有一个国家的人愿为皇帝的崇高事业献身;为了避免重新开战的风险,他派使者与两个兄弟议和。⑤

使者们说:"洛泰尔国王意识到他对上帝和兄弟们的冒犯,不希望基督子民之间有长久的不睦;他高兴地将帝国一分为三,不过,由

---

① 威悉河(Weser)是所有完全位于德国境内河流的第二长河。——译者注
② 《尼达尔传》,第三册,原文本,《高卢史和法兰西史汇编》,卷七,第27页。
③ 亚琛(Aix-la-Chapelle),位于德国北莱茵—威斯特法伦州的城市,靠近比利时与荷兰边境,是德国最西部的城市。——译者注
④ 摩泽尔(Moselle),莱茵河在德国境内的第二大支流。——译者注
⑤ 《圣贝尔廷纪事》,原文本,《高卢史和法兰西史汇编》,卷七,第61页。

于皇帝称号是父亲所赐,具有他们祖父在法兰克人王冠上增加的帝冕尊严①,如果路易国王和查理国王赞成,他想要更多,也就是说,除了意大利北部要属于他,他们至少还应留给他三分之一的国土,查理拥有阿基坦,路易拥有巴伐利亚;在上帝的指引下,每个人都合理管辖自己的领土;他们彼此将坚持友情互助的原则,在各自的疆域贯彻本国律法,缔结永恒的和平。"②

上意大利这个地区,是其居民遵循着某种民族精神拥护皇帝的唯一地区,在参照地理位置瓜分国土的最终条约里,意外地划分给了洛泰尔,这毕竟达到了原先发动战争的目的,以貌似割据实则不变的方式,维护了高卢的利益和日耳曼的权威。共有 110 位专员负责帝国的分割,国王"秃头"查理分得所有位于埃斯科河、默兹河、索恩河与罗纳河以西的高卢领土,包括西班牙北部直到埃布罗河的部分。条顿语区直至莱茵河与阿尔卑斯山,留给了路易。洛泰尔占据了从意大利到整个高卢东部,向南到罗纳河与阿尔卑斯山之间,向北从莱茵河到默兹河、默兹河与埃斯科河之间至这些河流入海口的领土。③在此狭长的疆域里,居住着四个讲不同语言的族群,把他们勉强划分到一起,帝国的统治是难以延续持久的;另外两个建立在不同民族和

---

① 《尼达尔传》,第四册,原文本,《高卢史和法兰西史汇编》,卷七,第 30 页。
② 《尼达尔传》,第四册,原文本,《高卢史和法兰西史汇编》,卷七,第 30 页。
③ 根据条约,加洛林帝国一分为三。兄弟三人在此之前已经割据一方:洛泰尔占据意大利、路易占据巴伐利亚、查理拥有阿基坦。洛泰尔仍承袭帝号,分得帝国中部地区,麾下领土在后来分为低地国家、洛林、阿尔萨斯、勃艮第、普罗旺斯、意大利王国(意大利半岛北部),称中法兰克王国,拥有亚琛和罗马两座帝国城市。路易分得帝国东部地区,即莱茵河以东和意大利以北,称东法兰克王国,即神圣罗马帝国的前身。查理分得帝国西部地区,即后来的法兰西,虽然丕平二世被推举为阿基坦国王,但后者完全处于查理的掌控之下,罗纳河以西全都归属查理,称西法兰克王国。——译者注。

原有国家基础上的王国,相比起来明显稳定。很可能就从那时起,人们称路易的国度为旧法兰西,查理的国度为新法兰西。① 至于洛泰尔的国度,因昔日政治势力过于分散,只能简洁地以其家族首脑的名字命名,该名字在古高卢北部某些省份一直保留着,洛泰尔子嗣的王国日耳曼语叫洛伦根里克(Lothennglie-rike),拉丁语叫洛泰尔尼亚(Lotharingia),洛林的名字也由此而来。

帝国的演变令人欢呼雀跃,当时为了自身利益或希望保持既定政权的人则苦恼不已,现代历史作家也总是表示遗憾。有些思想很开明的人难以理解政治对立的必要性,觉得各国无法延续君主制,目睹一个国家分裂成了三个,他们内心充满深切的悲伤和彻底的绝望。里昂大主教堂的副祭用拉丁文诗歌哀叹帝国的解体,在其中一些段落中,他表露出期盼查理曼政体永存和南部百姓臣服于日耳曼统治的纯真情感:

> 锦绣江山在璀璨冠冕照耀下蓬勃发展;同族臣民效忠于一位君主,每座城市有法官和律法。教规评议会巩固了神父的热忱;青年坚持研读圣书,孩童努力增进学识。敬慕畏惧,四方和睦;法兰克人的国家在世人眼里闪耀。异域的王国、希腊人、野蛮人和拉齐奥②的元老院,纷纷派来使者。

---

① 《圣高尔修士》,原文本,《高卢史和法兰西史汇编》,卷五,第 115、116 页。在英格兰定居的撒克逊人同样用老撒克逊(Eld-Saxne)称呼他们祖先移居的地方。有可能法兰克语中的"Alt-Franhen"替换了"Ost-Franken"。
② 拉齐奥(Latium)是今意大利的一个大区,其政府所在地为罗马。——译者注

罗穆卢斯①的都市，众国之母的罗马城，也向该国称臣；正是在那里，法兰克人的国王得到基督的厚爱，接受了来自教廷的冠冕。霸业的奠基者是多么幸运欣喜，他手握通往天堂的钥匙，让罗马变为帝国的城堡！② 这个伟大强权如今没落，同时失去它的荣光和帝国称号；不久前还紧密团结的国度一分为三，转为涣散的城邑；平庸之辈替代了英明君主，再没有人能够被敬为皇帝。他们只关心个人成败，不问公益，对一切贪婪不休，遗忘的唯有上帝。热衷聚集讨论的天主仆从，在割据状态下放弃召开会议；平民大会中止，律法废除，朝廷衰败，使团的访问徒劳无益，谁愿继续同多瑙河、莱茵河、罗纳河、卢瓦尔河、波河的人民毗邻？关系融洽的古老结盟，因契约打破，都受到纷争的折磨。究竟什么引发了上帝的义愤，降下这些苦难，回顾过去于事无补，惊惶思索愈发难过；庆幸的人称休战为众望所归，然而帝国瓦解仅带来空想的安宁平和。③

各国受利益驱使完成了独立，不过民众运动并没有就此停止。具有种族差异且应用多种语言的国家仍面临着分裂。新法兰西就处于这种境况：它的三个主要组成部分是法兰西、布列塔尼和阿基坦，这些地区的人民曾为抛开帝国的枷锁凝聚在一起，却依旧摆脱

---

① 罗穆卢斯(Romulus，约前771—约前717)与瑞摩斯(Remus，约前771—约前753)是罗马神话中罗马城的奠基人。在罗马神话中他们是一对双生子。他们的母亲是女祭司雷亚·西尔维亚，他们的父亲是战神玛尔斯。——译者注。
② 弗罗鲁斯：《对帝国分裂的哀怨》，原文本，《高卢史和法兰西史汇编》，卷七，第302页。
③ "有人为帝国的劫难欢喜，他们制定的条约不蕴含一丝和平的恩典。"弗罗鲁斯：《对帝国分裂的哀怨》，原文本，《高卢史和法兰西史汇编》，卷七，第303页起。

不了过去的民族独立意识。布列塔尼人自古与高卢—法兰克人为敌，比起法兰克—条顿人，他们更不愿受前者统治，很快就发动了叛乱。他们侵略所有邻近地区，抵至卢瓦尔河和维莱讷河，数次击败"秃头"查理的军队，直到他允许布列塔尼人占据入侵地，并承认他们的首领为国王，奉送权杖和王冠，他们才同意言和。① 讲南部罗曼语的阿基坦人步布列塔尼人后尘，致力于彻底脱离新法兰西的统治，恢复以前的自主性。居住于另一端、讲特殊方言的普罗旺斯人和阿尔卑斯山以外的民族，怀着同样目的反抗国王洛泰尔和他的子嗣们。图卢兹和维耶纳②是新民族运动的主要焦点，不止一次被国王和叛乱的军队围困、攻陷、收复。③ 南高卢人与日耳曼人时常联合抗击北高卢人，经过 45 年的混战纷争，888 年，自查理大帝死后的败落政权终于土崩瓦解。

如果说这场变革最主要深刻的原由，不是被征服地区未能很好地融合统一，而是异族间的彼此厌恶，那么其最终结果只会是各部族接连不断的相互入侵，绝非同民族间的挑选抉择、按血统或语言形成的彻底分裂。一切问题都应以开阔简洁的思路来解答。统治民族在每片宽广的份额封地上，人数众多，而少数异族仿若微弱星辰般围绕太阳这个万有引力中心，根本无力与之脱离抗衡。个别司法体系，远远达不到以往的效力，反而遭到新国家成立的痛击；获得独立的民众民族各异，却来自地理条件和谐的同一片疆土。

以阿尔卑斯山脉为界的意大利，与前附属区域脱离，成为日耳曼

---

① 参见《法兰西史汇编》，卷七，851 年及后。
② 维耶纳(Vienne)是位于法国东南部的一个小镇，位于罗讷河与基尔河汇合处，属于奥弗涅—罗纳—阿尔卑斯大区的伊泽尔省。——译者注
③ 《法兰西史汇编》，卷七，860—880 年。

觊觎者们争抢的领地,世代保持意大利人的风貌。① 在阿尔卑斯山脉,汝拉和莱茵河源头之间的整个地区,成立了新勃艮第(或上勃艮第)公国,定都日内瓦,所有国王在瓦莱州圣莫里斯②修道院加冕。第三个公国是以汝拉省、地中海沿岸和罗讷河为界的下勃艮第(或内汝拉)。阿基坦公国的公爵领地从卢瓦尔河延伸到比利牛斯山脉,首府普瓦捷。莱茵河、马斯河和索恩河的中央地带,坐落着一个不大的公国名叫洛伦根里克(或洛林)。最后,这些国家边界和下布列塔尼之间小小的一片土地上,有一个沿用众公国直属国家名字的法兰西王国,稳固地发展下来。③

法兰克帝国解体的时刻,严格地说才是法兰西诞生的时刻;与此相关的一切事件,我们理应认真严肃地探讨细节,加以关注,不要把它们视作不祥的因素来厌弃;正是这些事件为我们开启了历史的新篇章。我们旧时的体制、习俗和语言是政治变革的产物,第一次变革发生在罗曼语区与日耳曼语区,第二次在奥依语区④与奥克语

---

① 斯波莱托公爵和弗留利公爵(Le duc de Spolète et le duc de Frioul),日尔曼语为"Wido"和"Berengher",但人们用意大利语称为"Guido"和"Beringhiero"。(斯波莱托[Spoleto]是意大利翁布里亚大区佩鲁贾省的一座城市,位于亚平宁山脉脚下。弗留利公国是伦巴第人建立的公国之一,他们入侵意大利北部,征服奇维达莱后,阿尔博因国王将这片封地授予侄子吉斯夫,后者是第一位弗留利公爵。——译者注)
② 圣莫里斯(Saint-Maurice),位于瑞士瓦莱州(Valais)圣莫里斯区的核心城市。是以前古罗马的阿哥嫩以及中世纪的圣莫里斯修道院(现为瑞士知名的高级学院)的所在。——译者注
③ 《法兰西史汇编》,卷七和卷八。
④ 奥依语(langue d'oil),罗曼语族的一支,源自现在法国卢瓦尔河以北、一部分比利时和海峡群岛的地区,通常是指整个奥依语支的语言,但这片区域中很多人说的是法语。——译者注

区①。法兰西民族的摇篮,既非莱茵河之外的法兰克王国,也非整个高卢,它的范围仅限于默兹河与卢瓦尔河之间。处于古高卢疆域上各国中央的地理位置,从长远来看,为法兰西提供了入侵和吞并周边国家的一定优势。自10世纪起,法兰西的历代君王根据自身权力和外围力量的差别,都抱有扩张企图。经过数个世纪,法兰西通过战争,或依靠政治联盟,最终如愿以偿地并吞领土,成为现在的多民族国家,国家的统一不光标志着法兰克人和高卢人的混合共存,还体现了原先不同主权的集中以及外省语言、传统的相融。

---

① 奥克语(langue d'oc),印欧语系罗曼语族的一种语言,主要通行于法国南部(特别是普罗旺斯及卢瓦尔河以南)、意大利的奥克山谷、摩纳哥以及西班牙的加泰罗尼亚的阿兰山谷(Val d'Aran)。——译者注

## 第十二封信 对法兰克第二王朝的驱逐

有个非常明显的事实是,法兰西民族从诞生开始①,对统治北部高卢近一个半世纪的王朝一直流露着强烈反感。888年的领土革命运动明确表达了这一点,当时一个与加洛林家族完全无关的人被推上王座。这位安茹伯爵"强者"罗贝尔的儿子名叫奥德(Ode)②,或者以罗曼语发音为准,厄德。在法国历史上,比起法兰克国王,他才是应授予法兰西国王称号的第一人。为建立自己国家而斗争了50年的混合民族,舍弃合法继承人,选举厄德为王;他的当政,标志着第二

---

① 多数历史学家把西法兰克王国看作近代法国的雏形。888年,巴黎的厄德(Eudes de Paris, 860—898),即巴黎公爵、西法兰克侯爵、图尔和安茹伯爵"强者"罗贝尔(Robert le Fort)的儿子,被推选为西法兰克国王。同一天,他在贡比涅加冕。另一个被认为是"法国"开始的时间是许多中世纪历史学家所倾向的987年,那一年西法兰克的末代国王路易五世驾崩,统治巴黎法兰西岛的法兰西公爵于格·卡佩被选举为国王,建立法兰西王国,开始了直系的卡佩王朝的统治。——译者注
② 在所有日耳曼古老方言中,"Ode""Ote"或"Othe"指财富,罗曼语"Odes"或"Eudes"是主格,"Odon"和"Eudon"是其他格。

阶段内战的开启,经过一个世纪的战乱,查理大帝的族裔终于被彻底驱逐。这个血统纯正的日耳曼后裔,因往事和亲情同日耳曼母语地区关系紧密,被刚创建独立国家的法兰西人民视作脱离帝国的障碍。征服民族的惯用语言,很多城堡领主已废弃不说,却在王宫里沿用下来,而且法兰克皇帝的后代们以掌握这种祖先的语言为荣,喜欢听人朗诵莱茵河外诗人们的诗篇。① 他们的特殊习俗不仅谈不上增进了对旧王朝的尊重,还令广大人民感到奇怪和不快。人民担心国家独立能否持久不是没道理的,日耳曼人在整个西方的霸主地位虽然不复存在,但征服基础上的政治欲望很容易变成发动新侵略的借口,从而严重威胁法兰西;先与之为邻,接着就会把它当作第二个法兰克人的家园。新独立国家凭自卫本能要与强大的日耳曼人彻底决裂,永远剥夺他们干涉本国政务的一切权力。高卢北部的法兰克人领主们违反他们祖先对丕平家族的誓言,拥护一位撒克逊血统的人于贡比涅加冕为王,绝非任意妄为而是政治策略。② 选举结果很快得到承认,外号"糊涂王"或"昏庸者"的查理③被剥夺了继承权、正式下台,只

---

① "如这首凯旋曲,歌颂'口吃者'路易二世的儿子国王路易三世在索库尔安维穆附近战胜诺曼人。"以下是前四行:"我知道一位国王,他的名字是路德维希,自愿服务上帝,因为上帝予之奖励,等等。"参见《法兰西史汇编》,卷九,第99页及后。(索库尔安维穆战役[La bataille de Saucourt-en-Vimeu],881年,加洛林王朝路易三世和卡洛曼二世兄弟二人大胜维京人,战斗发生在奥尚库尔[Ochancourt]一带,今法国皮卡第大区索姆省的一个市镇,属于阿布维尔区弗里维尔—埃斯卡博坦县。——译者注)
② 原文本,《高卢史和法兰西史汇编》,卷九,第136页。
③ 史书拉丁文原文是"simplex(纯朴平凡)""stulius(愚蠢)",有时也用"sotttis(糊涂)"一词。("昏庸者"查理三世[Charles Ⅲ le Simple, 879—929]是西法兰克国王,他属于已衰落的加洛林王朝,是国王路易二世的遗腹子。其哥哥卡洛曼二世去世后,西法兰克贵族拥护"胖子"查理当国王,"胖子"查理被其侄子阿努尔夫推翻后,贵族们又拥护厄德为国王,直至厄德去世后,"昏庸者"查理才成为西法兰克国王。——译者注)

能去日耳曼国王阿努尔夫①那里寻求庇护。一位前历史作家写道："由于无法与厄德的力量抗衡,他去请求,甚至哀求国王阿努尔夫的保护。查理参加了沃尔姆斯②举行的公开会议,阿努尔夫接受他的许多礼品后,宣布查理才是合法的法兰西国王,命令摩泽尔河附近的主教、伯爵们帮助查理返回祖国并加冕为王,不过查理没有取得任何进展。"③

日耳曼人支持的加洛林一派,连一寸法兰西国土都未成功占领。查理等人多次被打垮,每次落败后就躲到国界以外默兹河的安全区域。终于,"昏庸者"查理依靠阴谋手段和日耳曼邻居在默兹河和塞纳河之间获得一些影响力:很多历史学家便称,塞纳河将法兰西分成两部分,查理北方称王,南部属于厄德。④ 抱有旧观念的日耳曼人,把威尔士人或瓦隆人⑤当作法兰克后嗣的臣民,参与莱茵河附近所有地区的王朝复辟之战。895 年,阿努尔夫的私生子、洛林国王茨温迪博尔德(Swintibold 或 Zwentibold)以支持王国利用合法权益的托词侵入法兰西。他率领日耳曼语区的洛林人、阿尔萨斯人和弗拉芒人联军直抵拉昂,但在厄德大军面前很快被迫撤退。⑥ 大张旗鼓的尝试就此失败,茨温迪博尔德返回日耳曼宫廷增援那时已篡位的阿努尔

---

① 阿努尔夫(Arnulf, 850—899),东法兰克国王。他推翻了自己的叔叔"胖子"查理后成为东法兰克国王。
② 沃尔姆斯(Vormes)是德国的一个小镇,坐落在莱茵兰—普法尔茨州的莱茵河左岸和西南部。——译者注
③ "查理无力与厄德抗争,他献给阿努尔夫大量财物,像哀求刽子手一样希望取得对方的庇护。"原文本,《高卢西和法兰西史汇编》,卷八,第 73 页。
④ "从莱茵河到塞纳河,是查理的势力范围;厄德统治塞纳河至西班牙的地区。"编年史简化版,《高卢西和法兰西史汇编》,卷八,第 253 页。
⑤ 瓦隆人(Wallons),是日耳曼人的一个分支。——译者注
⑥ 原文本,《高卢史和法兰西史汇编》,卷八,第 91 页和 249 页。

夫,厄德国王的地位日渐稳固,法兰克人承诺不再给垂涎王位者任何帮助。① 在对手活着的时候,查理实一无所得,直到国王厄德去世,王位继承问题才又被提出,皇帝重新归于法兰克国王子嗣一方。强大的帝国认为弱小的法兰西无足轻重,反而为对方的复兴做出了巨大贡献,尽管是以间接的方式。

898年,大多数曾排斥"昏庸者"查理的人拥立他为王,查理执政的前22年风平浪静。这些年间,为了找到新支持与自己畏惧的派系抗衡,查理把塞纳河口四周的领土权利交给诺曼人的首领罗尔夫(或罗洛,[Rolf或Roll])②,封公爵头衔;但在高卢境内建立一个新公国,久而久之,产生的效果与查理指望的大相径庭。诺曼底公国可以说变成了法兰西王国的侧翼保护力量,对抗日耳曼帝国及其附庸地洛林或弗拉芒的攻击。新公爵们既是手段娴熟的政治家又是不知疲倦的战士,立刻介入了王朝纷争。他们对查理曼后裔或其竞争对手的个人利益毫不关心,插手外国人内讧的目的是寻找机会向法兰西扩张,让头上这顶作为附属诸侯的桂冠变得更加独立。公爵们不如日耳曼国王在两派之争中民族立场明确,下定决心前他们犹豫了一段时间。第一任诺曼底公爵罗尔夫首先按照与"昏庸者"查理定下的联盟条约,支持他打击厄德国王的兄弟、922年被排外诸侯们推选为国王的罗贝尔(或罗德贝尔[Robert或Rodbert])③,虽然行动上有气无力。罗尔夫的儿子威廉(或纪尧姆[Wilhialm或Guillaume])④起初也遵循同样的政策;当世袭国王被废黜并囚禁在

---

① 编年史简化版,《高卢史和法兰西史汇编》,卷八,第249页。
② 这个名字看起来是"Rodulf"的缩写,罗曼语写成"Roul"或"Rou"。
③ 罗曼语主格是"Roherz",罗贝尔"Robert"是其他格式。
④ "Wilhialm"是斯堪的纳维亚语拼写法,日耳曼语写作"Wilhelm",意为"自愿的卫护者"。

拉昂,威廉宣称反对罗贝尔的连襟拉乌尔(或拉杜尔夫[Raoul ou Radulf])①被推选为王,后者同样仇恨法兰克王朝。没过几年,诺曼底公爵背叛了"昏庸者"查理,与拉乌尔结盟。930年,为谋取更多利益,威廉的立场又飘忽不定,他轰轰烈烈地支持查理之子、外号"海外归来者"路易东山再起②。

法兰西一派因为疲倦或谨慎,不和任何竞争者作对。新国王在一种世代相传的敬仰的驱使下,跨过莱茵河寻找伙伴,与当时最强大的、雄心勃勃的君主日耳曼国王奥托一世(Othon)③定下亲密盟约。这个盟约严重触怒了憎恶日耳曼势力影响的法兰西诸侯们。相互猜疑的加剧令和平化为泡影,940年爆发了持续50年的新内战。民族观念的代表巴黎伯爵于格(或于格斯[Hug或Hugues])④是塞纳河和卢瓦尔河之间最有权势的人,因领地辽阔,人们又称他"大于格"("伟

---

① 在古法语中,拉乌尔主格是"Raouls"或"RaoulX",其他格式"Raoul"。(拉乌尔[Raoul de France, 890—936],本是勃艮第公爵[921—923年在位],后成为法兰西国王[指西法兰克王国的国王,923—936年在位]。据资料显示,他娶西法兰克国王罗贝尔一世的女儿法兰西的爱玛为妻,在岳父死后,罗贝尔之子"伟大的"于格没有争夺王位的意愿,于是,拉乌尔以女婿的身份继承西法兰克王位。923年的叛乱中韦尔芒杜瓦伯爵赫伯特逮捕了查理三世并将他投入监狱,赫伯特娶的是拉乌尔妻子的妹妹法兰西的阿黛拉,所以他们是连襟。原书中可能将罗贝尔和赫伯特混淆,拉乌尔是罗贝尔的女婿、赫伯特的连襟。——译者注)
② "海外归来者"路易四世(Louis Ⅳ d'Outremer, 920—954)是西法兰克王国加洛林王朝的国王,他的父亲是西法兰克国王"昏庸者"查理三世,母亲是英格兰国王"长者"爱德华之女威塞克斯的艾吉芙。——译者注
③ 萨克森方言里的"otho""othe",和法兰克条顿方言"odo""ode"一样,意思是"富有"。词尾"o"属于最古老的写法。随后加字母"n"在日耳曼语中指外来语形式。以前人们把主格写成"Othes",谓格"Othon"。
④ 于格(Hug)意思是"深谋远虑者",罗曼语里主格"Hues",谓语格式"Huon"。

大的"于格)①。"伟大的"于格虽然不具备国王称号,却发挥了类似于厄德、罗贝尔和拉乌尔等对抗"昏庸者"查理的领袖作用,同"海外归来者"路易兵戈相向。于格的第一步,是要赢得对立阵营中诺曼底公爵的支持;他成功了,而且由于诺曼底人的参与,日耳曼的影响力也被压制。945年,国王路易四世和法兰克派系的军队一齐攻击小小的诺曼底公国。战斗中国王败下阵来,和他的16位伯爵被关入鲁昂塔,释放条件是路易交出囚禁在拉昂的法兰西派首领。②

为了巩固与诺曼人的新协议,"伟大的"于格答应把女儿嫁给他们的公爵。相邻两支由高卢人构成的军事同盟引起日尔曼联邦国家领袖国王奥托和弗兰德伯爵的注意。营救路易四世是开战的有利借口,不过两人抱着其他的打算。他们想把这个法兰西王国下的公国取缔,从而削弱诺曼底的力量:因为帮助盟友路易恢复统治后,作为回报,他们理应得到割让的领土,用牺牲法兰西的利益来壮大自己的国家。③ 日耳曼国王于946年发动侵略,历史作家们记录道:"奥托带领了32个军团直抵兰斯。法兰西派虽然羁押了一位国王,却没有自己的王,无法团结足够的力量击退外敌。日耳曼联军推进至鲁昂城墙下,'海外归来者'路易获得释放,可是这场辉煌的战果毫无决定性作用。诺曼底依旧保持独立,重获自由的国王成了孤家寡人,而且人

---

① "伟大的"于格,又称"大于格"或"于格大公"(Hugues le Grand, 898—956),西法兰克王国的贵族和权臣,法兰克公爵、巴黎伯爵,是法兰西卡佩王朝国王于格·卡佩的父亲。——译者注
② 原文本,《法兰西史汇编》,卷九,第12、44页。
③ "……路易得知两位卓越的领袖理查和'伟大的'于格因友谊联合在一起,害怕他们会将自己从国王宝座上赶下来,于是去联系弗兰德伯爵阿努尔夫。……盟友奥托国王,如果歼灭于格,诺曼底就能并入自己的领土。他毫不怀疑洛泰尔的王国能回到自己手中。"原文本,《法兰西史汇编》,卷八,第266页。

们把侵略带来的苦难归罪于他;不久他面临再次被废黜的威胁,回到莱茵河对岸恳请新的支援。"①

948年,日耳曼主教们按国王奥托的命令在殷格翰举行宗教会议,除讨论其他事项外,还要处理路易对于格的申诉。异域会议上,法兰西国王扮演了央告者的角色。坐在日耳曼国王旁边的路易,待教皇特使宣布教务会议方针后,站起来说道:"各位都知道,于格伯爵和法国其他领主的使者来海外地区找我,请我回到父亲遗留给我的王国。在法兰西所有将领的欢呼祝福声中,我接受了神圣的加冕。但于格伯爵转瞬背信弃义,把我监禁了一整年;直到交出忠于我的人们唯一占据着的城市拉昂的控制权,我才得以重见天日。如果有谁觉得,自登基以来降临在我身上的全部不幸是我个人过错造成的,我将时刻准备为自己辩护,要么由主教会议和在场的国王来判定,要么靠单打独斗来解决。"②不言而喻,诉讼对方的律师或决斗者都未出席会议,莱茵河外皇帝将判决这场国家纠纷;接着特里尔举行了另一次宗教会议,关于诉讼,皇帝的代表神父洛杜勒夫(Leudulf)宣判说:"鉴于路易国王的敌人于格伯爵对前者犯下的各种罪行,我们根据教廷既判案件的权威性,开除他的教籍,直到这位伯爵悔过自新,并令教皇使节充分满意为止。若他拒绝服从判决,就必须前往罗马请求赦免。"③屡次遭到恐怖侵略、坚持抗争的法兰西派,并不觉得教会的这项宣判算什么杀手锏。无论如何,法兰克王朝在被对手彻底推翻、维系北高卢和日耳曼的最后一根纽带断裂之前,平安度过了许多年。

---

① "国王路易希望奥托能帮助自己铲除于格一党。"原文本,《法兰西史汇编》,卷八,第203页。
② 原文本,《法兰西史汇编》,卷八,第202页。
③ 原文本,《法兰西史汇编》,卷八第175页。

954年,"海外归来者"路易去世,他的儿子洛泰尔①顺利继承王位。两年后于格伯爵亦去世,留下三个儿子,长子和父亲同名,承袭巴黎伯爵,人们称他法兰西公爵②。"伟大的"于格逝前,叮嘱儿子把诺曼底公爵理查德(或理卡德[Richard 或 Rikhard])当作家族和党派的卫护人。③ 法兰西派似乎一直沉寂到980年,这段漫长间歇里,不仅内战平息,国王洛泰尔受到国家精神感染,与强权日耳曼分道扬镳,还妄图把法兰西版图扩张至莱茵河。他出其不意地踏入帝国领土,以得胜者姿态走进亚琛宫殿。迎合了法兰西式虚荣心的冒险远征,遭到日耳曼人六万大军的反扑,集结了日耳曼人、洛林人、弗兰德人和撒克逊人的庞大军队在蒙马特高地唱起感恩赞经文。④ 指挥军队的皇帝奥托二世像往常一样,乐于侵略他国,不愿撤退。他在埃纳省通道被法兰西人击败,只得与洛泰尔国王休战,后者则有望重获失去的国土。编年史作者们认为这个条约总体上违背了法军的意愿,导致内讧再起,或者说国王和诸侯间的旧怨未消,又添新恨。⑤

洛泰尔与祖父、父亲一样,面临加洛林王朝不共戴天仇敌的威胁,绝望中把目光投向莱茵河对岸寻找支持。他将到手的洛林还给帝国,还放弃法兰西在该国部分地区的所有主权。一位作家写道:

---

① 洛泰尔(Lothaire de France, 941—986)是西法兰克王国加洛林王朝的倒数第二位国王,西法兰克国王路易四世与王后萨克森的格尔贝格之子。他去世后不久加洛林王朝绝嗣,被卡佩王朝取代,西法兰克王国成为法兰西王国。——译者注
② 于格·卡佩(Hugues Capet, 941—996),法兰西国王。是罗贝尔一世之孙,巴黎伯爵大于格之子。987年被贵族选举为法兰西国王,建立卡佩王朝。——译者注
③ 原文本,《法兰西史汇编》,卷八,第267页。
④ "……在蒙马特高地重复高唱赞美诗,巴黎人民和于格听到都惊讶不已。"原文本,《法兰西史汇编》,卷八,第283页。
⑤ "国王洛泰尔同奥托签订和约,违背了于格、他的兄弟亨利以及法军将士的意愿,把城市交还给了对方。"编年史,原文本,《高卢史和法兰西史汇编》,卷八,第324页。

"这件事令法兰西诸侯极为痛心。"①不过他们未用任何敌对方式来发泄自己的不满。经过近百年的失败尝试,诸侯们不愿再与统治王朝抗争,除非一定会赢。如果评判国王洛泰尔的所作所为,会发现他其实比两位前任更精明而有活力,也很清楚自己的艰难处境,知道克服那些障碍难如登天。983 年,趁奥托二世去世,其子尚未成年,洛泰尔突然终止与帝国的条约,再次入侵洛林;侵略为他带来了少许声望。但民族独立的期盼深深扎根于高卢—法兰克人脑海,他们不可能同这个早已被定罪的家族长期休战,消灭它势在必行。洛泰尔统治期间,无人公然反叛,他的威名却日复一日地没落,坦白讲,全部政权都转移到"伟大的"于格之子,即法兰西岛和安茹伯爵于格的手上,人们用当时的法语称他为卡佩(或查佩[Capet 或 Chapet])。"洛泰尔只是名义上的国王,"10 世纪最杰出的一位历史作家在信中写道,"于格虽未获得国王冠冕,却掌握实权。"②

987 年,洛泰尔之子路易五世早逝后,从接连发生的事件中,人们发现法兰西第三王朝创始者的野心和性格不可小觑。于格·卡佩筹划反叛查理大帝的后嗣,考虑自己和家族的利益当然甚于国家利益,坚持要求独立则是驱逐查理王朝的最后保障。而我们可以确信,一个世纪以来,"强者"罗贝尔家族传承的执政野心,始终依靠民族观念运动的滋养维持。编年史作家的表述固然陈旧枯燥,但仍提醒了我们,改朝换代不能看作私人事件。作家们认为,它意味着一种根深蒂固的仇恨,一项要把法兰克国王后裔从法兰西王国彻底铲除的长

---

① "考虑到自己的处境,洛泰尔把洛林交给奥托二世;法兰西诸侯们为此非常难过。"编年史,原文本,《高卢史和法兰西史汇编》,卷八,第 324 页。
② "洛泰尔徒有法兰西国王的虚名,于格才是无冕之王。"葛培特,原文本,《高卢史和法兰西史汇编》,卷十,第 387 页。

期计划。① 这场革命潮起潮落，造成诸多混乱，最后以和平方式结束。绝大多数领主和百姓拥戴于格伯爵；世袭王冠的垂涎者，在其竞争对手随着人民欢呼被推选为王，并于努瓦永(Noyon)②加冕时，身边仅剩几个朋友。

选举缺乏正当的法律程序，既没有投票也没有征求贵族们的意见，速战速决。因为显赫的声誉，于格·卡佩成为法兰西国王。于格来自日耳曼族，毫无王室血统，他家上至第三代前的起源模糊，查不到确定的族谱，因此有人指出于格不配当选，法兰西刚脱离帝国，复辟运动几乎同时发生。③ 编年史里未明确说明此事；我们也不该感到惊异。运动中的民众受莫名冲动驱使，本能地朝既定目标义无反顾前进，不会探询它的真正意义。他们以肤浅的方式，盲目地追随某著名历史人物的特殊利益需求。此人的声望让民众一听到他的名字就如同听到集结的号角，不需要任何言辞，只要振臂一呼，人们就蜂拥而上表示支持。

在历史进程上，第三个王朝的到来远比第二个王朝起始的意义重大；确切地说，它终结了法兰克人的统治，取代了以征伐建立的政权。从此，法兰西史变得简单明了；即使道德和文明各方面在继续演

---

① "……威望最高的于格·卡佩，致力将查理一族驱逐出法兰西……"编年史，原文本，《高卢史和法兰西史汇编》，卷十，第298页。
② 努瓦永(Noyon)是位于法国东北部皮卡第大区瓦兹省的一个历史悠久的市镇，属于贡比涅区。——译者注
③ "大于格是罗贝尔伯爵的儿子，罗贝尔当选为(西法兰克)国王后，在战斗中被撒克逊人杀死。在他之前的罗贝尔家族祖先难以查寻。"戈拉布拉·鲁道弗斯特，编年史，原文本，《高卢史和法兰西史汇编》，卷十，第5页。这是当时人所写的。两个世纪后，一位作家为这个家谱添加了一代，追溯到"强者"罗贝尔；但他说无法再往前查寻："然而他不知道更早的祖先。"出处同上，第286页。

化,但总是同一个民族的发展史。依靠民族相容的基础,新王朝和谐安宁地度过了多个世纪。人民有一种强烈的奇异预感,卡佩王朝的王位将长久传承下去。流言传自981年,还是巴黎伯爵的于格·卡佩,刚刚转移圣瓦莱里的骨骸,梦见圣人对他说:"因为你所做的事,你和你的子孙将七代为王,也就是永恒的国王。"① 每位编年史作家无一例外地重复这个民间传说,甚至包括那些不赞成改朝换代的少数人,他们觉得于格是个坏榜样,指责他背叛旧主,违反教规。② 社会等级较低的人们还普遍认为,新王室家族来自平民阶层;这个观点持续了数百年,对王室无丝毫不利影响。③ 同诺曼底结盟,卡佩家族得到了外界支持,一遭北方威胁,盟友就会帮助应对。

987年,加洛林王朝第四次复辟遇到种种难题④,神圣罗马帝国的公爵们灰心失望,他们拒绝派遣军队辅助垂涎王位的查理,即帝国宗主权之下的洛林公爵,前一位国王洛泰尔的兄弟。迫于国内拥护者甚少,查理只夺取了拉昂城,他依靠当地工事据守,直到被己方的人出卖并交给敌人。于格·卡佩把查理关进奥尔良塔,他在那里死去。出生在监狱的两个儿子路德维希和小查理,于父亲死后被法兰

---

① 编年史,原文本,《高卢史和法兰西史汇编》,卷十,第300页。
② "于格持续反对他的领主……不顾教会的规则……这是背叛。"编年史,原文本,《高卢史和法兰西史汇编》,卷十,第298页。
③ "百姓们相信于格·卡佩出身普通……"编年史,原文本,《高卢史和法兰西史汇编》,卷十,第297页。
④ 路易五世死后没有合法的继承人,所以他的叔叔、下洛林公爵查理便被推举为理所当然的王位继承人,因为他是加洛林王朝仅存的男嗣。但是,神职人员们,包括兰斯大主教阿达尔贝隆和日尔贝尔(后来的罗马教皇西尔维斯特二世)反对这一提议,他们赞成推举于格·卡佩,并说服了大家。——译者注

西驱逐,得到帝国的庇护和同族的亲情善待。①

法兰西历史上,路德维希与查理是最后适合用条顿语拼写的两个名字,该家族政权的颠覆,磨灭了昔日征战岁月的有关回忆,先是法兰克军兵——无论什么等级,彻底放弃了习惯语言,继而大领主们,最终王室也搁置不用。948年,殷格翰宗教会议上,路易四世向奥托一世投诉"伟大的"于格,有封教皇用拉丁文写的信,法兰西国王和日耳曼国王都看不懂,找人翻译成条顿语。② 但对于格·卡佩来说,这种翻译是否比拉丁原文更易理解呢? 自他开始执政,帝国、洛林和弗兰德的大公都要派翻译陪同去法兰西的使节。③ 从这时起,我们以法语名字取代日耳曼名;不过,需特别注意拉丁文编年史里的名称拼写不变。现代历史学家如果用法语错误地拼写法兰克时代的名字,称前两朝代的国王为梯叶里、路易和查理(Thierri、Louis和Charles),那他们也会毫无顾虑地把10世纪以后的名字写成阿尔贝里希、阿达勒希、贝德里希、鲁道夫、雷金纳德(Alberic、Adalric、Balderic、Rodolphe、Reginald)。罗曼语的特点是将日耳曼名字按相同方法更改和软化,与我们今天的发音非常接近,实际上法兰克王朝被驱逐之前,高卢居民言谈中已出现这样令人欣慰的改变:甚至更

---

① "他的儿子们被驱逐出法国,作为同族后裔受到神圣罗马帝国皇帝的慷慨接待。"编年史,原文本,《高卢史和法兰西史汇编》,卷九,第145页。
② "国王们听完这些翻译成日耳曼语的信件后……"编年史,原文本,《高卢史和法兰西史汇编》,卷八,第203页。
③ "大约1002年,洛林公爵提乌德里克……所有王子,尤其是他的表兄弟宗主,派驻法国的官员,因为知道法兰西国王用他懂得的高卢语言回答。"编年史,马比雍编,旧文集,原文本,1723年版,第391页。

早期的编年史中亦可找到些迹象。① 当法兰西成为只有一种语言的国度,语言上不再显现种族差异后,我们就应使用专门法语名词记载历史,还必须杜绝在缺乏科学依据和历史评判情况下采用的半日耳曼语、半拉丁文拼写,要照实写下面的名字:奥布里(Aubri)、鲍德里(Baudri)、欧贝尔(Aubert)、昂贝尔(Imbert)、蒂博(Thibauld)、希高尔(Rigauld)、贡杰尔(Gonthier)、贝尔杰(Berthier)、梅纳尔(Maynard)、保达尔(Bodard)、塞艮(Seguin)、奥杜恩(Audoin)、赫努夫(Regnouf)、昂古夫(Ingouf)、哈吉尔(Rathier)、哈图伊(Rathouis)。②

为了避免产生另一种困惑,南部名词我们按照阿基坦大区和普罗旺斯语言来拼写。10世纪末,民族的相互憎恶导致奥克语区与法兰西王国脱离,这也体现在德法两国,说瓦隆语(Wallons)和说洛林法兰克语(Thiois)之间有明显界限。③ 法兰西在努力对抗日耳曼人、维持自身独立的时候,试图扼杀建立在卢瓦尔河南、地中海沿岸的一些小政权。日耳曼人对被剥夺政权的高卢和意大利自称主人,法兰西人以法兰克征服习俗为理由,也声称对高卢其余部分、直到阿尔卑斯山和比利牛斯山下皆享有主权。历史上类似相悖的例子很多,统

---

① 日耳曼名字罗曼语化,也许可以这样说,在有关南方各省的历史文档里,很早就一致了。第二个王朝初期,阿基坦公爵的名字失去了纯日耳曼风格。直到9世纪末,北部高卢的人对此都不太敏感。
② 这些名字原来的拼写如下:Albrik、Baldrik、Albert、Ingbert、Theodebald、Rikhald、Gunther、Berthér、Maghenhard、Baldhard、Sigwin、Odwin、Reghenulf、Ingulf、Rather、Rathwig。
③ 这两个古法语单词"Wallons"和"Thiois"来自法兰克词语"Waîle"和"Teutske",以此来区分说罗曼语的比利时地区和说德语的洛林。"Walle"或"Wale"是名词形式,衍生的形容词为"walsk"或"welsk"。该词在《撒利克法》评注中是用来翻译拉丁词语罗马的。("Thiois"这个词今天仍然是日常用语,指中东法兰克方言,称为"洛林的法兰克"。)

治南部的愿望在新民族观念里，与北方的独立自主同样坚不可摧。每一次查理曼家族之外的人当选国王，自厄德到于格·卡佩，都会立即引发南部边境，即卢瓦尔河、维埃纳河或罗纳河流域的战争。国王拉乌尔发布的诏书表达了他的民族虚荣心，他称自己是"上帝赐予的法兰西人、勃艮第人和阿基坦人的国王，无敌虔诚的、享有盛誉并永远令人敬畏的、诸多阿基坦人和加斯科人毫无保留、甘愿臣服的君王"。①

为驳斥这些自夸狂言，阿基坦人和加斯科人在他们官方文书抬头加了一句格式语："在基督的统治下等待国王。"他们将那些违反世袭继承权获得王位的人通通定性为篡位者；而且，每一次查理曼后裔复辟在他们眼里依旧是异族政权。于格·卡佩登基的第一年，再次与普瓦图②开战，可是毫无收获。他被阿基坦公爵纪尧姆(Guilhem)③逼退到卢瓦尔河，双方展开惨烈的战斗，进一步加深了两个族群的仇怨。④南部各地首领不仅想保持独立，还向北方挺进。990年，佩里格伯爵阿尔德贝尔(Aldebert, comte de Périgueux)围困攻占图尔。担心局势又不敢出兵还击的于格·卡佩派人质问阿尔德贝尔："谁封了你伯爵？"伯爵的回答言简意赅："谁封你为王？"这个回答令17世纪的历史作家惊诧不已，把它评论成一种共和意识；其实它不含丝毫讽刺君主推选制的意思，仅仅表明佩里格伯爵的头衔显

---

① "他自以为形成权威完整的统治，哥特人与阿基坦人同时臣服。"《拉乌尔诏书》，编年史，原文本，《高卢史和法兰西史汇编》，卷九，第580页。
② 普瓦图(Poitou)，法国中西部的一个省份。——译者注
③ 纪尧姆四世(Guillaume Fièrebrace, 935—995)，阿基坦公爵、普瓦捷伯爵，他被认为是一个勇敢的战士，988年大胜于格·卡佩。——译者注
④ "法兰西与阿基坦之间的残酷战争让双方民族更加仇恨彼此。"编年史，原文本，《高卢史和法兰西史汇编》，卷十，第145页。

赫,与法兰西国王一样也是位君主。①

　　法兰西王国,若我们看它指代的真实民族含义,其最初面积不大,国土范围仅限于默兹河到卢瓦尔河,从艾普特河②和维莱讷河到古勃艮第山脉,国势相当弱小。但是,法兰西作为地处高卢中心的国家,从未后退过一步,反而接连扩张至两海沿岸。并吞的性质与法兰克人入侵不同,收效持久,因为法兰西人的目的不是单纯分享财富和土地,而是靠政策统治他们神往的地区。况且,围绕中央王国的洛林、勃艮第、布列塔尼和阿基坦各公国的国王称号都已不复存在,这偶然巧合的情况对和平兼并高卢土地十分有利。封建制度实行采邑土地分级管理,在兼并之前,习惯领主分级制的公爵和伯爵就明白,他们和有百合花徽章的邻居是不同等的。历史上外省的领地小国,只是从多个独立主权共存到融为一体的过渡形式。

　　我们不该因"封地"这个词,错误地认为卡佩王朝一帆风顺地把君主政权覆盖到整个古代高卢。无论用什么借口出兵征伐,他们都遇到当地人民的反抗,以及历史记忆、习俗和道德方面的抵制。直至16世纪,叛乱屡次三番地被击败,持异议不满的人民疲顿让步、屈服于统一政体之后,法国君主制才算正式建立。③

---

① 编年史,原文本,《高卢史和法兰西史汇编》,卷十,第146页。"那些拥你为王的人"佩里格伯爵说的这句话和历史上许多著名对答一样,是现代历史作家伪造的,荒谬的言论与法兰西人和阿基坦人原本对立的情形格格不入。
② 艾普特河(l'Epte)是法国河流,流经滨海塞纳省,属于塞纳河的右支流,河道全长113公里。——译者注
③ 《诺曼人征服英格兰史》,卷四,结束语。

# 第十三封信 公社的独立革命

现有全部中世纪政治术语里,"公社"(commune)一词也许最彻底地失去了原有意义。它的威慑力量几乎消逝,不再冲击人们的灵魂思想,仅指从属于相关部门的某个简朴的乡村地区;很多世纪以前公社蕴含的伟大精神,需要我们去努力重新理解。一些历史作家在叙述中用"独立自治"一词表达公社革命运动,完全没有体现其真正的特点。法国城镇残存的旧市政机构一直保留到1789年底,我敢肯定,这让想象力丰富的现代作家们极为沮丧,对各城市的初始状态和12世纪社会变革的性质产生了误解。我不知道他们出于什么想法,把自由民谦卑的请求、国王签署公社特许状的仁慈宽厚,突兀地与授予特许状的前因后果掺杂在一起。历史作家们没有详细讲述这些事件,单单满足于抄录不精确的论文片段。他们依据特许状上一般标注的"已授予"字样,把民众起义的成果归功于国王政绩,将一场最生机勃勃的民主精神运动篡改为行政改革。①

在目睹古老精神可怕觉醒之前、人民自愿服从社会秩序的时期，作家们有能力对反抗当权势力的起义、宣誓盟会，以及伴随着政治变化的一系列庞杂的废除工作，做恰当的描述吗？或仅仅是理解呢？怎样区分过去市政特权和现在中央政府主动对地方的授权呢？又如何避免因同一词语古今含义悬殊而造成的错觉？17世纪鲜为人知的一位历史作家，在那时算是非常聪慧了，他看见古老惯例中写道："如果一位领主对心腹说：来吧，和我一起，因为我要同主上国王抗争。"这似乎太奇怪了，历史作家简直不敢相信自己的眼睛。② 即使离我们年代最近的一些杰出思想家，由于缺乏对史学偏见的防范，也有严重的误解。

我列出所谓菲利普一世发给艾格—莫赫特居民的特许状作为证据，该特许状被列入《法兰西诸王法令汇编》(*Recueil des Ordonnances des rois de France*)第四卷，日期为1079年，实际上它是菲利普三世于1279年授予的；编者尽管有学识，却把他所在时代的王权观念，即法国目前的疆域行政权与1079年的混为一谈，而艾格—莫赫特城③

---

① 出于公正之心，我(本书作者)删除这句批评和许多其他关于西斯蒙第作品的批评。我认为这位作者找到了研究历史的真正途径；遗憾的是，梅泽雷、维利、昂格蒂耶和他们的弟子们所主张的那些观点仍然在公众当中盛行，这才是我要抨击的。(中世纪中，公社是民众成立的城镇自治机构，相当于某种集体领主制。公社以成员的共同宣誓[conjuration]为基础、以印章作为共同宣誓的证明和象征，公社官员由选举产生，在公社范围内执行自己的司法权，公社律法保障公社成员的和平自由，这种自治机构经常引起原领主们的不满、镇压，公社起义、取缔公社时有发生。——译者注)
② 雅克·勒瓦索(Jacques Levasseur de Néré)：《努瓦永教堂志》，巴黎，1663年。
③ 艾格—莫赫特(Aigues-Mortes)是今法国加尔省的一个市镇，属于尼姆区(Nîmes)。——译者注

是由圣路易于1246年才建造的①,这个粗略的错误未被及时指出。

有些现代史籍里,臆断、偏见导致的误解相比其他因素,更严重地歪曲了公社建立史。首先,作者对12世纪公社的看法极不准确。根据描述,人们想象的公社要么是大革命前一直存在的退化市政体制,要么是一个制衡的、独立自主的地方政府,与制宪议会计划创建的类型相同。人们还以为,外号"胖子"的路易六世出于善良和为自己的利益考虑,构思出一个计划,让索姆河流域到地中海沿岸的所有城市自治独立,并委托继任者们完成这崇高的任务。由此看来,路易六世即公社自治的发起人、自由民解放的守护神、第三等级的改革者。种种华丽的称谓甚至赫然醒目地出现在宪法序言里,不过这部代表最高政治权威的宪法毫无史学价值。②

为正确评价人们眼里倡导公社独立(该词过于谦虚)的路易六世,我们先回顾一下12世纪初,法兰西国王行使立法权的界限。摒弃一切想象,我们经验证发现,王权覆盖的那片国土只相当于法国现今疆域的很小一部分。索姆河以北是纯粹名义上的附庸,是弗兰德伯爵的领土,而洛林、勃艮第的部分地区,弗朗什—孔泰,多菲内则在神圣罗马帝国的主权控制下。公爵或伯爵管辖的普罗旺斯、朗格多克、吉耶讷、奥弗涅、利木赞(le Limousin)和普瓦图等作为独立公国,形式上承认法兰西宗主国,却经常任意改变立场。布列塔尼同

---

① 参见《法兰西诸王法令汇编》,第六卷,序言,第37、38页,和卷四,第44页。编辑赛库斯先生加入的卡片。
② 我们认为,虽然整个法兰西王国的主权由国王掌握,但在不同时期,我们的先辈毅然决然地不断修改行使权,路易六世执政时公社独立,圣路易和菲利普四世统治时期对上述权力进行了确认和扩展。(《1814年宪法》,序言)——这段话写于1827年。

样是一个自由公国;诺曼底隶属于英格兰国王,最后,安茹虽然向法兰西君王称臣,但任何方面都不受束缚。路易六世绝无可能向这些地区颁布创建公社的法令,人们对他的赞美期许,只局限在索姆河和卢瓦尔河之间。况且,国王若是公社的立法者,那么在整个广阔高卢、众多独立省份内的公社,比如南部的公社又如何创建呢?何况路易六世签署七八部特许状之前,南部独具特色的公社体制就已然存在。

没人提到阿尔勒、马赛、尼姆、图卢兹、波尔多、鲁昂、里尔、康布雷等城市,作家们忽略这些公社的历史和它们并不隶属于王权的真相,认定全部公社的创建都是国王个人作为。其实,通过征伐或条约将各地纳入法兰西国土后,统治者才在特许状上盖王室印玺,承认它们的自治,并非人们以为的创立之说。悠远的市政制度被描写成新近的权力转让,全部公社似乎皆为王室意愿的产物;而路易六世如前所述,身负创建者的荣耀。人们把博韦和努瓦永当作法国最古老的公社,至于这个观点的对错,要按12世纪时法兰西领土和今日延伸的疆域分别而论。

明白了路易六世立法影响力所达到的真正界限,我们接着探讨在此界限内,这位国王是否真如人们宣扬的那样创建了公社,而且组成市政机构是他本人的设想。表示赞同的人们基于一种先验论,认为路易六世专诚扶植自由民力量是为了制衡诸侯,实际情况则是自由民对创建城镇公社怀有强烈的意愿。我们若凭先验论还可以说,是路易六世创设了大部分事物的新秩序,赋予城市司法官员自由选举权、战争与和平时期的特权,和几乎全部古老共和政体[①]的特权。

---

[①] 中世纪历史作家有时会用"共和政体"表示公社。

第十三封信　公社的独立革命

然而，逻辑推理不等于事实，历史证明，中世纪伟大运动中出现的公社或共和政体，是居住在城市的商贩、手工业者的杰作，他们也是独立思想的代表和实践者。除了公文程式、签名和印玺，很难讲国王为大多数的公社特许状做出过什么其他贡献；律法规范是由各公社自己制定的。我们不应从历史作家的角度来考虑问题，要研究比较特许状才会更具说服力。

中世纪公社固然参照了罗马帝国末期市政体系，但后者依附中央集权，反衬着公社自建立时就展现的绝对自由和勃勃生机。对古老共和政体的热忱逐渐蔓延，在自由民数量众多、敢于同封建势力抗争的地区，爆发了革命。受这场政治运动波及的城镇居民们聚集在大教堂或集市空场，对着圣物发誓要互相支持，不允许任何人伤害他们当中的成员，或再把他们当奴役对待。昔日文献记载，公社通过这种誓约或"密谋"而建立。与宣誓有关的"公社成员"或"陪审员"等词语，在自由民眼中，意味着责任、忠诚和奉献互惠，用古典词语表达，即"公民"。①

为保障团体发展，公社成员组建民选政府，但起初比较混乱，后来遵循特定的规则，民选政府在某些方面类似于古罗马的市政机构，也有些方面截然不同。南部公社废弃"库里亚②"和"十夫长③"等头衔，采用"执政官(consul)"一词来称呼公社司法官员，令人回想起该词曾含有崇高的荣誉，北方公社的官员叫做"陪审员(juré)"与"助理

---

① 《公社特许状》，《法兰西诸王法令汇编》。
② 库里亚(curie)：古罗马城市的市政团叫"库里"，成员叫"库里亚"，每1库里亚包括10个氏族。——译者注
③ 十夫长(décurion)：古罗马城市议会中的成员，是地方上最有权力的政治人物。——译者注

法官(échevin)"，尽管后面的称呼来自条顿语，仍充斥着奴役的印记。①

新任市政法官肩负领导民众与旧领主不断斗争的艰巨使命，他们的职责是敲响集合自由民的钟声，鼓舞他们在公社旗帜下拿起武器。衰退的古老政体向新兴独创的机构过渡期间，为保卫城市，抵御敌对城堡的攻击，人们经常用辉煌宏伟的古罗马建筑材料修造围墙和塔楼。如今的阿尔勒城墙上，依然可见大量带有雕塑的石头，它们来自一个壮观的剧场，由于社会习俗变化和记忆的流逝，该剧场被闲置直至拆除。

南部高卢遗留很多古罗马城市，因离硝烟侵袭地或日耳曼统治区较远，人口不断增加，财富持续积累，它们的独立尝试即使不算最坚决彻底的，至少也是令人满意的。只有这些城市的自治共和，几乎达到每个公社憧憬的理想状态。但北方地区的公社独立斗争艰苦漫长，成功常常转瞬即逝。对北方城市不利的情况是，它们不仅被直属领主的权力操纵，还在法兰西国王或神圣罗马帝国皇帝的宗主权支配之下，受双重压迫。与领主强权抗争时，宗主国的遏制往往让胜利在望的公社重陷战火。弱小的法兰西王国第一批公社崛起过程中，国王们扮演的唯一真正角色就是干预。补充说明一下，国王对城市自治赞成或反对，要由(领主和公社)双方提供的献金决定。② 周旋于领主和公社之间的法兰西国王支持出价高的一方，区别是他们给公社口头保证或简单承诺，而援助领主时，他们会切实有效地行动

---

① "skepen"在法兰克人语的意思是"法官"。某些教令里拉丁语"scabini"("助理法官")被错译成日耳曼语的"scabin"。
② "王室承诺支持一方……敌对双方中任何一方都可以破坏不实的承诺。"原文本，《高卢史和法兰西史汇编》，卷十二，第252页。参见后文的"拉昂公社史"。

起来。

人们相信12世纪历史作家的记叙,"年轻的"路易七世①面对公社革命时,不太重视物质方面的索取。国王真正的原则是设法让组建公社的城镇尽快从属于王廷,在非王室领地的区域,纵然国王有成立新公社的意愿,一遇到自由民起义,他的态度并非总是不偏不倚。可能出于无法确认的动机,也可能顾忌教会,路易七世废除了一些已经签署的特许状,并强行取缔付过献金的公社。来之不易的自由被剥夺后,悲愤驱使下的自由民奋起反抗,路易七世便严厉残酷地实施镇压。② 下面一段故事时常被当成王室倡议公社独立的证据引用,在我看来是个非常糟糕的例子:

> 欧塞尔③伯爵盖伊(1167年)征得国王的同意,要建立一个新公社,主教却强烈反对,并在王室法庭上争辩说,这项计划不仅有风险,还要花很多钱。此举招致国王"虔诚者"路易的不满,国王认为每一座成立公社的城市都属于王室,指责主教妄图夺取欧塞尔传给他的继承人。国王和议员们对诉讼讨论了很久,核查了特许状和欧塞尔教会的特权,最后一大笔献金令他们的态度缓和下来,主教赢得了诉讼。国王发出诏令,上面注明没有主教的承认和允许,伯爵及任何其他人都不能擅自在该城建立公社。④

---

① "年轻的"路易七世(Louis Ⅶ le jeune, 1120—1180),卡佩王朝第六位国王。——译者注
② 参见后文的"桑斯和维泽莱公社史"。
③ 盖伊·德·讷韦尔(Guy de Nevers, 1131—1176),讷韦尔、欧塞尔和通奈尔(Tonnerre)伯爵,是纪尧姆三世的儿子。
④ 原文本,《高卢史和法兰西史汇编》,卷十二,第304页。

法兰西国王们如果像人们相信的那样，真的充分支持组建公社，我们应该能看到王朝领地内城市公社以鲜明夺目的方式表现独立。可是，王国内最繁荣的城镇中没有一座获得过直属领主城镇那样的完全自治；每次策划的起义都很快被比大领主们更强悍的力量挫败。巴黎从未成立过公社，只有无政治头衔的行会和自由民的司法组织。奥尔良曾在"年轻的"路易七世授意下组建公社；但军事处决和残酷责罚，引起"闲汉们的疯狂行为"，《圣德尼编年史》的作者们描述道，"他们打着公社旗号插槽反抗，公然和王廷作对。"①

我们推翻了国王们是公社革命倡导者的观念，还需明确一点，他们没有破坏以后陆续并入到自己领地的、原直属领主城市的公社，尤其在 14 世纪之前；国王们知道，扼杀萌芽状态的自由要比摧毁获得已久的自由容易得多。承认朗格多克城的共和政府，在征服该地初期是维持胜利成果的迫切需要。承认诺曼底、安茹、布列塔尼、吉耶讷和普罗旺斯的主要公社也是如此，国家不愿冒险武力攻击，先表示尊重这些地方特权，再长期不断侵蚀破坏、一步步取缔公社。至于法兰西第二和第三等级的城市，国王们显出相当的慷慨，仅收一点钱便授权成立公社，不担心它们会利用特权宣布独立，因为此项权力和今天的大同小异，不过是名义上的自由，很难获得尊重。此外，国王们爽快地把公社称号给予无关紧要的村镇，对较大的城市则固执地加以拒绝。

加蒂奈的洛里斯②就获得了比奥尔良更广泛的特许权；不过后者

---

① 《圣德尼编年史》，原文本，《高卢史和法兰西史汇编》，卷十二，第 196 页。
② 洛里斯（Lorris）是今卢瓦雷省的乡镇，位于加蒂奈（Gâtinais），加蒂奈是一个自然区域和古老伯爵领地，延伸到卢瓦雷（卢瓦尔河谷中心地区）、塞纳—马恩省和埃松省（法兰西岛）和约讷（勃艮第—弗朗什—孔泰）等地。——译者注

市民数量众多并且富有,他们实际享有的权益远远超过国王承认的限制,洛里斯人却由于软弱而完全依附王室官员的掌控。总之,洛里斯公社在整个发展过程中一直受到王权公然的束缚,不得不放弃既定的权利。公社叛乱之后,又通过和谈合法化,自由民的独立自治运动成为社会的推进力,若用现代语言表达,它符合时代的需要,当没有迫在眉睫的危险时,统治者表面授予自由民极大的恩典,为的是暗中的物质利益。因此13世纪期间,王室和领主颁发了大量的特许状。革命有条不紊地持续进行着,未遭到执拗的反对,除了某些高级神职人员,教会这个群体在各处都拥有世俗的封建主权,法兰西北部公社史上就出现过自由民与神职人员激烈斗争的情形。

最自由解放的公社通常于成立时承受了较多痛苦和牺牲,而某些地区不费吹灰之力取得的赠品般的特权,既微不足道又有保留。自由民团体的政治地位呈现了一系列等级和差异,高等级别的比如共和城市图卢兹,作为国王的盟友,拥有军队,可行使一切主权,又比如国王和领主们设置的收容所、奴隶流浪汉的汇集地区,这些收容所逐渐演变成许多新的市镇,周围领主的农奴也纷纷逃到这里,人口快速增长。12世纪的一位作家批评路易七世创建过多的新城,却缩减了教会和骑士的继承产业。① 在靠近桑斯的新城勒鲁瓦②,司法行政官员和附近修道院的人为此争吵不休。低级公社的管理部门总要服

---

① "确定的是……新建的城镇,有许多教堂和士兵,那些寻找庇护之地的人,不必担心产业继承问题。"《路易七世传》片段,原文本,《高卢史和法兰西史汇编》,卷十二,第286页。
② 桑斯(Sens)是法国勃艮第大区的约讷省的一座城市,约讷河和瓦讷河在此交汇。新城勒鲁瓦(Villeneuve-le-Roi)是今法国法兰西岛大区瓦勒德马恩省(le département du Val-de-Marne)的一个市镇。——译者注

从国王或领主任命的执行官,仅能确保居民享受一点儿民事权利,但这已足够吸引流动工匠和小商贩、成伙的农奴和有资产者到此安居。因为城市的出现不在规划之内,创建者重新编写了授予新居民的公民权益条文,又盖上印玺。公布范围也很广泛,以便让所有想成为居民或业主的人了解该城花费低廉与合理的赋税。这里有一个特许状的例子:

本人特鲁瓦伯爵亨利,为住在塞纳河桥附近、通往比尼桥公路的新城居民制定以下条例,望广而告之:

在上述城镇居住的人每年须支付 12 德尼尔(denier)①,为自己的居所支付 1 米讷(mine)②的燕麦;如果他想要一份土地或牧场,每阿庞(arpent)③应支付 4 德尼尔的地租。住房、葡萄园和牧场都可以出售或按买方的意愿转让。如果不是我率领军队(ost),男性居民不需要入伍或参战(chevauchée)。④ 另外,我承认该城公社六位助理法官的管理权,在诉讼中辅助我的司法官吏。

我禁止领主、骑士或其他人以任何理由带走该城的新居民,除非居民是他的部从,或无法交纳拖欠的税赋。签于外省,耶稣纪年 1175。⑤

---

① 德尼尔(denier):法国旧银币。——译者注
② 米讷(mine):法国旧时的一种容量单位,用于量谷物等,约 78 升。——译者注
③ 阿庞(arpent):法国旧时的土地面积单位,约合 0.4 公顷。——译者注
④ 封建时期的军队"ost"和骑马远行"chevauchée"是服兵役和战争的代名词。
⑤ 《法兰西诸王法令汇编》,卷四,第 319、320 页。

# 第十四封信
## 公社革命之旅——勒芒和康布雷公社

11世纪下半叶的历史文档里第一次介绍了城市公社的创立，但因为内容不完整，无法确定这场变革最初发生的地区。具有古罗马市政体制的城镇，可谓星罗棋布，它们成为市政解放的策源地，变革时而在城市之间推广，时而于数个村镇同步展开，飞速蔓延至整个罗曼语区，但不包括摩尔人征服盘踞的西班牙，或者说欧洲运动以外的地区。① 我们提到过的原住民，被征服者的强权压制了近五百年，他们积极努力地想摆脱这样的统治。昔日的种族区别已经淡漠，道德风尚的差异于某种程度上取而代之：无视生命、对百姓强取豪夺、热衷权力和战争，是贵族领主和高级神职人员的显著特征，带有日耳曼的民俗印记；辛勤劳作的城镇居民，则把工作的乐趣和社会平等的模糊意识，视作残余的古代文明。在抵抗法兰克皇帝的民族运动过程中，自由民或罗马人（在9世纪，两个词是同义词）萌生了一股精神力

---

① 参见《对法国历史的思考》，在该书第五章，我就12世纪市政革命做了简要介绍。

量,两个世纪后,新的革命爆发时,由于这种力量,封建军事统治势力从平原属地上的某些城镇被迫或自愿撤出。

如果仔细分析中世纪市镇自治和当代宪政革命,两场运动的外观和发展上有惊人的相似性。相比18、19世纪的社会转变,12世纪的政治改革虽然是在各个地区内进行,仍显得生机勃勃、影响力非凡,每个参与者都身份相同,有一致的利益追求和信念。一场现代革命足以覆盖全国,中世纪公社的建立则需要数以百计的革命,所有城镇必须为它们的不同命运和利益努力,抓住一切抗争机会。中世纪城镇和现代大国都附庸于帝国,它们的革命形式多种多样,人民希望推动彻底全面的改革,又都无力实现。不了解希腊或罗马历史的11和12世纪自由民,无论居住的城镇隶属于国王,或伯爵、主教、修道院院长,他们皆渴望建立共和政体,固有政权的反击使城镇退回到原来状态。自由民和原政权两派为保持均衡,组建混合市政体系。这类情况在法兰西北部极其普遍。经特许状确认并宣称其权力不可侵犯的新机构,很快如现代政体一样饱经沧桑,一次次改组、取缔、重建;领主和城市也常常违背或逾越特许状的规定。对比12世纪的市镇独立和今天的宪政革命,除了上述的广泛性和渐进性,我们还观察到它们发生的时代、原因和引起的政治后果截然不同。相隔如此久远的两场运动,以不可抗拒的力量向各地蔓延,我不想把其中的革命思想起源,勉强归纳出公式。中世纪公社革命的目的是追求自由,人民饱含热忱,勇敢面对一切危险和苦难,不过,他们向往的自由是针对物质方面,也就是说可以随意来去和买卖,有自己的住宅,子孙能够继承遗产。独立自主的首要愿望鼓舞人民从蛮族入侵、罗马世界被吞噬的动乱中走出,他们的最终需求和努力目标是人身安全、生活安宁、有权获得并保留财产。明智的人们认为,以上这些是最基本的生活条件。自由民经历了种种苦难，希望建立的不过是目前欧洲的市镇体制，有简单的司法治安维护各阶层百姓安全，而不需要特许状或自由宪法来保障。

人民和王权的冲突是现代革命爆发的根源，12世纪的公社解放运动却与此不同。直属国王的城市非常少，大多数村庄为诸侯或教会的产业；主教城市则全部或部分受主教统治。有时世俗贵族、邻区古城堡领主会与高级神职人员因主权问题及城市其他地方的管辖权争吵；有时驻扎在圆塔里的国王司法官员率军队向百姓征收主教和世俗领主各自制定的捐税之外的贡金。幸运的是，三股势力之间矛盾重重。城内街区发生的起义经常得到附近领主的支持，因为当居民们作为一个政治团体，向某位贵族提供金钱，大多情况下他不会拒绝他们的要求。欧塞尔公社成立时，尽管该城主教和亚眠主教联合反对，伯爵却站在自由民一方。12世纪，今法国南部尚不属于王国范围，那里的主教们往往是自由民的朋友和公社的保护者。但在法兰西本土的勃艮第和弗兰德，主教们仰仗国王撑腰，或单独依靠武力和教会绝罚来抵制公社，战争足足持续了3个世纪，以市政特权和领主主权同时毁灭而告终。

产生南北差别的原因是法兰克人从未完全征服南部高卢，当地主教的世俗权力与北方相比，没有被诸侯和征服种族同化，保持着较多司法性质。日耳曼入侵的痕迹，越接近莱茵河越明显，滥用武力更广泛，领主权力更专制。只要不是骑士就会被当作农奴看待，主教们在筑有雉堞的宫殿，居高临下地用这个屈辱性称号形容大主教区城市里的每位居民。主教们的自命不凡，完全不符合现实；自由民经常暴动，组成同盟一齐进攻、防御，以证明乡间奴役制与城市无关。互助同盟被称作"协会"或"公社"，起初是临时性的，接着成为永久性的,自由民设置司法管理机构来保障这些公社,完成了变革。12世纪的一位教会人士写道:"'公社'这个可憎的新词语,它包含的意思就是,每年纳税人只向他们的领主支付一次租金。若纳税人犯了罪,按照法律付一笔罚款就能脱罪;我们按惯例向农奴征收税金,公社成员却不用交纳。"①

因此,七百年前的"公社"一词,代表一种保障制度,类似我们今天理解的"宪法"。当今各种宪法踊跃而出,公社也一样,早期成立的公社在各方面被后来的公社仿效,正如西班牙宪法是1820年那不勒斯和皮埃蒙特两部宪法的模型,拉昂公社参照圣康坦和努瓦永公社组建,拉昂特许状则成为克雷斯皮莱纳②和蒙蒂迪尔③的特许状样本。④苏瓦松特许状应该是名气最大的特许状,被菲姆⑤、桑利斯、贡比涅和桑斯等公社一字不差地抄录。这部特许状的影响力扩展到勃艮第,第戎市民想放弃旧的市政体制,并采用它。为这次改换,他们争得了伯爵的同意,还议定,新特许状有法兰西国王的保证才安全可靠。菲利普·奥古斯都对此请求的授权条文如下:

> 以圣父圣子圣灵的名义,阿门。菲利普,上帝赐予的法兰西国王,致吾忠实的亲戚、勃艮第公爵于格和现在与将来的所有臣

---

① 吉贝尔·德·诺让,原文本,《高卢史和法兰西史汇编》,卷十二,第250页。
② 克雷斯皮莱纳(Crespy-le-Neuf)是法国奥布省的一个市镇,属于奥布河畔巴尔区(Bar-sur-Aube)苏莱内迪伊县(Soulaines-Dhuys)。——译者注
③ 蒙蒂迪尔(Montdidier)是法国皮卡第大区索姆省的一个市镇,属于蒙蒂迪尔区蒙蒂迪尔县。——译者注
④ 关于西班牙宪法、那不勒斯宪法和皮埃蒙特宪法,请查阅"欧洲1848年革命"。
⑤ 菲姆(Fismes)是今法国马恩省的一个市镇,位于该省西部,属于兰斯区。——译者注

民,同意永远授权第戎人民建立一个苏瓦松模式的公社。除了他们以前拥有的自由,公爵于格和他的儿子厄德发誓维护和保证该公社的权力不可侵犯。根据他们的要求和意愿,通过以下条文吾保证:

  如果公爵或其任何继承人要解散该公社,或背离法规,吾将竭力监督调查;如果他拒不遵守吾责求,吾将捍卫百姓安全和自由民的财产。若收到这方面的投诉,吾在四十日内,依照王室法院的判决,责令弥补因违反特许状对公社造成的损害。[①]

  从第一部法兰西市镇特许状的制定开始,几乎没有一个城镇萌生过改换的念头,当然,良好的周围环境尤其能促进公社的发展,但有时附近城市的叛乱会如火灾般蔓延到其他公社,有时授予某公社特许状反而引起外省动乱。圣康坦公社和努瓦永公社,一个由伯爵授权,另一个为主教创办,它们的建立竟引发了最血腥的拉昂革命。拉昂的失败立即波及了亚眠,继而是苏瓦松和兰斯,不过,拉昂的打击面截至在卢瓦尔河以北法兰西境内的公社;勒芒和康布雷公社创建时,两个城市均位于法兰西国境之外,前者由诺曼底公爵掌握宗主权,后者隶属于皇帝。

  勒芒[②]公社史与1066年著名的诺曼人征服英格兰密切相关。被强大的诺曼底和安茹公国包围着的曼恩伯爵领地,似乎注定交替陷入两个霸权的掌控。虽然地理位置不利、力量对比悬殊,勒芒人民仍

---

[①] 为了避免重复相同的公文,我在这里合并了菲利普·奥古斯都的两封信,参见《法兰西诸王法令汇编》,卷五,第237页。
[②] 勒芒(Le Mans)是位于法国卢瓦尔河地区大区萨尔特河畔的一座城市,也是萨尔特省(Sarthe)的首府。——译者注

坚持不懈地为恢复独立、重建国家而积极战斗。私生子威廉公爵①入侵英格兰前几年,曼恩伯爵埃尔伯特就承认了他的君主地位,伯爵对安茹来说是危险的敌人,他曾夜袭安茹村镇得到"唤醒狗"②这一离奇有趣的绰号。作为诺曼底公爵的附庸,勒芒人服从配额,毫无保留地向公爵提供骑士和弓箭手;但当他们看到公爵陷入征战困境时,又打算摆脱诺曼底的统治。贵族、军兵、自由民,各阶层百姓纷纷加入这项爱国事业。诺曼人守卫的城堡先后被攻陷。勒芒堡的指挥官图尔吉·德·特拉西和纪尧姆·德·拉弗尔泰(Turgis de Tracy 和 Guillaume de la Ferté)献出堡垒,和逃避勒芒人攻击报复的同胞们离开了该区。

曼恩回归原领主手中后,解放运动催生的反叛意识并没有就此消退,反而在主要城市的新一轮革命中再次迸发。曾为国家独立战斗的勒芒人民,于自己家园觉察到伯爵统治下的束缚和屈辱,他们终于被一连串难以容忍的事件激怒,人头税刚一提高,愤慨的自由民聚集起来,选出领导人组成宣誓协会,命名公社。③ 当时的伯爵还是幼童,他的监护人若弗鲁瓦·德·马耶讷④以政治能力和强大著称。迫于形势,若弗鲁瓦用自己的名义代表伯爵假意承认公社以及违背自己权力的公社律法。胆怯的勒芒主教和城市贵

---

① 威廉一世(William Ⅰ,1028—1087),通常被称为"征服者威廉",是第一位诺曼英格兰国王。法文发音为纪尧姆,这里遵照惯用称呼,译为"威廉"。——译者注
② "唤醒狗"埃尔伯特(Herbert Ier Éveille-Chien, 985—1032?),曼恩伯爵于格三世之子,1014年成为曼恩伯爵。——译者注
③ "所有参加者努力抵制强加给他们的苦难和不公,大家发誓一起反对……"原文本,《高卢史和法兰西史汇编》,卷十二,第280页。
④ 若弗鲁瓦·德·马耶讷(Geoffroy Ⅱ de Mayenne, 1030—1098),即"马耶讷的若弗鲁瓦二世"(1030—1098)。

族们也只得一齐发誓,但附近某些领主拒绝这样做,自由民们为了让对方屈服,开始进攻他们的城堡。讨伐队伍斗志昂扬却鲁莽冒失,取得胜利后更不刻意节制。他们因在四旬斋和圣周①期间无所顾忌地动武受到指控(那个时代非常严重的谴责),还被批评处置敌人过于严苛草率,扰乱了公社的和平,不考虑俘虏的身份等级就任意吊死或打残多人。② 关于这场暴风雨般的短暂厄运,有历史作家叙述道:

> 该国一位男爵于格·德·希利(Hugues de Sillé)反对公社颁布的规章,引起勒芒自由民的怒火,他们派人联系周边每个乡镇,集结队伍,满怀豪情来攻打希利城堡。勒芒主教与各教区神父随着十字架和旗帜,走在队首。③ 军队于城堡不远处安营,若弗鲁瓦·德·马耶讷驻扎在另外的地方。他伪装支援公社出征,当天晚上与敌人交换情报,意图摧毁自由民的解放事业。天刚破晓,城堡守军高呼着出击,勒芒人措手不及地起身拿武器迎敌,而叛徒们在整个营地散布说我们被出卖了,敌人刚刚占领了勒芒城。谣言加上意想不到的攻击令大家都恐慌起来,自由民和他们的盟友扔掉武器四散奔逃;无论贵族或恶徒,许多人被

---

① 四旬斋(Le carême),基督教教会的一个节期,从大斋首日圣灰日到复活节前日共40天,每年日期不同。圣周对于基督徒来说,是复活节前的一周。——译者注
② "几年中发生了诸多可怕罪行,甚至在四旬斋前后进攻……不经审判就随意吊死或重伤无辜的人……失去理智的狂热燃烧着……"原文本,《高卢史和法兰西史汇编》,卷十二,第540页。
③ "……集结了队伍,主教与每个地区的教士跟着十字架和旗帜,去攻打希利城堡。"原文本,《高卢史和法兰西史汇编》,卷十二,第540页。

杀，主教本人也成为一名囚犯。①

愈发受公社人民怀疑的若弗鲁瓦·德·马耶讷惧怕他们的怨恨，抛下该监护的年轻伯爵，离开勒芒，撤入一座名叫热奥罗(la Géole)的城堡。孩子的母亲、埃尔伯特伯爵的女儿、若弗鲁瓦的情妇盖尔桑德(Guersende)很快感到无聊，为若弗鲁瓦谋划重新掌控勒芒城。在一个星期日，通过和一些叛徒勾结，若弗鲁瓦带了80名骑士来到主教堂附近的一处堡垒，并从那里攻击居民。居民们一边向城内贵族们告急，一边围困堡垒。若弗鲁瓦·德·马耶讷的人占据着堡垒外面两座有墙角塔的房子，攻克堡垒变得格外困难。那两座房子靠近教堂，居民们毫不犹豫地放火烧房子，火势立刻失去控制，接着大家用投石机猛烈攻击，若弗鲁瓦丧失了勇气，对手下说要去求援就连夜出逃。其他人马上投降；自由民众收复堡垒，把它的内墙拆除到和城墙一样的高度，只完整保留面对乡野的外墙。②

这次自由民打击封建权力的胜利引发了新的危险，加倍威胁到勒芒公社。1073年，英格兰的征服者确保在该国的统治牢固后，决定穿越海峡，武力夺取曼恩。不久前威廉一世平息了撒克逊人的凶悍叛乱，残余盗匪摧毁了英格兰多处村镇，让很多人无家可归，他便巧妙利用这个机会向所有愿意追随自己出征海外的英格兰人提供军

---

① "贵族或暴徒谁也不能幸免……主教自己像奴隶一样被关进监狱。"原文本，《高卢史和法兰西史汇编》，卷十二，第540页。
② "愤怒的人民把堡垒的内墙拆毁到和城墙齐平，留下外墙。"原文本，《高卢史和法兰西史汇编》，卷十二，第541页。

饷①，人们纷纷参军，甚至充满爱国情怀的英格兰首领们也投身到威廉的战旗下。大家都意气风发要与国王的敌人开战，即使对方和国王同族，说一样的语言。不管被迫还是主动，七年前的勒芒人属于侵略一方，英格兰人向征服者进攻，为祖国复仇。一进入曼恩领地，仇恨诺曼人的英格兰人就带着几分狂热，四处破坏掠夺，他们拉断葡萄藤蔓，砍伐树木，焚烧村庄，把想对诺曼底做的事全部发泄于此。这种过激行为引起的恐慌，比勇猛的诺曼底骑士或威廉国王的出现还强烈，曼恩投降——遭到攻击前，很多军事要塞和城堡就已投降了，勒芒自由民首脑给驻扎在萨尔特的国王带来城门的钥匙，宣誓承认威廉是他们的合法领主，作为回报，国王承诺保留自由民原来的市镇特权，不过公社好像被取缔了，历史书籍里不再提及。②

1076 年，康布雷发生叛乱，自由民成立公社，按当时作家的说法，他们对此渴望已久。百余年来康布雷人一直与主教势力公然抗争，937 年趁主教前往皇宫，自由民组成联盟，互相发誓禁止他进城。③主教回来时，发现康布雷城门紧闭，墙上守卫森严，还传出嘈杂的喊声，他立刻明白了，返身去请求皇帝支援，皇帝派出日耳曼人和弗拉芒人的军队，强大到足以摧毁城市。随着大部队的逼近，居民们都害怕起来，推迟了追求自由的计划，同意主教进城。但对主教来说，他们竟敢和自己作对，这是奇耻大辱。主教一意复仇，彻底解散自由民的协会。他让大批援兵进城，士兵们突然在广场和街道上袭击自由

---

① 《诺曼人征服英格兰史》，第五部，卷十一。
② "……保留古城的司法特权，所有人臣服于他的统治。"原文本，《高卢史和法兰西史汇编》，卷十二，第 541 页。
③ "于是利用主教不在的机会，市民们想法一致密谋组成联盟。"原文本，《高卢史和法兰西史汇编》，卷十二，第 534 页。

民,追赶他们直到教堂,谁敢反抗一律杀掉;一旦抓住某人,就砍掉他的手脚,挖出他的眼睛,或者把他交给刽子手,刽子手用烧红的铁在俘虏额头上烙下印记。①

这次军队镇压令康布雷人心中产生了深深的愤恨,他们去除领主权力屏障的愿望更迫切了。自由民憎恨大主教教区的全体教士,因为他们一直都是这种权力的捍卫者。1024年自由民再次反叛,一度控制了城市,他们驱逐议事司铎和教会所有神职人员,并拆毁这些人的房屋,还把令自由民反感的人关进监狱。这场革命持续短暂,帝国军队不久恢复了教会对康布雷的主权。1064年,革命卷土重来,自由民动武将主教里耶贝尔②囚禁;皇帝、弗兰德伯爵和埃诺伯爵夫人分别派出军队平叛。③ 尽管再次溃败,康布雷人民没有气馁,12年后,里耶贝尔的侄子杰拉德(Gérard)在位时,他们发动新的起义,组建以公社为名的永久协会。下面是编年史中用古法语记载的事件详情:

> 神职人员与全体民众本来相处融洽,主教杰拉德去见皇帝时,行至未远,康布雷的自由民受到唆使,成立了一个密谋已久的公社,并宣誓结盟,如果主教不承认该公社,就禁止他入城。在洛布④的主教被告知人们所犯的罪恶,立即放弃原定行程,他

---

① 原文本,《高卢史和法兰西史汇编》,卷八,第281页。
② 圣里耶贝尔(Saint Liébert, 1010—1076),生于奥布拉克尔(Opbrakel)的贵族家族,1051—1076年任康布雷主教。
③ 《康布雷史》,第101页及后。
④ 洛布(Lobbes),今比利时埃诺省瓦隆地区,默兹河支流桑布尔河附近(Sambre)。——译者注

没有力量惩戒自由民，就带着好友蒙斯①伯爵博杜安（Baudoin）和大批骑士回到康布雷。自由民关闭城门，传话给主教，只允许他和侍从进入，主教回答说必须有伯爵和骑士陪同他才进城，民众拒绝他的要求。看到子民的疯狂行为，主教满怀恻隐之心，相比判罚，他更愿慈悲地对待他们，告诉民众自己会在法庭上以妥善的方式处理这次的事件，还安抚他们。万分高兴的自由民请主教进城，各自回家后就完全忘记了所作所为。过了几天，许多骑士贸然攻击自由民居所，没有杀戮，但打伤了很多人。主教并不知情，这不仅未经主教同意，更违反了他的意愿。惊骇中自由民逃往圣格雷教堂（Saint-Géry），最终被抓获，并被带到主教面前。就这样叛乱平息，公社解散，人们宣誓效忠主教。②

可是，帝国危机随之出现，亨利四世③被开除教籍，康布雷人于是有了机会尝试新的举措来恢复他们的公社。居民们得到弗兰德伯爵的帮助，后者为了扩充自己力量，不顾有损皇权，与他们结盟。按照协议，康布雷人把伯爵的朋友厄德（Eudes）尊为主教，拒绝接受由皇帝任命的戈歇主教（Gaucher）。亨利五世登基后，和平造就了皇权的恢复，《康布雷史》记载道：

---

① 蒙斯（Mons），今比利时埃诺省首府。——译者注
② 《康布雷史》，第101页，《高卢史和法兰西史汇编》，卷十三，第476、477页。
③ 亨利四世（Heinrich Ⅳ，1050—1106），或译为海因里希四世，萨利安王朝的第三位罗马人民的国王（1056—1105年在位）和罗马帝国皇帝（1084年加冕）。他与教宗格里高利七世之间围绕主教叙任权展开了激烈的斗争，亨利四世坚持要控制德意志和意大利北部所有主教的叙任权，并拒绝让得到教宗支持的米兰总主教就职，为此与教宗格里高利七世发生激烈冲突。格里高利七世于1076年2月22日对亨利四世处以绝罚：开除、废黜和放逐亨利四世。——译者注

戈歇阁下在皇帝面前控诉弗兰德伯爵罗贝尔，皇帝得知伯爵扰乱帝国秩序，让康布雷落入民选的厄德手中，非常震怒。皇帝做了充分准备，率领大队人马来到弗兰德，将有高大围墙和纵深壕沟的杜埃城堡（Douay）团团围住，令弗兰德伯爵十分畏惧，他派驻康布雷的士兵也因恐慌丢弃了城市。伯爵加固了所有要塞，躲进杜埃。第三天，皇帝发动猛攻，伯爵成功抵御，皇帝的许多骑士阵亡，只好停止攻击。皇帝见攻克城堡希望渺茫，与全体大公商议对策，此时弗兰德伯爵向皇帝示好。皇帝干脆地接受了示好，与弗兰德伯爵成为挚友。[①]

之后皇帝前往惊惶笼罩的康布雷；他抵达前，民选主教厄德逃离，大部分神职人员和民众怀有负罪感。妇女们带着孩子跑进教堂和塔楼，德国人、斯拉夫人、洛林人和萨克森人，不计其数的骑士让孩童们极为惊恐。皇帝高声命令居民、自由民都聚集到他面前，民众激动不安，害怕丢掉性命，根本不敢违抗。皇帝语气严厉地谴责他们，质问为何如此大胆，触犯帝国法律，合谋建立公社，制定新条例，做了那么多违反上帝意志和帝国统治的事情。此番言语使民众惊慌失措，不知怎样辩白，他们感到有罪，卑躬屈膝地哭求皇帝原谅。善良的戈歇跪在皇帝脚前为大家哀告说："仁慈的皇帝，请不要严酷责罚我的子民，用宽厚纠正他们的过失吧。"大公们也同主教一起恳求，流泪希望皇帝怜悯。皇帝听了稍稍平息怒火，采纳主教和大公们的意见，没有对民众施行严酷审判，然而也不能就此罢休，皇帝吩咐民众取出他们制定的公社特许状，他宣布无效，并让康布雷人当着大公

---

① 《康布雷史》，第101页，《高卢史和法兰西史汇编》，卷十三，第477页。

们发誓,绝不再犯,还要求民众宣誓效忠自己,公社革命就这样失败了。①

康布雷公社第二次解散是在1107年,不到20年后,公社重新成立。它的政治结构模式被广泛引用,据《康布雷史》记载:"该怎样描述这个城市的自由呢,无论主教还是皇帝都不能在公社征税,也无任何贡金的苛求;只有为了守护城市才可派出民兵,并以自由民能当日返回住宅为前提。"②公社由选举产生的司法官员领导,他与拥有陪审员头衔的成员们每天在市政府(又叫"裁判厅")举行议会。陪审员③共80人,分担民事管理和司法事务。每人都要配备一名男仆和一匹上鞍的马,时刻待命,去各地履行职责。④ 我们现代城镇的市长和助理法官,平时的工作是组织警察到街头站岗,在重要场合安排仪式队伍,照看庄严入口等,而康布雷陪审员的工作却非轻而易举就能完成的,他们必须有可嘉的勇气,每日的职责是防止外部权力入侵,他们要穿锁子甲,高举城市旗帜抗击伯爵或骑士,取得胜利后,面对主教为维护自己权力要把他们逐出教会的判罚,仍不却步。正是因为民选司法官员们的坚定不移,康布雷公社虽经历了两次失败,依旧重新奋起,继续繁荣,令人震骇。⑤ 康布雷公社与当地主教和神职人员全面开战持续至14世纪中叶,很多主教和教士们被迫离开,投靠到瓦

---

① 《康布雷史》,第101页,《高卢史和法兰西史汇编》,卷十三,第477页。
② 《主教言行》,片段,《高卢史和法兰西史汇编》,卷十三,第481页。
③ "陪审员"一词有时指一个公社的全部成员,有时仅指市政府的管理人员。这个词语的由来是大家必须宣誓才能加入公社。
④ 《康布雷史》,第100页。
⑤ "从1138年至1180年……"《高卢史和法兰西史汇编》,卷十三。

朗谢讷。① 四百年来，康布雷居民同费内伦②前任们的关系大致如此，与品德正派的大主教统治时，双方表现的和睦融洽有天壤之别。但如果认为中世纪和旧政权时代相似，法兰西人民满怀革命激情，那就大错特错了。

---

① 《康布雷史》，第294页及后。（瓦朗谢讷[Valenciennes]是法国诺尔省的城市，位于斯海尔德河河畔。——译者注）
② 弗朗索瓦·费内伦（François Mothe-Fénelon，1651—1715），法国天主教神学家、诗人和作家。寂静主义的主要倡导者之一，著有《忒勒马科斯历险记》。——译者注

# 第十五封信　努瓦永、博韦和圣康坦公社

1098年，努瓦永大教堂主教代理鲍德里·德·萨尔尚维尔(Baudri de Sarchainville)，被该教堂神职人员们推选为大主教，他是一位品德高尚、头脑明智的人，和通常强烈厌恶公社机构的教会人员截然相反。在公社体制上，主教看到了一种必然趋势，无论是否情愿，教会迟早要妥协，他觉得最好满足公民的意愿，不要仅仅为了把不可避免的革命推迟几天而造成流血冲突。主教不光思想见解伟大，还以崇高的方式看待问题，选出如此有才能的主教，对努瓦永来说是件非常合乎愿望的事。该城当时的情况与康布雷革命前相似，自由民们整日与大教堂神职人员争吵，教士会议记录有一章题目便是《我们与努瓦永自由民之间的和约》。① 它包含了极多的内容。每次和解都难以持久，一旦人身安全或财产得不到充分保障，被激怒的神职人员或市民很快就打破休战协议。新主教认为建立公社可以让

---

① 《努瓦永教会纪事》，卷二，第803页。

竞争两派缔结一种契约,他开始着手这项宏伟计划,以防"公社"一词成为努瓦永人集结高呼的起义口号。

努瓦永主教亲自出马,召集所有城市居民、教士、骑士、商人和手工业者。他向大家介绍了特许状,根据特许状,在名为陪审员的司法官员监管下,成立像康布雷公社一样的永久自由民协会。特许状注明:

> 无论谁要加入公社,不能由某人单独获准,必须经过全体陪审员同意。缴纳的经费将用于城市维护,不可中饱私囊。
>
> 如果公社遭到侵犯,全体宣誓成员应走出家门抵抗,除非他是残疾人或生病,或过于贫穷,或有生病的妻子和儿女需要照顾。
>
> 如果有人在公社地域内伤人或杀人,陪审员将进行报复。①

其他条款保证了努瓦永公社成员个人财产的完整性和免予起诉的权利,只有市政司法官能够传讯他们。

主教率先宣誓,各阶层居民随后以同样的誓言宣誓。凭主教权威,他宣称谁敢解散公社或触犯规则,将被逐出教会,受到旧约和新约上的一切诅咒。此外,为了赋予新契约更有效的保障,鲍德里向法兰西国王路易六世吁请,如前文所述承认公社并盖上王室印玺。国王同意了主教的请求;这就是所谓路易六世创建努瓦永公社的前因后果。王室特许状未能保留下来,不过仍有其他特许状可证明此事件。

---

① 这三段条款选自菲利普·奥古斯都重新制定并确认的特许状——《努瓦永公社律法》,或者如人们所称的《应用惯例》,参见《法兰西诸王法令汇编》,卷十一,第 224 页。

鲍德里，上帝恩典下的努瓦永主教，致所有那些坚持信仰，并勇往直前的人们：

最亲爱的兄弟们，我们从圣徒们的榜样和话语领悟到，凡美好的事物都应用文字记录下来，免得日后遗忘。

现在与未来的基督徒都知道，我在教士、骑士和自由民集会上组建了努瓦永公社，我以主教权威，通过誓言及逐出教门的惩戒，施了坚信礼，并得到国王路易陛下对该公社的承认，盖上王室印章。该机构由我创立，经众人宣誓，国王授权，正如他所说，不容许任何胆大妄为者破坏或改变它；以上帝的名义和我个人的名义同样给出警告，也代表主教权威禁止上述行为。违犯本法规者将被开除教籍；忠实遵守者，与居住在主的圣殿里的人永远同在。①

这份主教特许状制定于 1108 年。

几年前博韦②市民已自发组建了一个公社，或按当时记录者的形容是一个民变阴谋的产物。③ 人们强迫博韦主教发誓尊重市镇的新宪法，几乎与此同时，韦尔芒杜瓦伯爵为了避免骚乱，授权承认圣康坦④居民的公社特许状。⑤ 该城的神职人员除了教会权力，骑士除了

---

① 《努瓦永教会纪事》，卷二，第 805 页。
② 博韦(Beauvais)，位于法国皮卡第大区，是瓦兹省的首府，位于巴黎北面，泰兰和阿韦隆两河汇流处。塞纳河支流经过该城市中心。——译者注
③ 原文本，《高卢史和法兰西史汇编》，卷十五，第 105 页。
④ 圣康坦(Saint-Quentin)，位于法国北部埃纳省。以 3 世纪时殉教的教徒圣康坦命名。——译者注
⑤ 妥协的具体日期不详，但可以确实地追溯到 12 世纪初，远远早于拉乌尔一世的时代，1117 年，他成为韦尔芒杜瓦伯爵。一些历史学家认为是在 1102 年，《圣康坦公社特许状》序言："拉乌尔伯爵及祖先批准的圣康坦自由民祖先的应用惯例。"原文本，《高卢史和法兰西史汇编》，卷十一，第 270 页。

效忠伯爵外,都发誓确认公社权力。① 伯爵本人是一位强大的领主,统管多个城市,与努瓦永主教不同,他认为没必要请求王室批准特许状,因此圣康坦公社的创建与国王路易六世完全无关。我们只需看看两个公社的特许状就能明白它们对距离不到 40 古里的皮卡第和法兰西岛产生的影响,主要条款如下:

《博韦特许状》

全体居住在内城、城郊的人,和拥有他们居住地的领主,为公社宣誓:

整个城市范围内的每个人根据自身能力,忠实地帮助他人。

公社成员先投票选出 13 名同等议员,所有人再从同等议员中选出一到两名司法长官。

司法长官与同等议员将发誓,根据他们的能力公正裁决一切案件,不因友情而特殊对待某公社成员,不因仇怨去伤害他人。

全体成员发誓要对司法长官及同等议员的裁决服从并支持。

无论谁对发誓参加公社的人犯下重罪,司法长官与同等议员接到投诉,将对犯罪者处以身体及财产的判罚。

若罪犯躲避到某个城堡,司法长官和同等议员与城堡领主或替代他的人交涉,如果公社敌人赔罪,那么事件就此平息;如

---

① "公社成立后,所有教士及韦尔芒杜瓦伯爵……同时遵循教会义务,而全体士兵在不妨碍对伯爵的忠诚的情况下,维护公社权力。"《法兰西诸王法令汇编》,卷十一,第 270 页。

果领主拒绝赔罪,那么公社将对他的财产及属下处以判罚。

若某外地商人来到博韦赶集,如果在郊区有人伤害或侮辱了他,司法长官与同等议员收到投诉,商人可以去城中寻找罪犯,司法长官与同等议员将对罪犯进行判罚,除非商人原本就是公社的敌人。

本公社成员不得在战争期间向公社敌人出借钱财或为对方担保等,否则将被看作背誓;若有人向敌人出借钱财或为对方担保,经核实,无论谁都将受到司法长官与同等议员的判罚。

自由民团体出城迎战敌人,没有司法长官与同等议员的准许,不能同敌人谈判。

若公社成员把自己的钱财委托给城里某人,那人却藏匿到某个城堡,城堡领主接到投诉,要么归还钱财,要么将其驱逐;否则城堡的人将受到判罚。

若有人抢劫了公社成员的钱财并藏匿到某个城堡,如果找到此人,将对他判罚,或对城堡领主的属下和财产进行判罚,除非对方归还钱财。

若公社成员购买了一些产业,一年零一天后,有人来要求赎回,买方不用回复他,不过应保持冷静。

本特许状不会以任何理由应用于城市辖区之外。①

《圣康坦特许状》

本公社成员享有个人及其财产的完全自由,没有助理法官

---

① 这些条款摘自根据习惯对原始特许状内容复制的版本,为了引用方便,我调整了顺序。《法兰西诸王法令汇编》,卷七,第622页。

的判决,无论如何我们或他人都不能剥夺任何成员的权力;也不能向其索要财产的永久管业权。

任何人参加公社,他的人身安全、钱款和其他财产都将得到保护。

若有人一直持有某产业使用权长达一年之久,他将继续拥有使用权,除非地区外的业主或监管人意欲收回。

若有人犯了轻罪,司法长官和陪审员接到投诉,如果罪犯有房屋,房屋将被拆毁,或在司法长官和陪审员同意下,他重新付款赎买自己的房屋。房屋赎金用于修筑城市城墙和防御工事。如果罪犯没有房屋,他将被驱逐出城,或付钱维修防御工事。

若有人在公社犯下重罪,司法长官有权勒令他出庭,如果罪犯不接受传讯,司法长官有权驱逐他,只有司法长官和陪审员准许,他才能返回;如果罪犯在市郊有房屋,司法长官与市民有权拆除,如果房屋坚固难以拆除,我们要竭力帮助他们。

白天的任何时间里,每位市民无论在花园还是房间或其他地方都有可能被传唤到庭,但夜晚不会。

某人死亡后,如果他持有某项土地租用权,司法长官和陪审员应该让他的继承人尽快继承租用权,如果随之产生诉讼,人们将对该案件展开辩论。

若一个陌生人为了参加公社来到这个城市,无论他的领主是谁,只要此人已经偿还了对主人所欠的债务,他身上带有的物品都将得到保护,但他留在领主土地上的一切,除了遗产都归领主所有。

若我们传讯公社自由民,诉讼将由助理法官来裁决,并在圣康坦城墙之内完成。

若某附庸或士官欠了一位自由民的钱,还不愿服从助理法官的审判,司法长官必须命令他在15天内请一位有能力的领主来为他偿还所欠的款项,超过期限,助理法官将对他进行判罚。

若司法长官和陪审员想加固城市的某个地方,无论该处主权属于谁,他们都有权执行。

未经司法长官和陪审员同意,我们既不能重铸货币,也不能铸造新币。

我们不能把强制权和贡金加到自由民的产业上。

城里的人都可以去他们愿意的地方磨麦子、烤面包。

若城市事务需要钱款,司法长官、陪审员和公社可以在自由民遗产与产业税,以及城市销售额与利润税的基础上提高税赋。

我们确保我们的权力和荣誉不受侵犯,圣康坦教堂和其他教会的权力不受侵犯,我们所有人的自由不受侵犯,以及先前授予的、上述公社的自由不受侵犯。[1]

从两篇12世纪特许状的叙述风格上,我们发现自行成立的公社与授权承认的公社是有区别的。第一篇特许状强烈直率地表达了人民的意愿,第二篇没有这样的色彩,它的词句略显拘束,自治的步伐似乎在某种力量前稍稍停滞。不过拉乌尔伯爵授予圣康坦市民的各种保证也很实际;对犯错误的领主,市民有权拆除他的城堡,而且伯爵必须帮助市民迎战强敌,这意味着市民团体获得了主权特权中最重要的部分。附近的城镇,包括最著名的拉昂,立刻期望走上同样的道路。

---

[1]《法兰西诸王法令汇编》,卷十一,第270页。

因与圣康坦和努瓦永的距离相等,拉昂自由民不由把视线投向这两个城市。也可能对民众参加残酷暴力革命抱有反感,相比圣康坦和努瓦永,拉昂人民不太欣赏博韦公社。然而厄运难以避免,尽管拉昂人民起初态度平和地要求改革,最后还是演变成极端血腥残暴的内战。拉昂公社的历史引人注目,它体现了最典型的现代革命。当革命行为触及动用武力的底线,一系列新的骚乱和违法暴行接踵而来。等争斗双方厌倦了你死我活,便郑重愉快地签订和解条约,但它只是一个休战协议,因为利益上的竞争,他们绝不会向彼此让步。

# 第十六封信 拉昂公社史（上）

11世纪末的拉昂城，在法兰西王国占有重要地位。拉昂的居民们是技术娴熟的手工业者，优越的地理位置让它看起来如同第二个首都。与努瓦永和博韦一样，拉昂的主权掌握在主教手中。主教的位子是王国要职之一，而且收益丰饶，令诸多有钱有势的野心家垂涎，他们试图以策略或金钱谋得此位。受上级青睐的高级神职人员就任主教，他们几乎没有任何可取之处，作为司法审判官和主教只会一心卖弄权势，摆豪华排场，对城市管理毫无建树，拉昂越来越像戏院般混乱不堪①，贵族和他们的仆从武装抢劫自由市民。夜晚甚至白天，城市街道上都极不安全，出门的人们必须奔跑疾行，否则就有被抓、被抢、被杀的危险。② 市民们效仿上层阶级的例子，不管买卖，对

---

① "城市很大……不幸连连……公然抢劫和谋杀。"吉贝尔·诺让：《自传生活》，第三册"拉昂及主教史"，吕克·达什瑞编。
② "没有夜晚是安全的，街上的人不是被抢就是被打……"吉贝尔·诺让《自传生活》，第三册"拉昂及主教史"，吕克·达什瑞编，第503页。

赶集的农民暴力相向,用各种借口诓骗农民来到自己家中,像城堡领主关押犯人那样把农民囚禁起来,直到他们支付赎金。① 个人犯下的这些罪行,连同主教政权对民众不断扩大的残酷掠夺,任意强加的人头税和对无力支付者进行的法律诉讼,让总金额令人恼火地急剧上涨,这些钱都被大主教堂的显要人士和城里贵族家庭分享了,他们大多互为亲戚或盟友。

主教空缺的两年中,混乱的状况愈发严峻,1106年英格兰国王亨利一世的书记官,出生在诺曼底的高德利(Gaudri)花钱买到拉昂主教职位。他是威廉一世征服英格兰后,到那里寻宝、敛取战败者财富的众多教会人物之一,有军人的性情举止,易怒且狂妄自大,尤其喜欢谈论战事、狩猎、武器、马和狗。② 他的一个仆人原本是王侯们第一次十字军东征俘获的黑奴——拥有黑人奴仆在当时是一种时尚,主教经常让这个奴隶去折磨那些自己讨厌的人。刚任主教,他命令把一个曾指责自己行为的市民杀死,接着在家中挖去一个人的双眼,此人被怀疑是主教敌人的朋友,最后1109年他在教堂参与了一起谋杀。③

任命这样一位领主,不可能为拉昂居民带来一丝安宁,反而加深了他们的苦难,城内贵族和教务会神职人员越来越贪婪,④被过度压迫的市民们开始思量对付办法。这时努瓦永公社声名鹊起,人们谈论的都是该城司法公正与统治祥和。拉昂人民坚信组建一个公社,会产生努瓦永公社的同样效果,这份期望让大家突然振奋起来。他

---

① 吉贝尔·诺让:《自传生活》,第三册"拉昂及主教史",吕克·达什瑞编,第503页。
② 吉贝尔·诺让:《自传生活》,第三册"拉昂及主教史",吕克·达什瑞编,第499页。
③ 吉贝尔·诺让:《自传生活》,第三册"拉昂及主教史",吕克·达什瑞编,第501、504页。
④ 吉贝尔·诺让:《自传生活》,第三册"拉昂及主教史",吕克·达什瑞编,第503页。

们举行政治集会,决定为自治公社和立法选举机构的成立奉献一切。公社应当得到承认才能和平建立,而主教当时在英格兰,神职人员与骑士代管拉昂。自由民便表示,如果神职人员与骑士同意用一份契约来承认居民的自治管理权,就将得到一大笔钱,神职人员与骑士受利益诱惑,答应尽数授权,前提是自由民要保证付款。① 他们大概没明确意识到所请求的特许权限,只相信新交易会让自己迅速获取大量金钱:一位当时人士说,他们希望能够通过简便的方法来致富,因此才许可普通民众创办公社。②

神职人员、骑士和自由民达成一致,共同宣誓成立拉昂公社,市政机构的组建一部分参照努瓦永模式,一部分参照圣康坦。③ 司法管理与公共治安的工作委托给一位司法长官或市长,和至少 12 名民选陪审员。为了集会讨论或保卫城市,他们有鸣钟召集居民的权力。市长和陪审员们负责审理城市和郊区发生的一切轻罪,以他们的名义执行判决,并在文书里盖上异于主教大印的市政印章。公社境内定居的人们必须发誓服从公社的律法或特许状,包括以下条款:

> 没有司法警员的参与不得抓捕任何人,无论他是自由人还是奴隶。
>
> 若有人以某种方式伤害了其他人,不论对方是教士、骑士、商贩、本地人、外乡人,或者有损于城市,此人将被传讯出庭,在司法长官和陪审员面前为自己辩护或接受罚款;如果他拒绝赔

---

① 吉贝尔·诺让:《自传生活》,第三册"拉昂及主教史",吕克·达什瑞编,第 503 页。
② 吉贝尔·诺让:《自传生活》,第三册"拉昂及主教史",吕克·达什瑞编,第 503 页。
③ "……市政权力参照努瓦永,商业规则参照圣康坦。"吉贝尔·诺让:《自传生活》,第三册"拉昂及主教史",吕克·达什瑞编,第 504 页。

偿,将和全部家人一起被逐出城市。若罪犯的产业是位于城外的土地或葡萄园,司法长官和陪审员则要求产业所在地的管辖领主以自己名义向他宣判;如果他未受到这位领主的判罚,陪审员们可以摧毁罪犯的产业。

若罪犯不是本城的人,案件会被投诉到主教法庭,如果5日内没有赔罪,司法长官和陪审团将凭他们的权力对罪犯进行报复。

关于涉及处决的重罪,诉讼必须先交付给罪犯所在区域的司法管辖官员受理,若后者缺席,可向司法执行官投诉,如果投诉不能得到有效审理或判决等,他可以向陪审团要求讨回公道。

纳税者除了人头税不向领主交其他年贡。若不按时缴付,按照律法他们将受到惩罚,但不能强迫他们向领主缴付更多。

公社男子可以娶除本公社的领主和教会人员之外的、其他领主的仆从或奴隶的女儿为妻。若想娶本公社领主和教会人员的仆从或奴隶的女儿为妻,必须征得他们主人的同意。

任何外来教会纳税者或骑士没有他本人的领主同意,都无权加入公社。

所有加入公社的人一年之内必须盖房屋或购买葡萄园,或带大量动产进城,这样如果有人投诉他的话,就可以伸张正义。

彻底废除领主对其附庸遗产的永久管业权,人头税分摊方法是一个租期内每人仅支付4德尼尔,除非他有土地并同意缴纳更多的税金。①

---

① 《法兰西诸王法令汇编》,卷十一,第185页及后。这些条款摘自路易六世于1128年签署的另一部特许状,可被看作1112年自由民投票宣誓的《拉昂特许状》的原始文本,但缺少其他文件可证明。

离开英格兰的主教得知签订了这个条约极其恼怒,一段时间没有返回拉昂。公社付给他一大笔钱,他才平息了怒火,决定同这些改革派们和解。① 他发誓尊重自由民的特权,自己及继任者都会放弃领主的古老权力。有了直接领主的确认,拉昂自由民们去请求国王批准,以便让公社得到更全面的保障。代表们向路易六世呈上丰厚礼物,以付年金的条件获得了国王的授权。② 他们携带盖着皇家印玺的特许状回到拉昂,其中有增加的两个条款:"不能强迫拉昂公社的人出城辩护。若国王对公社某人提起诉讼,审判将在主教法庭进行。由于王室慷慨授予上述居民这些利益及权力,公社的人同意,除了宫廷集会的古老特权和兵役权外,每年向国王提供 3 次住宿,如果国王不来,那么每次住宿合算为 20 里弗尔③付给国王。"④

至此,拉昂公社似乎如愿以偿。高价卖出契约的主教高德利并未喜悦多久,他这个爱好奢华的人一直开销巨大,所以马上后悔了,为了一次性的款项和低廉的年金,居然放弃人头税和临时附加税的收入,还有永久管业权。刻意模仿主教奢靡作风的主教堂神职人员和城里贵族,短时间内也把与市民缔约获得的金钱挥霍一空。⑤ 城市新律法和良好治安让他们发现没有办法敲诈社会底层的人,于是和主教一样懊悔,对公社产生了不满。他们开会商议如何破坏公社,把

---

① "大堆的金币银币立刻令他平静下来。"吉贝尔·诺让:《自传生活》,第三册"拉昂及主教史",吕克·达什瑞编,第 504 页。
② "为了得到国王的承认,献上丰厚礼物。"吉贝尔·诺让:《自传生活》,第三册"拉昂及主教史",吕克·达什瑞编,第 504 页。
③ 里弗尔(livre):法国旧时的货币单位。——译者注
④ "兵役权指开战时付钱免除兵役的权力。"《法兰西诸王法令汇编》,卷十一,第 187 页。
⑤ 吉贝尔·诺让:《自传生活》,第三册"拉昂及主教史",吕克·达什瑞编,第 505 页。

商贩和手工业者变成原来那些听任剥削的可怜虫。①

1112年,市民在公社领导下已经享受了将近三年的完全自治,可以毫不牵强地说就是共和体制。他们依赖市政府,坚信从中获益,为参与行使权力而感到骄傲。总之,若失去自治权,市民们将生不如死,在这种心态下,一旦公社秩序和权力遭到半分侵犯,自然会导致政治狂潮。可是12世纪的领主对此毫无经验。拉昂主教和贵族们根本预料不到会引发的危险,决定在封斋期结束时也就是4月份开始执行他们的计划。虽然应尊重圣周,主教和贵族们仍选择这个时候,他们请路易六世来参加复活节庆典,想仰仗国王的出现来威吓市民。②

国王接受主教邀请,于圣周前夕在众多朝臣和骑士陪同下抵达拉昂。当天主教就禀告了自己的意图,并建议国王收回对公社的授权。这项重大谈判持续了一整天,次日主教没有涉足教堂,既未举行祝圣仪式也未给民众做追思祷告。③ 起初,国王的参事们很为难,因为拉昂市民警觉到有什么事可能发生,送过来400里弗尔,而且答应,若需要会再送钱来。主教只得出价更高,承诺付700里弗尔,当然他没有这些钱,打算取缔公社后向自由民征税。④ 该提议终于让国

---

① "虽然他们从税收的枷锁中解放出来。"吉贝尔·诺让:《自传生活》,第三册"拉昂及主教史",吕克·达什瑞编,第504页。
② "……经商议……在国王被邀请的四旬斋,摧毁……"吉贝尔·诺让:《自传生活》,第三册"拉昂及主教史",吕克·达什瑞编,第503页。
③ "这天……他应该举行圣油祝圣仪式……赦免子民,似乎没有进教堂……"吉贝尔·诺让:《自传生活》,第三册"拉昂及主教史",吕克·达什瑞编,第503页。(圣油祝圣及祝福是教会古老传统。罗马礼原本是在使用圣油时才祝圣的,即在复活守夜庆典中需要敷油时才祝圣。——译者注)
④ "市民唯恐有变……向王室和参事们提供四百里弗尔……"吉贝尔·诺让:《自传生活》,第三册"拉昂及主教史",吕克·达什瑞编,第503页。

王本人和朝臣决定站到城市自治的对立方。结果他们与主教达成约定,主教凭自己的权威解除对市民誓言中应履行的一切义务。盖有国王大印的特许状被宣布无效,国王、主教同时命令公社所有的司法官员停止活动,放下城市印章和旗帜,不许再敲击钟楼上标志庭审开始和结束的警钟。公告一出喧哗一片,为了谨慎起见,国王离开下榻的居所,前往有结实围墙环绕的主教宫殿过夜。① 第二天破晓,国王就与全体随员匆匆离去,尽管他此行目的是参加复活节庆典。拉昂商铺和手工作坊、旅店全天关门,没一件商品售出,街上空无一人,正如每次公共危机爆发之前那样。②

这种寂静是短暂的,第三天,人们已听说主教和贵族们企图榨取自由民的财产,增高额外的税赋,以筹集承诺给国王的献金,骚乱再度抬头。有人嘲弄说,为了摧毁公社,主教等预期在每个人身上搜刮的钱刚好等于创建公社时所付出的款项。对即将降临在自己头上的厄运,市民们愤慨而恐惧,有40个狂热的人私下聚会,秘密发誓同生共死,杀掉主教和所有试图推翻公社的贵族。这次密谋被一位副主教安瑟勒姆(Anselme)知道了,他出生于城内一个默默无闻的家庭,品格廉洁,博学而有名望,爱护他的同胞,反对主教的背誓。安瑟勒姆没有出卖任何人,他立即去警告主教,恳求他不要离开住宅,增加卫兵,特别不要参加复活节游行。"呸!"主教十分不屑,"我会死于这些凡夫俗子之手吗?"③然而,他不敢去做晨祷也不敢进教堂,又担心被指责怯懦,终究在武装的骑士和仆从跟随下,与神职人员们一齐参

---

① "那天晚上,国王因害怕去主教宫殿里就寝……"吉贝尔·诺让:《自传生活》,第三册"拉昂及主教史",吕克·达什瑞编,第505页。
② 吉贝尔·诺让:《自传生活》,第三册"拉昂及主教史",吕克·达什瑞编,第505页。
③ 吉贝尔·诺让:《自传生活》,第三册"拉昂及主教史",吕克·达什瑞编,第505页。

加了游行。队伍行进的时候,有个参加密谋的人觉得是杀掉主教的好机会,突然从一处拱门里跳出来高喊约定的信号:"公社! 公社!"①混乱中其他同谋者没有响应,这个举动如石沉大海。听见有人用威胁性的语气喊出自己曾经宣誓承认的"公社"一词,受惊的主教在一天结束之际,匆匆吩咐教堂领地的一帮农民来到宅邸和大教堂塔楼守护。② 复活节后的星期一,全体神职人员成群结队前往位于城外的圣樊尚修道院(l'abbaye de Saint-Vincent),主教也在队伍里,和昨天一样被众人簇拥着。同谋者们原本决定利用此契机行刺,但计划中要一起除掉的那些贵族未到场,所以没有动手。③

也许是恢复了自信,还可能是为了表示坦荡无畏,主教次日遣散了守护的农民,觉得如果发生骚乱,就让主要贵族们带武器赶来救援。然而民众的闹事远远不能平息,复活节后第三天,很多富宅遭到市民袭击和掠夺。他们尤其搜罗小麦和咸肉,好像已考虑战乱时的储备。有人惊慌失措地把这个消息告诉了主教,后者笑着回答说:"这些暴民能有什么本事? 要是他们当中最厉害的人被我的黑奴揪住鼻子逗弄,那可怜的家伙绝不敢埋怨一丁半点儿。我已顺利地强迫这些人放弃了所谓的公社,让他们安安静静地闭嘴也不会太难。"④

第二天星期四,各处戒备森严,主教与一位叫高杰尔(Gautier)的副主教商谈治安新措施,特别是人头税的份额与分配,街上突然传来很大的喧哗声,一群人叫喊:"公社! 公社!"⑤这是起义的信号,同时

---

① 吉贝尔·诺让:《自传生活》,第三册"拉昂及主教史",吕克·达什瑞编,第505页。
② 吉贝尔·诺让:《自传生活》,第三册"拉昂及主教史",吕克·达什瑞编,第505页。
③ 吉贝尔·诺让:《自传生活》,第三册"拉昂及主教史",吕克·达什瑞编,第505页。
④ 吉贝尔·诺让:《自传生活》,第三册"拉昂及主教史",吕克·达什瑞编,第506页。
⑤ 吉贝尔·诺让:《自传生活》,第三册"拉昂及主教史",吕克·达什瑞编,第506页。

众多市民举着利剑、长矛、弓弩、锤子和斧头,占领了教堂,围困毗邻的主教宅邸。一听到暴动的消息,曾答应支援主教的贵族们匆匆从四面八方赶来,但遭到民众毫不手软的屠杀。① 民众的首要目标是主教,他们围着大门紧闭的主教宅邸吵嚷,开始攻击。宅邸的守卫以射箭和投掷石头还击,围攻人群强行冲入,主教急忙换上一个仆人的衣服躲到储藏食物的地窖,命人把自己关进一个木桶。民众边搜索宅邸各个角落边喊:"他在哪儿?叛徒!混蛋!"一名仆人背叛主人,告诉他们主教的藏身处。

最先来到指示地方的人中有暴动头目、圣樊尚教堂的农奴杰皋(Thiégaud),他听从库西领主安居朗(Enguerrand)的指派,长期在城市附近一座桥收过桥税。据说在这个职位上,他多次抢劫、勒索路人,甚至行凶。此人性格粗鲁,也认识主教,开玩笑地给他起了绰号"叶森格伦"(Isengrin),因为主教气色不好。② 叶森格伦是传说寓言里一头狼的名字,故事中的主角是一只狐狸,名叫列那,该名家喻户晓,如今指代狐狸。③ 搜寻的人揭开主教藏身的木桶盖子,"里边有人吗?"杰皋用棍子狠狠打过去。"是个悲苦的囚犯。"主教颤声答道。"啊哈,"圣樊尚教堂的农奴说,"原来是叶森格伦老爷,您躲在这个桶里啊!"④他揪住主教的头发把他从桶里拽出来,大家痛打主教,拖着他来到街上。主教苦苦哀求市民饶他一命,保证会手按在福音书上

---

① 吉贝尔·诺让:《自传生活》,第三册"拉昂及主教史",吕克·达什瑞编,第506页。
② 吉贝尔·诺让:《自传生活》,第三册"拉昂及主教史",吕克·达什瑞编,第507页。
③ 吉贝尔·诺让:《自传生活》,第三册"拉昂及主教史",吕克·达什瑞编,第507页。旧法语里表示狐狸(renard)的真正词语是"golpis"或"goupil",衍生自拉丁词语"vulpes"。
④ 吉贝尔·诺让:《自传生活》,第三册"拉昂及主教史",吕克·达什瑞编,第507页。

发誓放弃主教职位,并愿意献出自己全部的钱,还说如果他们高兴,他会离开这个地区。① 主教的哀求和祈祷根本没人听,回答他的只有辱骂和殴打。最后,一个叫伯纳德·德·布吕耶尔(Bernard Des Bruyères)的人举起双刃斧朝主教的头劈过去,第二斧把他的脸劈开,主教便一命归天。杰皋看到主教手指上闪烁的戒指,就用剑砍断了他的手指,抢下戒指,接着大家剥去死者的衣物,把尸体推到角落,每个路过的市民都朝那里扔石头或泥巴,伴随着侮辱的嘲讽和诅咒。②

凶杀案发生前后,那些惧怕盛怒民众的人们到处溃逃,也不知该去哪里,男女混穿服装,穿过葡萄园和田地。叛乱市民在道路和城门设置守卫,抓捕逃跑的人;甚至妇女们也参与其中,分享她们丈夫的快乐,对待落到手中的贵族夫人一点儿都不客气,侮辱、殴打并剥掉她们精美的衣服。城里大部分骑士被围困主教宅邸的人陆续杀死;结束这一边的杀戮后,叛乱者跑去袭击幸存贵族的宅院,杀害或囚禁了许多人。他们还以捣毁这些人的官邸为乐,放火焚烧主教财务官的房屋,财务官是他们最恨的人之一,不过幸运的他想办法逃走了。财务官家与大教堂相连,火势很快蔓延,几乎烧毁了教堂。城里有数座教堂和一家修道院的一整片街区,被熊熊烈焰烧得精光。

直言警告过主教的副主教安瑟勒姆,在高德利死后第二天,勇敢表态说应该埋葬主教赤裸的、沾满泥土的尸体。市民们满意地复了仇,不打算伤害他,随他一个人办理这可悲的丧葬。安瑟勒姆在自己仆人的帮助下,搬起尸体,盖上一条床单,然后运到城外的圣樊尚教堂。一大群人跟着他们,没人为死者的灵魂祈祷,大家诅咒和唾骂

---

① 吉贝尔·诺让:《自传生活》,第三册"拉昂及主教史",吕克·达什瑞编,第507页。
② 吉贝尔·诺让:《自传生活》,第三册"拉昂及主教史",吕克·达什瑞编,第507页。

他。教堂未举行任何宗教仪式;人们像对待最邪恶的异教徒一样,把法兰西最重要的神职人员之一拉昂大主教的尸体扔进坑里。①

拉昂公社史第一阶段就此落幕。您可能已注意到,它包含三个时期。首先人民有了目标,以和平方式提出对自由的要求,当权者对这些诉求表示同意,态度良好。随之,他们懊悔不该让步,收回自己的承诺,打破了誓言,并取缔曾发誓维持的新政府。民众怨恨不公,对未来的恐惧终于激发了大家本能的报复心。经验告诉我们,不论在某个城市还是全国范围的伟大革命都具有这样清晰的步骤,因为利益的冲突和思想的狂热总是基本相同的。12世纪政治风云变幻,而绝对君权的律法直到18世纪继续统治着我们的父辈和儿孙。先辈给予我们的启迪是,只要目标明确,纵然世事兴衰,悲喜沧桑,社会仍以不可抗拒的步伐向前发展完善。

---

① 吉贝尔·诺让:《自传生活》,第三册"拉昂及主教史",吕克·达什瑞编,第509页。

# 第十七封信

# 拉昂公社史（中）

当拉昂市民充分发泄了愤怒，完成了复仇，他们思考着究竟发生了什么事，环顾四周，开始感到恐惧和气馁。① 市民们所惧怕的国王的军队很快就驻扎在拉昂城下，他们感到大难临头了。除了共同安全，他们对其他问题无能为力。大家七嘴八舌地提出应对办法，有一个建议受到广泛赞同：就是用一笔钱与马尔勒领主结盟，请他派富有经验的骑士和弓箭手来保卫城市。②

库西领主安居朗的儿子托马斯·德·马尔勒（Thomas de Marle）是整个地区最可畏的领主，他势力强大，性格凶猛残暴。他的克雷西城堡广为人知，据说去那里的商贩和朝圣者被戴上镣铐，在潮湿的牢房受多种折磨。③ 不管传闻真假，拉昂市民在危急之中无暇犹

---

① 吉贝尔·诺让：《自传生活》，第三册"拉昂及主教史"，吕克·达什瑞编，第509页。
② 吉贝尔·诺让：《自传生活》，第三册"拉昂及主教史"，吕克·达什瑞编，第509页。
③ 吉贝尔·诺让：《自传生活》，第三册"拉昂及主教史"，吕克·达什瑞编，第510页。

豫。他们必须不惜一切代价找到对抗王权的援兵；而国内领主很少有人像托马斯·德·马尔勒那样值得他们信赖，此人是路易六世个人的宿敌：1108年，马尔勒与盖伊·德·罗什福尔（Guy de Rochefort）①，及其他一些人曾阻挠国王在兰斯加冕。拉昂市民代表到克雷西城堡见马尔勒，邀请他来同市政官员签订盟约。② 全副盔甲的马尔勒骑着马走在骑士和军兵中间入城，为拉昂市民带来了巨大的喜悦和希望。公社领袖向他阐述原委后，马尔勒和自己的人单独商议。大家都认为己方兵力不足以同国王势力抗争，这样的回复难以启齿，马尔勒担心引发市民的不满，他们会不管三七二十一强迫自己一齐叛变③，因此驻留期间马尔勒什么承诺都没有给，返回克雷西堡前，他和众市民约定在离拉昂不远处的大平原商谈。双方再次会聚，托马斯·德·马尔勒说道："拉昂是王国重城，我不能占据它与国王作对。要是你们畏惧王权，就随我回到领地，我可以像雇主和朋友那样用自己的力量保护你们，你们想想愿不愿意。"民众听了这些话十分沮丧，可他们绝望于孤军作战，又寻求不到其他得救方法，大批的人只得离开了拉昂，前往克雷西堡或库西附近的诺让镇（Nogent）。不久，周边乡村居民和农奴之间传遍了谣言，说拉昂市民已逃出城，该城市目前无人防守，这足以令人们垂涎三尺。④ 一连几天，蒙泰古（Montaigu）、石桥镇（Pierrepont）和拉费尔（la Fère）的百姓，成群结队

---

① 盖伊·德·罗什福尔（Gui Ier de Rochefort, 1055—1108），法国中世纪贵族，在菲利普一世时担任重要职务。——译者注
② 吉贝尔·诺让：《自传生活》，第三册"拉昂及主教史"，吕克·达什瑞编，第510页。
③ "这些疯狂的民众……在他们的城内不敢开口……"吉贝尔·诺让：《自传生活》，第三册"拉昂及主教史"，吕克·达什瑞编，第510页。
④ 吉贝尔·诺让：《自传生活》，第三册"拉昂及主教史"，吕克·达什瑞编，第510页。

去被遗弃的房屋中掠夺,搬空所有的东西。库西领主自己也带着他的手下赶来趁火打劫,当时的记录者写道:"虽然他们最后抵达,仍发现许多财物,就像根本未经洗劫一样。"①

外乡人蹂躏城市的时候,主教的支持者们逃离监狱,或从藏匿的地方出来,动手报复那些没来得及逃走的市民。贵族和犯下暴行的民众同样凶残。他们攻占民众家园,在街头大肆屠杀,追赶市民直到修道院和教堂。圣樊尚修道院成为许多携带钱财的市民的避难所。拉昂公社革命期间,修道士们接纳过公社的敌人,此时也收容市民,这种庇护却没有受到尊重。贵族们靠武力打开修道院的大门,拔剑要挟修道士,强迫他们把躲藏的人全部交出。②城里最富有、最诚实的人之一罗贝尔·勒·芒热(Robert le Mangeur)曾收留一名贵族朋友,保护了他和他随员的生命,纵然有这样的功劳,贵族们还是将他拴在马尾巴上,然后拍马飞奔。③

很多人遭到该酷刑,或被吊死在绞架上。④主教支持者们不会忘记,也不缺少途径致富,他们搬走市民住宅和作坊里的一切物品,甚至最笨重的家具和包铁门板。⑤

托马斯·德·马尔勒在自己领地收留杀害拉昂主教的凶手,还保护他们,因此受到王国上下的鄙视,兰斯省高级教士召开主教会议,决定将他逐出教会。星期日弥撒完毕后,大教堂和教区教堂的神

---

① 吉贝尔·诺让:《自传生活》,第三册"拉昂及主教史",吕克·达什瑞编,第510页。
② 吉贝尔·诺让:《自传生活》,第三册"拉昂及主教史",吕克·达什瑞编,第510页。
③ "把他的脚和马尾巴绑在一起……但这位富裕正直的罗尔……"吉贝尔·诺让:《自传生活》,第三册"拉昂及主教史",吕克·达什瑞编,第514页。
④ 吉贝尔·诺让:《自传生活》,第三册"拉昂及主教史",吕克·达什瑞编,第514页。
⑤ 吉贝尔·诺让:《自传生活》,第三册"拉昂及主教史",吕克·达什瑞编,第514页。

职人员在钟声和烛光中,郑重宣读这个判决。① 附近的几个领主,特别是马尔勒的父亲库西领主安居朗,都以国王及教会权威的名义和他开战。于是,拉昂地区满目疮痍,被开除教籍的马尔勒领主震怒中对修道院和圣地毫不留情。在神父和宗教人士不断投诉下,路易六世终于决意出兵镇压②,亲自围攻克雷西城堡,然而它非常坚固,马尔勒抵抗了很长时间,直到看见周边越来越多的军队有序地集结起来,他才投降,条件是大主教、主教们要承诺赦免自己的一切罪孽。城堡守军也自觉投降,托马斯·德·马尔勒付了一大笔赎金,还被迫发誓卫护国王的安全。③ 至于拉昂移民,他们既无能力付赎金也不会被赦免;国王把大多数人绞杀,警示坚守诺让镇的人。④ 克雷西到手后,王室军队向该镇进发,马尔勒的投降令盟友丧失了斗志,诺让没怎么进行抵抗就被攻克了。镇上的拉昂市民被判亵渎神灵和谋逆罪而处死,他们的尸体成了野狗和飞鸟的美餐。⑤

　　拉昂城内,贵族与市民继续明争暗斗,尽管胜负不均,依旧是谋杀抢劫的混战。国王的出现扩充了公社对立派的力量,他们反而变得冷静克制。在短暂的和平时期,人们举行赎罪仪式,修复烧毁的教堂,兰斯大主教专门前来主持庄严弥撒,好让那些暴乱中遇难者的灵魂得到安息。弥撒之间,大主教就当前情势为信徒们做了类似布道的演说,以安抚大家的心绪。他选用了这段圣彼得经文:"敬畏主是

---

① 吉贝尔·诺让:《自传生活》,第三册"拉昂及主教史",吕克·达什瑞编,第515页。
② 吉贝尔·诺让:《自传生活》,第三册"拉昂及主教史",吕克·达什瑞编,第517页。
③ 吉贝尔·诺让:《自传生活》,第三册"拉昂及主教史",吕克·达什瑞编,第517页。
④ "……恐吓那些据守叛民。"吉贝尔·诺让:《自传生活》,第三册"拉昂及主教史",吕克·达什瑞编,第517页。
⑤ 《胖子路易传》,原文本,《高卢史和法兰西史汇编》,卷十二,第42页。

智慧的开端,远离恶便是聪明!""农奴们,"他说,"要对你们的领主敬畏顺服,若你们因为主人的强硬和吝惜萌生了不逊的反抗之心,听听使徒的另一些语录:不仅应服从仁慈温良的人,也服从粗鲁可憎的人。不论谁打着宗教幌子怂恿农奴违抗主人,更何况使用了武力,按教规他们将被逐出教门……"①

上述权威理论并未使拉昂市民甘心容忍古老奴役,记述者形容:"参加了恶劣公社的人民,他们不会就此罢休。"②史籍漏掉了对新一轮动乱的记载,这一次市民显然占了上风。1128年,高德利主教被杀16年后,他的继任者害怕民众的愤怒再次爆发,同意在原公社基础上建立新机构体制。路易六世在一次贡比涅议会上批准了特许状。值得一提的是,人们写特许状时小心避免了"公社"一词,用"和平机构"代替:以前发生的叛乱,让公社变成过于忤逆的词汇。公社的范围叫"和平地界",公社成员按统一模式被称为"那些信守和平的人"。③下面特许状序言里明确规定了拉昂城居民的民事和政治权力,地域是自城墙起,从阿尔顿(l'Ardon)到布勒伊(Breuil),包括吕耶村(Luilly)和它的山坡与葡萄园:

> 以圣父圣子圣灵的名义,阿门。路易,上帝赐予的法兰西国王,致吾全体的附庸、现在与未来的臣民,根据王国贵族和拉昂

---

① 吉贝尔·诺让:《自传生活》,第三册"拉昂及主教史",吕克·达什瑞编,第509页。
② 吉贝尔·诺让:《自传生活》,第三册"拉昂及主教史",吕克·达什瑞编,第509页。
③ 《法兰西诸王法令汇编》,卷十一。康布雷公社情形相同,该公社于1180年被皇帝腓特烈一世取缔,后付钱得以重建,应用"和平"一词为名,据当时的一位作家描述,"公社"是个可憎的词语。编年史,原文本,《高卢史和法兰西史汇编》,卷十三,第541页。

城居民的意见,吾在该城设立一个和平机构。

随后的章节列出了城墙之外的市政管辖界限,原公社基础上设定的不同诉讼司法程序及人头税,继而是赦免法令,内容如下:

完全赦免该特许状批准之前犯下叛乱罪和忤逆罪的所有人。过去因违犯法律而被驱逐的人若想回到城市,将被接纳,并复得他的财产;只有这13个人除外,他们的名字如下:

波马尔的儿子富尔克、拉乌尔·德·卡布里松、雷贝尔的女婿安赛勒、雷贝尔的仆从海蒙、佩恩·希耶、罗贝尔、雷米·布特、梅纳·德瑞、汉鲍尔·德·苏瓦松、佩恩·奥斯特鲁、安赛勒·卡特-梅斯、拉乌尔·加斯蒂内和让·德·莫勒汉。①

我不知道您是否能体会我抄录这些被流放者的名字时的感觉。我不禁再看了几遍,反复默念他们的名字,仿若他们能为我揭开七百年前人们所想所愿的谜底。他们热切追求正义,认为信念比财富更有价值,宁肯脱离原有职业、生意和安宁的生活,也不愿继续做领主保护下的、没有尊严的温顺奴隶。他们缺乏经验,又无人能指点迷津,凭着本能力量投入到政治动乱中——这种力量贯穿始终,是一切的起源,但过于急躁易怒,倾向把民众推上偏离人性的道路。拉昂获得解放,13个人却永远不能返回家乡;也许他们反抗领主特权时,用暴力玷污了这场以家园为利益的斗争,变得路人皆知,或者,他们只

---

① 《法兰西诸王法令汇编》,卷十一,第486页。

是偶然顶替了同胞们的罪名。总之,流放者的名字和短暂历史令我无法平静。它们好比遥远革命真实的、仅存的丰碑,40年来不断撞击着我们的心扉,唤醒我们曾拥有或分享的激情。

## 第十八封信

## 拉昂公社史（下）

革命之后45年里，新公社为拉昂带来和平与繁荣。高德利的继任者们对内战抱有恐惧回忆，可随着时间的推移，主教权势逐渐巩固，他们再次盘算收回所放弃的一切。1175年，罗杰·德·罗索瓦（Roger de Rosoy）任主教时，种种迹象突然显露出来。罗杰主教出身高贵，是石桥镇和阿韦讷①领主的亲戚、埃诺伯爵（comte de Hainaut）②的盟友。借助强大的亲朋，他开始通过阴谋和威胁手段破坏公社政权。主教的诸多联盟令市民们极其忧虑，于是也去为己方寻求外部支持。他们同苏瓦松公社、克雷斯公社、维利公社结好，还与"年轻的"路易七世进行谈判，付给国王一笔钱，请他立誓承认其父授权的

---

① 阿韦讷（Avesnes）是今法国北部—加来海峡大区加来海峡省的一个市镇，属于蒙特勒伊区。——译者注
② 按时间推算应该指鲍德温五世（Baudouin V de Hainaut, 1150—1195）。——译者注

特许状。① 尽管主教激烈反对,恳求国王不要支持造反的农奴,要和教会一致,市民的提议依然被批准了。②

1177年,"年轻的"路易七世承认拉昂和平机构的新特许状。主教对此不仅没有畏难不前,还决心大力开展自己的计划。他通知兄弟罗索瓦领主雷诺(Renaud)和其他朋友,尽可能多地带军队向拉昂聚拢,第二次内战开始。市民一面准备防御,一面将消息发送给盟友公社。这些公社信守承诺,国王行政执行官也在管辖区内招募了一些军队。③ 市民不愿意躲在城墙后面固守,刚收到敌军迫近的消息就立即前进迎战。一路上他们群情沸腾,把涉嫌反对公社的贵族们的房屋一一捣毁。接着市民们来到离一个叫圣马丁·德·贡波尔(Saint-Martin de Comporte)不远的地方,发现前方大批骑士按战术规则排成队形。市民的鲁莽进攻无法动摇敌方阵线,己方还很快溃退,被骑兵追击,混乱中伤亡惨重,好不容易返回城内。④

见主教一派围攻拉昂,国王亲自打头阵,率领军队去攻打罗索瓦和其同伙的领地。罗索瓦等无法抵御王室的军队,就向亲戚埃诺伯爵和一位帝国大诸侯求援,拉昂内战随即上升为国家间的战争。埃诺伯爵召集了七百骑士、数千步兵,部队的前锋轻而易举地冲到苏瓦松附近。

国王的精力因而分散,被迫撤退进行防守,同意与拉昂公社的反对派签订合约,但不包括主教罗杰,他的财产被扣押。人们指控罗杰发动贡波尔之战并亲手杀死很多市民。罗杰当众发誓辩解,通过教

---

① 编年史,原文本,《高卢史和法兰西史汇编》,卷十三,第682页。
② 编年史,原文本,《高卢史和法兰西史汇编》,卷十三,第682页。
③ 编年史,原文本,《高卢史和法兰西史汇编》,卷十三,第682页。
④ 编年史,原文本,《高卢史和法兰西史汇编》,卷十三,第682页。

皇求情，国王赦免了他，恢复其主教头衔并归还了财产，前提是要保障公社和平。① 罗杰·罗索瓦从此打消武力夺取拉昂市民自治权的念头，专心等待有利时机来完成自己的宏愿。1180年，路易七世去世，主教向新国王菲利普·奥古斯都申诉。

这些抱怨对国王影响甚微，直到主教提出一种适当的方法，才获得国王的赞成。主教拥有瓦兹河畔拉费尔领地(la Fère-sur-Oise)的继承权，用它换取对拉昂公社特许状的废除，在主教看来并不吃亏。②1190年，王室诏令如下：

> 愿我们的灵魂能够避免陷入险境，吾彻底取缔拉昂公社，因为它违背了圣玛丽大主教堂的权力和自由。吾决心这样做，也出于对上帝和仁慈的圣母玛利亚的爱，为了正义和耶路撒冷朝圣的圆满结束。③

第二年，国王菲利普却全面更改了有关拉昂公社的法令，与市民的金钱交易令他把所谓"灵魂陷于危险境地"等说词忘得一干二净：

> 菲利普，上帝赐予的法兰西国王，致现在与未来的所有臣民，吾先祖国王路易曾善意地授予拉昂居民和平，吾父亲虔诚的路易，也立下誓言授予他们同样的和平，正如吾读到的、经认证的特许状条文，征得市民同意，吾废除原有特许状，以新协议取

---

① 原文本，《高卢史和法兰西史汇编》，卷十三，第578页。
② 尼古拉·勒隆(Nicolas Le Long)：《拉昂主教管区史》，第275页。
③ 《高卢编年史》，第九卷，535页。

代,内容如下:根据他们的和平机构协议,每年吾抵达该城时,上述市民为吾提供 3 次住宿,如果不去,就付给吾 20 里弗尔。吾不再提出住宿权①或 20 里弗尔的要求,同意免除,条件是,每年诸圣瞻礼节他们要付给吾及吾继任者 200 巴黎里弗尔。以本协议为证,吾永久维护并确认上述和平机构。②

罗杰主教的继任者们不如他崇武好战,只能从精神上压制拉昂公社。13 世纪期间,市长与陪审员(也称为助理法官)多次被逐出教会。绝罚的最初借口是公社囚禁了一些神职人员或教堂仆从,只是因为他们侮辱、殴打一个市民。事实上,大主教区教务会仇视公社,引发大量私人纠纷,导致骚乱频繁,而教务会忽略处罚诉讼当事人,公社唯有行使自己的司法权,加以严厉制裁。③ 拉昂主教给教皇使节、国王和法兰西主教们写信,控诉市政当局越权;城中张贴放逐告示,公社司法官员要做到让教会满意,绝罚才可撤销。服从是必要的,市民支付了罚款,接受了教皇威权强加的屈辱仪式;他们内心的政治信念则坚定不移。

1294 年,有两个骑士和某市民争吵,事件严重到后者在自己家中被骑士殴打。这次凌辱是让公社成员愤慨的多个缘由之一。邻居们听闻吵闹声后赶来,目睹了暴力行径,他们用棍子和石块追打两个骑士。④ 两个骑士是大主教区教务会一个神职人员的亲戚,他们穿街

---

① 住宿权(Le droit de gîte)是法国国王或领主的权利,他和随员在领地上巡游时,当地人要提供住宿、食物。——译者注
② 《法兰西诸王法令汇编》,卷十一,第 287 页。
③ 《高卢编年史》,第九卷,537 页。
④ 《高卢编年史》,第九卷,543 页。

过巷,担心找不到可以躲避的地方,就跑到主教堂,那个亲戚为他们打开了大门。顷刻谣言四起,说教务会表态站在侵犯市民居所的骑士一方。谣言传遍所有街区;人们敲响警钟,关闭城门,全体司法官员集合,向庇护骑士的教堂汇聚,高喊打开大门,接受审判。骑士们不予理睬,教务会声称两人享有特权,还强调庇护权的神圣性,拒绝强迫他们走出教堂。民众被激怒了,砸开教堂大门,不顾急忙前来告诫的财务司库和议事司铎,他们抓住那个神职人员和两个骑士,痛殴三人至流血。①

这样看来就是亵渎教堂了,教务会不再举行任何日课,把圣器运送到其他地方。教务法官宣布开除渎圣者的教籍,之后主教禁止市政司法人员踏入城市,将他们逐出教会,理由为市政司法人员是公社的监护人和代表,他们目睹混乱发生竟不制止。教务会集体向教皇博尼法斯八世投诉,教皇写信给(法国)国王"美男子"菲利普四世②,敦促他惩罚罪犯,全面支持拉昂教会的诉讼,最终铲除破坏教会和平及权力的公社。③

国王派来名叫皮埃尔·德·萨尔金(Pierre de Sargine)和让·乔塞尔(Jean Choisel)的两位专员详细调查发生的事情,他们把编写的调查报告呈交给最高法院,法院宣布对拉昂公社的判决,以下是部分段落:

> 鉴于:拉昂市民聚众敲钟,关闭城门,煽动百姓,冲进主教

---

① 《高卢编年史》,第九卷,543页。
② "美男子"菲利普四世(Philippe Ⅳ le Bel, 1268—1314),卡佩王朝第11位国王。——译者注
③ 《高卢编年史》,第九卷,第543页。

教堂,亵渎圣物,不尊重教会豁免权,用武力捆绑一位神职人员和几个贵族骑士,骑士为摆脱跟随的敌人躲避到这个能保护他们生命的圣洁之处,却遭到严酷虐待,其中一位骑士伤重致死,市民侵犯该教堂自由,在场有多个公社官员、助理法官、陪审员等,而其他市政法官对上述罪行不仅没有进行竭力的、应当的制止,反而施以援手,出谋划策,袒护罪犯;根据对整个事件的调查,以及听取的证人证言;法庭宣布该市市民、市长、陪审员、助理法官和拉昂城的其他行政官们,犯了上述罪行,判决如下:剥夺公社和任何名称的选举团体的一切权力,永远没收他们的警钟、印章、公社钱箱,废除特许状、特权、司法权、审判权、市政法院、陪审员办事处和公社其他权力。[①]

但是,市政宪法已存在近 200 年,不可能突然作废,况且最高法院的判决也难以一字不差地执行。为了避免 12 世纪拉昂暴动场面的重演,国王不得不马上撤回针对市民的宣判,通过一部特许状暂时保留他们享受的政治权力。该特许状表明,拉昂公社经国王之手有限制地重新建立,其主要条款是"该公社和其市政法院之权力的生效完全根据吾意愿"。[②] 大主教区教务会一方,被迫就国王勒令的赔罪与市民妥协,双方任命的仲裁员们决定,由公社付给教堂一份年金,并举行一些赎罪仪式。随后在第一个隆重宗教节日那天,百名原公社市民赤脚排队,身上既无长袍也无腰带,最前面的人扛着十字架,

---

[①] 查理四世时的特许状序言重复了这个宣判。《法兰西诸王法令汇编》,卷十二,第 465 页及后。
[②] 《法兰西诸王法令汇编》,卷十二,第 465 页及后。

从拉昂山脚一直行进到大教堂。有三人怀抱20斤重的人物蜡像,交付给教长和议事司铎,作为一种归还的象征。接着教皇训谕,撤销判决和禁令。①

法兰西国王的立法决议在一段时期内变得强硬起来,这是自出现公社起绝无仅有的,也令拉昂公社的局面变得特别不稳定。它的存在完全取决于菲利普四世和其继任者的意愿和利益。整个菲利普四世统治期间,形势对公社十分有利,因为拉昂解放事业的敌人,在法兰西宫廷与教皇的冲突中属于教皇一党。博尼法斯八世为奖励支持者的热忱,甚至发布诏谕,宣布凭教皇权威永远废除拉昂公社,可是被国王一把火烧掉了。② 1316年,菲利普五世③继承兄长路易十世的王位,同公社的敌人也不怎么友好。也许由于时间的推移,他对认可的权力予以了一种尊重,或者,市民们为让他维护拉昂暂时的自由献出一笔钱,菲利普五世批准了菲利普四世时的特许状,同意市民行使他们的权力,"只要不违背王室的意愿"。此后,王室法庭不断接到拉昂市民和主教教务的诉讼,双方递交请愿书,前者要得到最终承认,后者要恢复菲利普四世颁布的法规。

查理四世④使主教一派胜诉,1322年,他继位一年后,颁布取缔拉昂公社的法规,最后几条如下:

---

① 尼古拉·勒隆:《拉昂主教管区史》,第308、309页。
② 尼古拉·勒隆:《拉昂主教管区史》,第311页。
③ 菲利普五世(Philippe le Long, 1292—1322),又称"高大者"菲利普。卡佩王朝第14任国王。他是路易十世的弟弟及查理四世的兄长。——译者注
④ 查理四世(Charles Ⅳ le Bel, 1294—1328),卡佩王朝的法兰西国王和纳瓦拉国王(1322年起)。——译者注

经过磋商讨论,凭吾至高王权,吾裁定并命令,拉昂城及郊区将来不能存在公社、选团体、教育机构、市政法院、市长、陪审团、公社钱箱、钟楼、警钟、印章,也不能有属于公社的任何其他事物。以吾之博学与王室权威,吾取缔该城城区和郊区的上述公社机构和一切所属权力,宣告它们被永远废止,吾命令现在及未来的市民和居民,对公社、团体、学院、市政府、市政厅、钟楼、印章、公社钱箱的全部相关特权不再提出申请和投诉,永远保持缄默。吾进一步裁定,禁止市民和居民用请愿书或任何其他方式谈及这些事物,吾宣布,确认上述权力的全部文件都是无效的,把以前隶属公社的司法审判权归并给王室的拉昂司法行政官。①

以上强制性条款没有让拉昂市民们对诉讼完全绝望,他们也不会因畏惧牺牲而退却,而是继续与国王的官员谈判。尽管明令禁止经任何途径讨论此事,官员对市民们的献金却没有拒绝,他们已接受了对方当事人的诉状,此事拖延下来,直到1328年查理四世去世仍未解决。菲利普六世②继任时,新一轮争吵更激烈地展开。拉昂主教和教务会主张,国王作为教会的特殊捍卫者,应该严格执行关于拉昂公社的判决,对它"众所周知、卑劣可耻的恶行"加以惩处。他们指出,如果不执行这一判决,很多"损害和投诉"会接踵而来,还补充说城里许多人认为公社的存在是不利的。③ 市民代理人重新出示证据

---

① 《法兰西诸王法令汇编》,卷十二,第465页及后。
② 菲利普六世(Philippe Ⅵ,1293—1350),瓦卢瓦王朝的第一位法兰西国王。——译者注
③ 《法兰西诸王法令汇编》,卷十二,第3页及后。

反驳这些论点：1294年的裁决就没有执行，不法行为通过各种赔罪都得到纠正，况且所有罪犯已死亡。① 市民的论证或是他们的献金占了上风，法院裁定："依据至高王权，国王任何时候都有权在拉昂城建立公社，只要这是出于他的意愿，符合他的利益。"判决同样要求教长、主教和教务会"永远保持缄默"。但不到两年，主教艾伯特·罗伊（Albert de Roye）递交了他的诉状，想说服同一位国王认可诉讼理由，即使后者明白控诉市民的辩护词中"仇恨多于对正义的追求"。② 高级神职人员采用了新的劝说手段，比如1330年4月29日送到法兰西财务官手里的一大笔钱③，1331年初，整整过去两个世纪后，废除拉昂公社或和平机构的法令终于颁布。

> 菲利普，上帝赐予的法兰西国王，致现在与未来的全体臣民，吾考虑到以前的拉昂公社，因众所周知的、严重可耻的劣迹和罪行，曾被敬爱的国王"美男子"菲利普伯父的法庭判决永远取缔和废除，又被敬爱的国王、灵魂归属上帝的菲利普和查理授权确认，经过全面研究讨论，吾命令，不能在拉昂创办或建立公社、选举团、学院、市政法院、市长职位、陪审团或其他任何机构以及类似隶属组织；吾认为，自拉昂公社被废除，吾臣属政府对该城管理良好，在国内其他大都市和优秀城镇也是如此，这些地方既没有公社，也没有市政法院，广泛严谨的磋商后，吾任命下述政府：
> 韦尔芒杜瓦的国王司法执行官，或者他的副官，负责受理拉

---

① 《法兰西诸王法令汇编》，卷十二，第3页及后。
② 《法兰西诸王法令汇编》，卷十二，第3页及后。
③ 《高卢编年史》，卷九，第546页。

昂的全部事务，无论是否涉及司法诉讼。

将于拉昂设立城区司法行政官的薪职，代表国王在原公社或和平机构管辖区，执行由高至低的司法权。

司法行政官指定各行会的总会长。

拉昂居民为看守牧场、维护行业规则和特许经营权，监管水井、喷泉，以及支付终身年金和永久年金所需一切款项的征收，由司法行政官从民众中挑选的六人负责。

拉昂不再有钟楼，两座警钟将被运走，充入国库。

保留马特尔门（Porte Martel）塔楼上的两座警钟，较大的一座作为晨钟、警钟和宵禁钟；较小的用作集合警戒。①

公共建筑的名称大多有所更改，两座公社大钟运走后，有法令禁止人们称塔楼为钟楼。②

当权者大概希望用这些条文来去除古老城市的民主记忆，让人们忘记通知自由市民召开集会或发布预警信号的所有方法。城市中心的钟楼或公社塔楼，是中世纪小共和政体引以为豪、互相竞争的标志。自由民花费大量金钱建造装饰它们，从远望去，钟楼洋溢着权力的气息。南部公社之间尤其盛行这样的角逐，彼此试图超越对方的辉煌，样式古怪离奇，人们给那些建筑冠以宏亮讲究的名字，比如米兰达（拉丁文"mirandus"，指令人钦佩的）或梅尔维耶（"Merveille"，指奇观）③；仿佛著名的比萨塔都应向这种独特的建筑风格表达敬意。

---

① 《法兰西诸王法令汇编》，卷二，第77页及后。
② "……禁止继续把该塔楼称作钟楼。"《法兰西诸王法令汇编》，卷十二、卷十一，序言。
③ 参见雷诺阿：《吟游诗人歌集》。

# 第十九封信 亚眠、苏瓦松和桑斯公社

亚眠公社的历史可追溯到1113年,也就是拉昂革命劫难后的一年。看起来,拉昂的例子令亚眠居民第一次对自治产生了向往。不过,亚眠的情况并非像拉昂那么简单,这座古老的城池至少有四位领主。主教行使城市一部分的主权,伯爵拥有另一部分,子爵是第三位领主,最后是一座名为"卡斯蒂永"(le Castillon)的雄伟塔堡,它的主人对城堡邻近地区有同样的主权。① 四类主权里,得到广泛拥护但实际上最弱的是主教主权,主教没有军兵,在伯爵面前总战战兢兢,即使受到其他领主的侮辱也不敢反驳。出于利益或正义,亚眠主教应当赞成创建公社,让与公社一些权益,从而获得它的支持,让公社动摇其他三位领主的势力。

偏巧任主教一职的若弗鲁瓦是那个时代的开明人士,一位道德典范,对公共福祉充满热忱。他不是畏惧拉昂发生的可怕场面,而是

---

① 吉贝尔·诺让:《自传生活》,第三册"拉昂及主教史",吕克·达什瑞编,第517页。

理解自治独立和保障个人财产安全的合法愿望。他轻松无偿地做出让步,同意市民的请求,并帮助他们举行市政选举。① 在民众欢呼中,1 名司法长官和手下 24 名助理法官顺利组成市政府,新公社颁布如下法令:

> 每位成员都将宣誓保持忠诚,为一切正义之事提供援助和建议。
> 
> 若有人故意违反公社律法,经过证实,如果可能,公社将拆除他的房屋,不许他居住在公社范围之内,直到他赔罪。
> 
> 不论谁在自己家中故意接待公社的敌人,与之交谈,或买卖物品,或吃喝,或给予敌人一些救济,或提供反对公社的帮助和建议,将被视为冒犯公社,除非他立刻到法庭赔罪,否则,如果可能,公社将拆除他的房屋。
> 
> 不论谁有侮辱公社的言行,经人目击并通知公社,若被告拒绝出庭,如果可能,公社将拆除他的房屋,不许他居住在公社范围之内,直到他赔罪。
> 
> 若司法长官行使司法审判权时,有人用侮辱性语言攻击他,这个人的房屋将被拆除,或陪审团出于慈悲将允许他支付赎金保留房屋。
> 
> 任何人不得在城市郊区的路口骚扰公社居民或进城兜售货物的商贩。若有人胆敢这样做,将被视为危害公社者,他本人或财产将受到判罚。
> 
> 若某公社成员抢走一位陪审员的物品,他将受到公社司法

---

① 吉贝尔·诺让:《自传生活》,第三册"拉昂及主教史",吕克·达什瑞编,第 515 页。

长官和助理法官们的传讯,并被助理法官们判处赔偿。

若偷盗的人不是公社成员,且此人拒绝接受郊区的司法管辖庭传讯,公社通告罪犯所居住的城堡的人,如果能够抓住罪犯,将扣押他或他的物品,直到他支付赔偿金。

若某人用武器伤害了某陪审员,除非有证人发誓证明他的无辜,否则伤人者将被砍去一只手,或支付9里弗尔,6里弗尔用于建造城市和公社的防御工事,3里弗尔作为手的赎金;如果无力支付,在公社的怜悯下他将失去一只手。

若外人殴打或伤害了公社成员并拒绝接受法庭传讯,如果可能,公社将拆除他的房屋;如果抓住此人,司法长官和助理法官将一同审判他。

若某人用"农奴"、"叛徒"、"小人"或"无赖"等词称呼某陪审员,他将支付20苏的罚款。

若某公社成员故意购买或出售掠夺来的物品,该物品将被收缴、归还给被掠夺的人,只要他或他的领主未曾做出违反公社规定的事情。

在公社范围内,我们不允许任何人雇佣杀手伤害公社成员。

各种诉讼的原告、被告和证人,如果他们愿意,可由律师代替阐述辩词。

所有这些权利、司法长官和公社的法规,只有在宣誓者之间有效,在宣誓者和未宣誓者之间没有平等司法权利。①

---

① 《法兰西诸王法令汇编》,卷十一,第246页及后。菲利普·奥古斯都重新制定的特许状中可找到该特许状原文,有五十条之多,我只列出了最重要的部分,并为了更连贯而改变了顺序。

主教和亚眠市民们共同制定的特许状被递交给其他的三位领主,请他们承认。势力最弱的子爵同意保障公社的一些权力,自己为其余权力付了一笔可观赎金。伯爵却什么也不想听,表示坚决捍卫伯爵名下的一切特权直到最后,还拉拢大塔堡领主支持自己。于是伯爵一派和公社之间的斗争拉开序幕。亚眠伯爵安居朗·德·博夫(或德·库西[Enguerrand de Boves 或 de Coucy]),就是拉昂公社篇里的托马斯·德·马尔勒的父亲。为了对抗强大的敌人,亚眠市民们向国王请求援助,经过主教斡旋,公社用钱买到路易六世的授权,获得官方式样的市政特许状。① 安居朗·德·博夫不管不顾地继续揽权,派骑士和弓箭手在亚眠城中巡逻。市民们受到训练有素的军队威胁,只能像拉昂人一样求助于曾与自己父亲交战的、著名的托马斯·德·马尔勒。②

在他的支援下,市民们成功把伯爵赶出城,他被迫退向大塔堡,那里的领主亚当为伯爵敞开了大门。市民们猛烈攻击这座据说固若金汤的塔堡,一个突发事件却扭转了局面,摧毁了公社的希望。高龄的安居朗·德·博夫已无法攀上马背,何况频繁迎战市民,如他所说的他不能忍受小酒馆老板和屠夫对自己笨重身躯的嘲笑。痛恨亚眠市民的伯爵舍弃了对儿子的不满,他们重归于好,缔结联盟反对公社、子爵和主教。③ 他们开始掠夺、焚烧、毁坏主教的土地,无论是他个人的还是教会领地。托马斯·德·马尔勒残酷无情,从第一天他攻击前盟友起,共亲手杀了 30 个人,烧毁好几座教堂,不过狂热的马

---

① 吉贝尔·诺让:《自传生活》,第三册"拉昂及主教史",吕克·达什瑞编,第 515 页。
② 吉贝尔·诺让:《自传生活》,第三册"拉昂及主教史",吕克·达什瑞编,第 515 页。
③ 吉贝尔·诺让:《自传生活》,第三册"拉昂及主教史",吕克·达什瑞编,第 515 页。

尔勒很快陷入埋伏还受了重伤,只得离开亚眠回到自己的领地休养。①

临走时,他将最精锐的部队留在卡斯蒂永堡,这座堡垒位于城墙一角,可以直接从城外接收军需供给,增补援兵。退守城堡的军兵日夜袭击亚眠,任意屠杀妇女儿童,抢劫纵火取乐。市民苦无有效的围攻方法,完全是被动抵抗,他们非常沮丧。②若弗鲁瓦主教看到所爱护的子民们遭受苦难,陷入巨大的悲伤;整个事件起因与他有关,主教感到绝望,甚至正义的信念也有所动摇。教会内部有人指控主教煽动民乱,又无力平息,他便屈从了纷扰自行停职③,向兰斯主教交还权杖和戒指,先隐居在克鲁尼修道院(le monastère de Cluny),然后去了格勒诺布尔附近的大查尔特勒斯修道院(la Grande Chartreuse)④,接到兰斯大主教传唤他才返回。这时路易六世由于神职人员的投诉,决心和托马斯·德·马尔勒开战,若弗鲁瓦一个人在克雷西和诺让奔走,为抵抗可怕诸侯的人们带来一些希望。⑤

参加战争的两方形成鲜明对比,亚眠公社的敌人马尔勒领主是拉昂公社的盟友,叛乱要犯们躲在他的领地;而国王为了援救亚眠公社,攻打这位领主以便压制拉昂。托马斯·德·马尔勒投降后,路易六世率军来教训安居朗·德·博夫,因为后者是马尔勒的父亲,也是盟友和同谋。

国王进入亚眠鼓舞了人们的士气,增加了大家的斗志,1115年

---

① 吉贝尔·诺让:《自传生活》,第三册"拉昂及主教史",吕克·达什瑞编,第516页。
② 吉贝尔·诺让:《自传生活》,第三册"拉昂及主教史",吕克·达什瑞编,第516页。
③ 吉贝尔·诺让:《自传生活》,第三册"拉昂及主教史",吕克·达什瑞编,第516页。
④ 吉贝尔·诺让:《自传生活》,第三册"拉昂及主教史",吕克·达什瑞编,第516页。
⑤ 参见第十七封信。

圣枝主日①,与民众志同道合的主教向国王和众人就当前战事进行布道。他引用《圣经》的语句严厉抨击和谴责大塔堡守军,以上帝的名义承诺,攻击城堡而战死的人将进入天国。② 他们决定集合王室军队和有优良武器的市民,由国王亲自率领发起总攻。主教还赤足走进圣阿舍勒墓③(saint Acheul),为战斗的成功热切祷告。④ 总攻这天,国王的工程队员推动一台台塔车,朝卡斯蒂永堡前进,车上的木质高塔用来装载士兵,塔车靠近城堡时人们放下吊桥,可直接连通城墙围垛。尽管王室军队能征善战,市民们也充满牺牲精神,卡斯蒂永大塔堡依然坚不可摧。一次次进攻被击退,好几辆塔车被守军从上面投下的石块砸毁。城墙脚下及攻城塔车里,到处是阵亡的军兵和市民,国王自己胸部中箭,箭头穿透了胸甲。⑤

路易六世迫使托马斯·德·马尔勒请求教会的赦免,并保证安分守己,已经完成他远征目的,没想到新的战斗为自己招致了危险和疲惫。国王撤离时留下一些部队,在市民配合下,团团围困大塔堡。⑥两年之后守军投降,卡斯蒂永堡立即被拆除,夷为平地。主教若弗鲁瓦丝毫不掩饰他对人民自由事业的支持。他蒙受过贵族和神职人员中的众多公社反对派指责,但主教的品行是如此纯洁,他的宗教热情

---

① 圣枝主日(Le dimanche des Rameaux),亦称"棕树主日"或"基督苦难主日"(因主耶稣基督在本周被出卖、审判,最后被钉上十字架),是主复活日前的主日,标志着圣周的开始。
② 吉贝尔·诺让:《自传生活》,第三册"拉昂及主教史",吕克·达什瑞编,第517页。
③ 圣阿舍勒(saint Acheul)是亚眠教区受尊敬的天主教会圣人。亚眠有圣阿舍勒修道院(Abbaye de Saint-Acheul),建于1124年。1790年法国大革命期间关闭。——译者注
④ 吉贝尔·诺让:《自传生活》,第三册"拉昂及主教史",吕克·达什瑞编,第517页。
⑤ 吉贝尔·诺让:《自传生活》,第三册"拉昂及主教史",吕克·达什瑞编,第517页。
⑥ 吉贝尔·诺让:《自传生活》,第三册"拉昂及主教史",吕克·达什瑞编,第517页。

那么强烈,主教逝世后,教会为他封圣。假若建立公社并非主教获得光荣称号的原因,7个世纪后就让我们在他的功绩中加入这一条,作为最崇高的理由来怀念他。

亚眠公社与旧领主顽强抗争期间,苏瓦松和平地建立了公社,获得自治权。两个邻近城市的暴力对抗令苏瓦松主教和伯爵惶恐不安,因此他们赞成组创一个市政府以维持安宁,但关于政府的特权范围进行了一番争执。为该地区的和平,国王批准了新特许状,同意在苏瓦松城内,让拥有城内或郊区房屋或土地的全体人员建立公社,特许状主要条款如下①:

> 住在苏瓦松城城外、某领主土地上全体居民为公社宣誓:若有人拒绝,那么宣誓的人们将对他的房屋和钱财做出判罚。
>
> 公社地域之内,所有人根据己力互相帮助,无人能以任何理由剥夺公社成员的财产或强迫他们支付人头税。
>
> 当公社集会的钟声响起,若有人不去参加集会,他要支付12德尼尔的罚金。
>
> 若有人做出违反公社规定的事,还拒绝在陪审团面前赔罪,公社人民将审判他。
>
> 公社成员在征求他们的领主允许后,可以娶自己喜欢的女子为妻;若领主拒绝,或未经他的同意,有人娶了从属于其他领主的女子为妻,受到自己领主投诉,此人只需支付5苏的罚金。
>
> 若一个陌生人带着他的面包和酒,想安全存放它们而来到本城,突然他的领主和公社的人发生纠纷,如果此人未曾犯罪或

---

① 《路易六世特许状》,原文本,《高卢史和法兰西史汇编》,卷十四,第73页序言。

参与犯罪,将有 15 天期限卖出面包和酒,带着钱离开城市。

若苏瓦松主教带一个人进城,后者对公社某成员犯下重罪,当告知主教此人是公社敌人后,这一次允许主教带走罪犯,未经负责维护公社的人同意,绝不能以任何方式把他再次带回。

除了违反公社法规和因宿怨报复之外的一切渎职罪,都将被判支付 5 苏的罚金。①

新法规的颁布没有遇到阻碍,然而刚一执行就出现了麻烦。被触及利益的人同时跳起来表示反对。法律规定对犯下轻罪的人一律只收 5 苏罚金,世俗领主们对此非常生气。土地靠近公社界限的领主抱怨他们的农奴在市民示范和怂恿下有恃无恐,拒绝或推迟交付年贡和人头税。另有人不赞成对公社成员娶外面女子处以固定的罚金,他们抗议说,女子身体和财产都属于领主,若未经主人允许就加入公社,也应该处罚。有的领主投诉,他们土地上的居民擅自离开,到苏瓦松定居。还有领主指责公社的暴力行为,因为他们在扣押那些犯下叛逆罪或不从事劳役者的家具时,公社插手阻止。苏瓦松商贩进城的通行税或食品入库税的提高也被归咎于市民。最后,主教批评公社占用他的回廊举行审议集会,把大堂变成了公共监狱。②

自公社建立的 20 年里路易六世反复收到这些投诉,他终于决定

---

① 特许状原文已丢失;但我在菲利普·奥古斯都确认的特许状中找到该特许状正文,很多条款源自《博韦特许状》,我把它们删除,并改变了其他条款的顺序。《法兰西诸王法令汇编》,卷十一,第 219 页。
② 《路易六世特许状》,原文本,《高卢史和法兰西史汇编》,卷十四,第 73 页序言。

受理。1136年,国王在圣日耳曼昂莱①的王室法庭上,传讯苏瓦松市长和陪审团。苏瓦松城主教戈斯林(Goslin)以自己的名义并代表其他投诉者作为原告出庭。法庭裁决,苏瓦松公社于城市及郊区都篡夺了不属于它的、领主们的权力,严重超越了特许状内容,责成公社以后必须自限收敛。被传唤的司法官员当着国王的面发誓服从判决,宫廷总管大臣去苏瓦松接受了全公社的宣誓。该强制协议只有一个叫西蒙的牺牲者,王室法庭认为他挑唆民众,下令把他驱逐出城。②

苏瓦松公社特许状成为皮卡第、香槟省,甚至勃艮第的许多城市的特许状模板。1146年,桑斯市民组成共同防御协会,得到了国王路易七世的批准。可是桑斯市政机构刚一成立,教会神职人员特别是圣彼得勒维夫修道院(Saint-Pierre-le-Vif)的人发出呼吁,要废除他们的司法权。那时教皇恩仁三世③被迫离开罗马来到法兰西,国王在第戎隆重地接待了他。圣彼得勒维夫修道院院长埃尔波特(Herbert)代表桑斯神职人员,出面向教皇呈请。这个使命圆满完成,国王在教皇的诉求下,勒令新公社立即解散。④

---

① 圣日耳曼昂莱(Saint-Germain-en-Laye)是今法国巴黎西部的一座城市,它位于法兰西岛地区的伊夫林省。圣日耳曼昂莱最初是一座由法国国王罗贝尔二世于1020年建立的修道院。这座修道院就位于今天市内圣日耳曼教堂的所在地。1238年,路易九世在这里建造了一座宫殿;1348年,查理五世在这座宫殿的废墟上重建了一座新的宫殿。弗朗索瓦一世、亨利四世和路易十三世都对这座宫殿和城市进行过翻修。——译者注
② 《路易六世特许状》,原文本,《高卢史和法兰西史汇编》,卷十四,第73页序言。
③ 真福教皇恩仁三世(Pope Blessed Eugene Ⅲ,1088—1153),又译为尤金三世,1145—1153年任教皇。
④ 编年史,《圣彼得勒维夫修道院》,原文本,《高卢史和法兰西史汇编》,卷十二,第284页。

埃尔波特院长回到桑斯,他一边喜悦地接受同僚的致谢,一边为跟随国王到圣土旅行做准备。桑斯人正在严格执行国王的命令,院长的返回激怒了市民,他们武装聚集起来攻击圣彼得修道院。市民们砸开门,杀死院长和他的侄子,这年轻的骑士充满勇气,试图保护院长。由绝望到狂暴犯下的罪行,必定要受到极严酷的惩罚。国王派遣两支部队包围桑斯城,逮捕了一大批参与骚乱的人和帮凶:很多人未经审判就遭处决,士兵们用一种极端方式把犯人拽上圣彼得塔,从那里抛下。另一些人被押送到巴黎受审,刽子手砍下他们的头颅。①

这次失败令桑斯公社的很多人失去了生命。菲利普·奥古斯都统治时,桑斯公社自然而然得以重建,起初国王默许,后庄严立法批准,最终的确认发生在1189年,也就是发生骚乱43年后,不过若从王室特许状序言来判断,桑斯市民与神职人员之间的战争始终没有平息。"为了维护今后的和平,吾诚挚授权建立桑斯公社。除了吾退还给桑斯大主教、教堂、神职人员的男女仆从,城内和郊区的每个居民和加入公社的人都应宣誓……"

苏瓦松公社的特许状有很高的声誉,公社的实际情况却较糟糕,甚至相当不幸。它的历史仅仅是市民、法官们同教堂、教务会达官显贵间的一系列争吵。② 教会一方不断和国王申诉,威胁要停止日课仪式,不是由于公社超越了司法管辖权,就是公社否定了他们的判决。有次在前修道院回廊旧址上建造的房子里,公社抓住了个嫌犯,另一次,某个捣乱的神职人员被关进钟楼,虽然他有豁免权。市民粗暴应

---

① 《路易七世统治史》,原文本,《高卢史和法兰西史汇编》,卷十二,第126页。
② 《法兰西诸王法令汇编》,卷十一,第262页。

付或羞辱教务会成员或官员；有时他们根本不愿敲响警钟，拒绝救助那些被苛待的人，遇到打群架也不会如往常那样叫喊"来人啊，来人"。13世纪下半叶，巴黎最高法院受理了以上投诉，神职人员赢得诉讼，公社被判不仅要向国王及教会支付巨额罚金，还要承担一切诉讼费用。① 总金额之大使城市负债累累，只能靠压垮市民的繁重税赋来还款。到了最后关头，居民们无可奈何，向国王查理四世出售公社的废除权，让苏瓦松归附到王室司法行政体制内，条件是国王负责公债的偿还。这项提案获得批准，1323年双方签订条约：

> 查理，上帝赐予的，等等，让现在与未来的人都知晓，吾收到苏瓦松公社市民和那里居民的恳求，也因发展趋势的必然，他们此后永远归属以吾名义建立的行政司法机构管辖，撤销公社市长，解散陪审团，经上述居民恳求，吾凭借如下内容的条约，接管该公社和其司法管辖区、职业规则、薪金，吾将设立司法行政机构并派驻司法行政官，从现在起以吾名义实施管理；吾希望，被派驻到该城、以吾名义管理城市的司法行政官按照律法和习俗，给予居民公社时期的自由和特权，但不再有司法长官和陪审团。②

转型后公社各方面与目前法国城市的行政制度类似，苏瓦松市民们对原有的自治方式并非毫无留恋，他们回顾往昔，怀念公社的旗

---

① 克劳德·道尔梅：《苏瓦松史》，卷二，第300页及后。
② 《法兰西诸王法令汇编》，卷十一，第500页。

帜、钟楼、公共选举和集会。① 卸掉了债务负担,市民们却为失去他们的旧法律和祖传的自由而感到屈辱。将权力交回查理四世不到 10 年,市民们同继任者瓦卢瓦的菲利普六世开始新的谈判,想收回让与的一切。

市民代表陈述,苏瓦松城没有治安组织,没人负责公共事务,全部问题都被忽视,人们听任公共建筑闲置,收益白白损失。况且如此高贵的古城相比其他城市,非但在律法和特权上十分逊色,还被剥夺了所有,这令它显得衰败萧条。② 国王听了这些诉愿,仍不同意恢复 12 世纪市民自治黄金年代建立的公社。他坚持让王室司法行政办公处以他的名义治理苏瓦松城,只允许市民们每年选出四人,以助理法官的称号协助司法行政官行使司法权,照管公共事务。③

亚眠公社持续了更长的时间,慢慢失去了一个又一个先前特权。公社曾被菲利普四世下令中止,1307 年又由同位国王重新建立,很可能是市民付出的巨款挽救了公社。公社和平度过了旧市政特许状的整个命运历程。司法长官和 24 名助理法官的选举一直持续到 1597 年,亨利四世的一项诏令同时缩减了民选司法官员的数量和他们的特权。公社继承的古老伯爵特权和大部分收益都被剥夺,市政法院管辖范围仅限于审理轻罪、市民之间的纠纷,以及有关街头治安、职业行规、巡逻任务和军兵住宿的诉讼。④

在公共仪式上和过去一样,象征着高等法院、生死权的标识依旧伴随亚眠市长和市政官员左右;两名指定的城市官员、外省称作"埃

---

① 指 1828 年法国城市的行政制度。——译者注
② 克劳德·道尔梅:《苏瓦松史》,卷二,第 316 页。
③ 克劳德·道尔梅:《苏瓦松史》,卷二,第 310 页。
④ 戴尔神父:《亚眠史》,卷一,第 60 页及后。

斯帕隆(espadrons)"①,各持掌一柄造型古典的短剑,意味着实际上不再拥有的权力。大多数著名公社盛行类似的风俗,今天在前图卢兹市政官员们举行议会的哥特式大厅里,还展示着代表司法官员权力的阔剑,相当于执政官的利斧。它是一把尖端成凹形的大弯刀,钢制手柄,没有护手,外观威严,流行传说中该器具是1632年为处决蒙莫朗西元帅②而特殊建造的。其实,人们稍微留意一下就会明白,它不过是一件阅兵用的武器,刀背上配有凸出的细绳,绝不可能砍断头颅。可打破的传说会由另一个接替,人们把知名人士同各类新词语荒谬地联系到一起,这就需要历史学家澄清困惑,反驳流行的观点,指出错误。

---

① 戴尔神父:《亚眠史》,卷一,第60页及后。
② 亨利二世·德·蒙莫朗西(Henri Ⅱ de Montmorency),第四代蒙莫朗西公爵(1595—1632),法国贵族和政治家,因反抗枢机主教黎塞留,在图卢兹高等法院受审,以叛逆罪被斩首处决。——译者注

# 第二十封信

# 兰斯公社史（上）

兰斯城自古以其规模和重要性而驰名，法兰克人征服高卢后的北部城市中，它的原罗马市政机构算保留较好的。中世纪的兰斯居民受审时可以自己重新选择司法官员，这项传统直到圣雷米①为法兰克人施洗前都很盛行。但古老的市政机构不可能在如此漫长的岁月里安如磐石；市政法官不仅数目上减少了，而且还失去了一项又一项政治权力。罗马法律授予库里亚或市民团体的所有特权中，只剩下不涉及处决的诉讼审理。市政法官的头衔被换为法兰克语的"skepene"，按罗曼语的发音写成"échevins"（助理法官）。

对市政权力的连续侵犯还表现在，市民选出的民事裁判法官的特权，变成了大主教们的特权。他们起初是市政法官和城市"卫护者"，接着，扶助法律的职责逐渐转换成一种绝对职权，类似封建贵族

---

① 圣雷米(Saint Remi, 437—533)，兰斯主教，496年为克洛维一世施洗，506年为3 000名法兰克士兵施洗。——译者注

的领主权。① 久而久之，这种变化明朗起来，市法院或市政机构作为市民对抗大主教权力的唯一保障，加入到与主教和治安管理人员的斗争中。努瓦永、博韦、拉昂、亚眠和苏瓦松等临近公社的革命运动展开之前，兰斯城内的长期矛盾并没受什么影响。以上城市的榜样鼓舞了兰斯人，他们萌生新的政治思想和激情，决心通过共同努力重建几个世纪残存下来的市政机构，赋予自由无懈可击的保障。

1138年，即拉昂特许状颁布后的第10年，兰斯市民第一次成立政治联盟。该联盟以公社的同义词"协会"命名。大主教雷诺（Renaud）去世后，主教位置空缺，因此公社运动进行顺利，不过，详细资料极少。我们仅从教堂登记簿里的一些分散简短的批注得知，自由民密谋建立共和政体。"密谋"一词让我们领会到兰斯人的尝试与邻近城镇居民的所作所为并无差异，并获得了一定的成功。关于古代政权形式，兰斯居民不比其他地方的人知道得更多，也不会为此有何遗憾；谋反者受到启发组成独立协会，绝无树立某种政治理论的意图，只是想脱离如同一种外来势力的主教主权。

兰斯主教空缺期间，大主教教区由路易七世庇护，他纳入世俗收益，行使主权。统治兰斯将近一年，路易七世与教皇英诺森二世发生纠纷，后者禁止法兰西国王踏入自己的领地。② 为了报复教廷的敌意，国王推迟新任大主教的选举，兰斯市民重建公社便减少了许多可能的障碍。国王对支出军费、武力解除兰斯协会和让市民回归教会毫无兴趣；大主教区的神职人员不得不把恢复领主主权的全部希望

---

① 参见《罗马城市的卫护机构和主教的市政权力》，出自基佐先生的《法兰西史论》，论述第一部分。
② 马赫洛：《兰斯大主教区史》，卷二，第327页。

寄托在他们坚决要求的即刻选举上。奥布河畔巴尔(Bar-sur-Aube)附近坐落着克莱尔沃修道院(L'abbaye de Clairvaux),其创始人和首任院长贝尔纳德[①],因为他的宗教热忱、口才和政治能动性,在当时享有很高声誉,也是教会今日崇拜的圣人,贝尔纳德给国王和教皇写了数封信来调停此事,我只引用其中一封:

> 渺小的克莱尔沃的兄弟贝尔纳德院长,致最敬爱的父亲和主人英诺森,至高无上的教皇阁下。
>
> 兰斯教区正面临她的厄运,光荣的都市陷入耻辱;外面的战争和内部的冲突,恐惧的她向未经历苦难的人呼喊求助,她的子民在击打她,却没有父亲来制止。英诺森是兰斯教区唯一的希望,会把她面颊上的泪水擦去。主啊,什么时候能张开您的羽翼,将她置于您的保护之下?她要遭受多久的践踏,却发现依旧无人扶她重新站起?既然国王已表现出谦卑,他对你的怒气已经平息;兰斯教区需要来自教廷的拯救,抚慰她的悲苦和伤痛。敦促选举是首先要做的事,愤怒的我们必须联手反抗,才能避免蛮横无理的兰斯民众毁灭教区的一切。如果能按惯常的庄严仪式举行选举,我们相信于其他方面,上帝也会对我们青睐有加并指引我们走向成功。[②]

公社革命在大都市蓬勃发展,即将推翻各处主教的世俗权力,罗

---

[①] 贝尔纳德(Bernard of Clairvaux, 1090—1153),克莱尔沃修道院院长,被尊为"中世纪神秘主义之父"。——译者注
[②] 《圣贝尔纳德的信》,原文本,《高卢史和法兰西史汇编》,卷十五,第394页。

马教廷终于有所警觉,教皇放下与法兰西国王的仇怨,开始考虑兰斯教会和其受到毁灭的威胁。① 为了让"年轻的"路易出手摧毁公社,惩罚作乱市民,教宗给国王写了一封情义深长的信,结尾如下:"上帝选择你,把你加冕为王,是为了捍卫他的妻子,也就是用他自己的鲜血赎回的神圣教会,维护她的自由不受侵犯,我用这封代表教廷的信召唤你,命令你,为赦免你的一切罪孽,运用王国的权力解散兰斯人的联盟、所谓的'协会',恢复令尊统治时教会在该城的卓越地位和自由。"②

这封信十有八九来得太晚,经国王同意,兰斯公社差不多已经合法化,1130 年,路易七世在一部特许状盖下大印,把拉昂的市政特许状授权给兰斯居民:"收到你们的呈请书和诉求,吾准许你们参照拉昂公社的模式建立一个公社,总主教区和其他教堂的权力和应用惯例除外……"③保留条款含糊其辞,未明确规定市民权力的界限,或什么必须遏制,很快引发了新的争议和麻烦。

政治热情不仅推动着高墙环绕的兰斯城,也向郊区和某些乡村教区蔓延。那里的居民都是大主教教务会及克莱尔沃修道院的佃户或农奴,他们渴望参加公社,得到王室特许状保障的解放。教务会和教堂人士坚持国王的授权只对城里居民有效,而后者认为公社拥有更多成员会壮大力量,竭力要把司法管辖权扩张到城外,于是产生许多纠纷,市民解放派和主教主权支持者之间爆发了第二次内战。民众一方的领袖是奥布里和西蒙(Aubri 和 Simon),可惜原始资料里没有

---

① 《教皇英诺森二世信函》,原文本,《高卢史和法兰西史汇编》,卷十五,第 394 页。
② 《教皇英诺森二世信函》,原文本,《高卢史和法兰西史汇编》,卷十五,第 394 页。
③ 《路易七世给兰斯公社司法官员的信》,原文本,《高卢史和法兰西史汇编》,卷十六,第 5 页。这句话摘自公社特许状撰写之后路易七世的一封信,特许状未能保留至今。

记录细节,只提到他们和一名神父被教会法庭定罪,缘由是诸圣节那天在圣西姆福里安教堂(Saint-Symphorien)举行弥撒①,神职人员把这次弥撒看作渎圣行为,怀疑奉献祝圣的教堂已变成向全体公社人员开放的广大集会场所,圣西姆福里安教堂的大钟还充当兰斯公社的警钟,种种情况证明,确实在该教堂开了市民大会。由于缺乏足够宽敞的地点,无法容纳大批民众集会,其他城市同样出现因需要而使用教堂的例子。教会凭权威干扰公社行使权力,除了祈祷时禁止在教堂聚集,日课以外时间禁止敲钟。②

市民反叛精神在城外迅速传播令兰斯各神职人员团体感到惊惶,他们向教区的主教、辅佐司教、教廷的使节和国王发出大量投诉。公社建立不过一年时间,可是成员们热忱坚毅,破坏公社必将导致太多的暴力和流血。

路易七世不想试着收回自己的承诺,他写信给市长和整个兰斯公社,批评他们超过了《兰斯特许状》的限制。国王写道:"你们用暴力侵犯教会特权和财产,声称教会的权力不是法律,从古至今建立的、有利于他们的惯例不是惯例。"国王责成司法官员和市民维护所有教堂的安宁,尤其是玛丽祝福堂和圣雷米教堂,并警告他们,如果将来这些教堂向自己求助,他虽然不愿但一定把市民绳之以法。③ 国王的信洋洋洒洒,措辞温柔,却毫无成效。公社察觉来自教会小领主

---

① 《圣西姆福里安教堂志》,原文本,《高卢史和法兰西史汇编》,卷十六,第5页及其他页。
② 《路易六世确认的圣里基耶公社法规》,原文本,《高卢史和法兰西史汇编》,卷十一,第184页。
③ 《路易七世给兰斯公社市长的信》,原文本,《高卢史和法兰西史汇编》,卷十六,第5页。

们的联合威胁,为了不被压制应主动打击对方;这种情绪让市民们变得固执大胆,也给他们带来了一些危险。

由于神职人员反复投诉,国王对兰斯居民发出严厉警告:

> 路易,上帝赐予的,法兰西国王和阿基坦公爵,向市长和兰斯公社致意问候。
>
> 各位,看到你们的举动,吾感到非常苦恼,其他公社从未如此嚣张。你们在各方面都逾越了作为样本的拉昂公社的规定,还大胆切实地做了吾明确禁止的事,把城外街区和乡镇划入你们的公社。几个世纪以来,教堂的惯例收益一直归他们所有,你们任意拿走,或以公社权威支持子民拒绝向教会付税,你们完全摧毁、剥夺了兰斯教会的自由、惯例与司法权,司法权这一点,尤其是圣玛丽教堂的议事司铎的司法审判权,是吾维护的,只依靠吾捍卫。此外,你们竟然关押了很多议事司铎的军士,强迫他们交付赎金,而他们和主人有相同的自由。因为你们的缘故有人甚至不敢离开教堂。对上述过激行为吾已经提醒过你们,如今再次警告并命令你们,保证所有教堂的安宁,把你们剥夺的权益还给他们,维持教会和议事司铎的全部司法权、惯例和特许权。再会。①

1140年,一名叫桑松·德·马勒沃赞(Sanson de Malvoisin)的人就任圣职,填补了空缺的兰斯大主教职位。主教就任与国王威胁都

---

① 《路易七世给兰斯公社市长的信》,原文本,《高卢史和法兰西史汇编》,卷十六,第5页。

没能抑制住民众的激昂情绪,七年之后,城外人口稠密的圣雷米封地爆发了起义。"封地"(ban)这个词在中世纪的语言里,意味着"公告"或"命令",也指每位领主各自的司法管辖范围。根据词意人们称呼兰斯内城为大主教封地,外城在圣雷米修道院的司法管辖权限内,又称"圣雷米封地"。

外城与兰斯城有一道围墙相连,12世纪时,草地和花园将两地分隔。外城居民因人数不足,无法组建自保的公社,热切期盼与大主教封地的市民合并。他们开始驱逐当地官员和修道院司法权的支持者,还吵闹着进城,城里有相同愿望的人都拿起武器加入队伍。大家走到主教宫殿,向大主教展示他们的请愿书,逼迫他同意。桑松大主教站在窗前高谈阔论,试图说服他们放弃要求;民众不仅没有顺从,反而变得更大胆,殴打大主教的官员,掠夺他们的家具,拆毁他们的房屋。惧怕民怨的桑松幽禁般躲在紧闭的宫殿大门内,写信请国王出征圣土期间摄政的圣德尼修道院院长苏杰尔(Suger, abbé de Saint-Denis)派人支援。援军朝兰斯开动,著名的圣贝尔纳德陪伴苏瓦松主教若瑟林(Joscelin)也启程去为市民和大主教做调解。随着军队迫近,骚乱暂息,圣雷米封地不属于公社,但每次兰斯城有新混乱苗头时,居民们为了合并也立刻起义。①

从起义触发到桑松去世的13年里,兰斯教会与公社一直激烈斗争,大主教至死也未能如愿。无论在街头或在城墙外,争吵引起的小打斗都是市民占上风。1160年,兰斯状况有了改变,国王胞弟,即原

---

① 昂格蒂耶:《兰斯史》,卷一,第291页及后。

博韦主教法兰西的亨利①继任兰斯主教,博韦全城都知道他对公社的恨意。亨利抨击博韦公社的本质和权力,他想把所有居民划进自己的直接司法管辖范围,缩小助理法官与同等议员的权限,只让他们负责拒不受理的诉讼。

为了完成他的宏愿,迫使市民们噤声,亨利请兄长驾临博韦城,国王逗留几天内,亨利获得以下诏令:

> 路易,上帝赐予的法兰西国王和阿基坦公爵,致永远忠诚的全体臣民。
>
> 吾显耀的权杖代表保护全体臣民的权力,如果没有王国的司法利刃拯救,某些教会将成为邪恶人等的猎物。吾告知现在和未来、忠诚的全体臣民,吾兄弟亨利投诉博韦市民、他的子民,这些人为了他们的公社,做出新的鲁莽违法行为,篡取了博韦主教和教会的权力,以及主教拥有的对每个人的司法审判权。鉴于上述问题,主教邀请吾来到博韦,在吾面前展开讨论,大庭广众之下阅读公社特许状,市民们终于认可整个城市的司法权力属于主教一人;至于暴力或叛逆行为的投诉,应呈交给主教或他的官员来受理。吾凭卓越权威做出裁定,所有投诉都要呈交给主教,谁也不许自高自大,不得干涉本属于博韦主教和教会的司法权。这项权力实际由主教行使,但根据上帝旨意,允许居民接受同胞审判,因为他们之间能够伸张正义,比完全没有更好。②

---

① 法兰西的亨利(Henri de France, 1121—1175),路易六世第三子,1149—1162年任博韦主教,后任兰斯大主教。——译者注
② 《法兰西诸王法令汇编》,卷十一,第198页。

新的兰斯大主教与市民展开较量，争夺司法管辖权和领主的绝对权利。不过，古老市政体系是盛行的传统，亨利这次夺权比在博韦困难许多。兰斯人先恭敬地向主教提出抗议，请求保留他们的司法权，让他们继续遵照该城自法兰克人使徒圣雷米以来制定的法律生活。① 市民甚至与他谈判，表示如果大主教放弃计划，大家愿意支付450里弗尔。大主教一概拒绝，不顾民愿，固执己见。大主教教区的部分神职人员和城中许多骑士都忍不住谴责他，站到市民一方。人们说法兰西的亨利想强迫城市变成新的奴役区，这既不合适也难以容忍；为了与主教抗争，大家组建联盟，一些教士和贵族也宣誓加入。②

联盟武装成员占领设防建筑和教堂塔楼，把主教支持者驱逐出城。危急中亨利向国王求助；恳请兄长火速前来粉碎针对自己的阴谋，惩处罪犯。国王果然率部队来到兰斯，市民代表团陈述了真实情况。路易七世内心应该明白错在弟弟，可手足之情冲昏了头脑，国王不同意任何协商，勉强地判处民众有罪，并扬言要摧毁城市。③ 听到这个消息后大部分市民都逃走了，无法找到庇护之所的人躲进兰斯和埃佩尔奈④之间的山区树林。国王下令拆除50座房屋——这些房子的主人最激进顽强，然后就离开了兰斯。等市民们回来发现国王毁坏他们的家园以作为对民众的惩罚和蔑视，不由怒恨交加，报复性地拆毁了大主教派骑士们的宅邸。

---

① 《索尔兹伯里的约翰的信函》，引自《兰斯大主教区史》，卷二，第392页。
② 《索尔兹伯里的约翰的信函》，引自《兰斯大主教区史》，卷二，第391页。
③ 《索尔兹伯里的约翰的信函》，引自《兰斯大主教区史》，卷二，第392页。
④ 埃佩尔奈(Épernay)是法国马恩省的一个市镇，属于埃佩尔奈区(Épernay)，中世纪时此镇属于兰斯总教区。——译者注

被叛乱民众第二次围困要挟的亨利逃入主教宫殿附近的一处要塞。他觉得国王太温和,放弃求助于兄长,转向一位外国领主弗兰德伯爵,亨利请求伯爵带领一千骑士来兰斯,加上每位骑士统管的步兵,共约六千人。公社成员明白没有足够力量抵抗这样庞大的军队,就派人出城运走或销毁了所有储备食品,打算饿死敌人。防范措施相当奏效,符合大家的期望,一天一夜后,弗拉芒人担心供给不足撤军。大主教尽一切努力想让他们停留更长时间,但无济于事。他通过弟弟罗贝尔·德勒①与市民谈判。为了让叛乱者放下刀剑,主教许下誓言,处决了几人表示惩罚,其余人交纳赎金后得到赦免;②他被迫与公社和解,承诺尊重该城的旧法律,仅要求市民支付450里弗尔,弥补一切损失。③

亨利大主教阻挠兰斯市民自由的失败,对他的继任者纪尧姆·德·香槟(Guillaume de Champagne)④产生了一定影响。此人性格温和,反抗教会主权的市政斗争引发的骚乱,似乎令他心存忌意。他试图用一部注明各自权限的特许状来调和两个敌对势力。这份契约给

---

① 罗贝尔·德勒一世(Robert Ier de Dreux, 1125—1188),德勒伯爵,法国国王路易六世的第五个儿子。——译者注
② 《索尔兹伯里的约翰的信函》,引自《兰斯大主教区史》,卷二,第392页。
③ 为了让现代记叙方式同以前特许状的某些表达一致,现代历史学家记载如下:"根据与兰斯市民的条约,维持该公社,废除市政法院。但大主教只不过废除了一个空名称,因为公社的存在就意味着市法院以某种命名存在;而且我们不该按照字面意思理解中世纪的条文,'授予'或'恢复'往往指'保证'或'承认'。这种用词不当源于领主或国王想从中体验到更多愉快的成就感,有关公社的特许状里,国王们往往说:'我授予……'其实机制早已创建,他们甚至还在批准先王们相继执行的条文时采用同一句式。"
④ 纪尧姆·德·香槟(Guillaume de Champagne, 1135—1202),曾任沙特尔主教(1164—1176)、桑斯大主教(1169—1176)和兰斯大主教(1176—1202)。——译者注

人一种慷慨施舍的感觉,结果自然适得其反。造成失望的主要原因是特许状中遗漏了"公社"这一重要词语,也许纯粹出于偶然,但后来的大主教们以此为借口,计划进一步夺权。兰斯公社的敌对方很快根据特许状争辩说公社的存在不合法,因为纪尧姆·德·香槟含蓄地废止了以前的全部特许权。特许状序言如下:

> 领主们尊重臣民的权利和自由,才能获得上帝和众人的爱,同样地,若违反或更改多年来享有的特权,就会招致上帝的愤慨,失去民心,成为灵魂永恒的负担。因此,我亲爱的孩子和忠诚的市民们,考虑到迄今为止你们向我显示的顺从和奉献,我发誓,凭主教权威保证,对你们和你们的后代永远恢复并承认既往授予的惯例,这些惯例自古就有,由于领主的频繁更换未能很好保留。我愿重设城市助理法官职位,经你们全体赞同,从我封地居民中选出12人,他们要向我自荐,且在每年耶稣受难日当天进行人员更替;最后,他们要发誓依靠正义审理案件,忠实地维护我的权利,和维护他们的一样……①

---

① 马赫洛:《兰斯大主教区史》,卷二,第417页。一般公社特许状对如何进行市政法官选举描述甚少。在皮隆尼(Péronne)有12位行会行长,他们每年开会,分别选出24人,也就是每个行业团体选两人;这些选出的24人宣誓后,从除他们之外的全体居民中挑选10位陪审员。由这10名当选的陪审员,再选择10位陪审员,然后这20名陪审员一起再另外选择10人,共同组成陪审团。30名陪审员宣誓之后,选出1位市长和7位助理法官。30位陪审员中,彼此是亲戚的不能超过两人。在杜埃(Douay),全体市民在教区教堂分别集会,6个教区共选出11人,圣阿梅特教区(Saint-Amet)只选1人。当选的助理法官发誓,杜绝阴谋和腐败,负责执行一年的市政律法,6人负责监管收入和支出。在图尔奈(Tournay),当大厅响起钟声,平民首领聚集宣誓后,从城市各教区居民中挑出30名行业监督员(esgardeurs),由他们来选20名陪审员,这些陪审员里会有两个人就任司法行政官,他们既不 (转下页)

该特许状包括大量关于市政治安的条款,由纪尧姆·德·香槟于1182年签署,他宣布诅咒一切违反者。

本意仁慈的大主教临终时,对没有任何特许状能平息的纷争厌恶透顶,即使作为教会第一领袖的兰斯大主教,也必须和教务会分担管理职责,对方的观点与他的并不都一致。教务会明显嫉妒市政司法权,利用各种机会侵害公社司法权。诡辩的手段很多:不仅被告人的社会地位,还有他的犯罪性质和犯案场所,皆是决定应由哪个法庭受理诉讼的因素。助理法官和教会法官们的冲突不断,甚至后者之间也经常如此,因为他们有的属于大主教管辖,有的属于议事司铎管辖。① 每日遭受隐晦挑衅的公社也暗暗行动,似乎做好了反抗教会的万全准备。纪尧姆·德·香槟发现自己的善意徒劳无功,非常忧伤,在写给朋友的信中强烈抱怨。他的一位朋友图尔奈的主教艾蒂安,想让大主教愉快些,开玩笑回复说:"这个世界总有三个群体吵吵闹闹,而想要第四个群体闭嘴也并非易事,"艾蒂安主教接着写道,"那就是,想要主宰一切的公社、吵架的妇女、一群猪,和一个意见分歧的教务会。我们嘲笑妇女,鄙视猪,但上帝啊,让我们摆脱公社和教务会吧。"②

两个敌对政权共存的状况十分奇特,他们都要无情地征服和消灭对方。严格说来,没人知道城市属于谁,有时公社好像是主人,任命巡逻和守卫的指挥官,强行保管大门钥匙,有时大主教收回钥匙,

---

(接上页)能是亲戚,也不能属于同一行业。30名行业监督员再从出生于该市的市民世袭监督员中,选出14位助理法官。《法兰西诸王法令汇编》,卷五,第130页,372页及后。
① 昂格蒂耶:《兰斯史》,卷二,第16页及后。
② 昂格蒂耶:《兰斯史》,卷一,第334页。

行使军事权力。双方激烈争论,诉诸武力前,每一方都竭力阐述理由。大主教依据古老领主权,而市民们认为守卫城市应该由更重视该城的人来负责。①

1211年,助理法官们在这个问题上态度坚决,抵制奥布里·德·奥维利尔大主教(Aubry de Haut-Villiers)。大主教意识到自己不够强悍,无法约束对方,向国王菲利普·奥古斯都投诉,下面是国王表示反对市民的信:

> 菲利普,上帝赐予的法兰西国王,向兰斯助理法官和市民们友好致意。
>
> 吾严厉警告并命令你们,把兰斯城门钥匙还给吾敬爱信赖的大主教奥布里,不得违抗或拖延,这些城门钥匙是吾授予他的,你们要像服从其前辈那样遵守他的法规;最后,没有他的允许,不得在城中收留他要驱逐的人,你们应恭顺地对待领主,让大主教停止投诉你们,不再需要吾来保护他从吾这里获得的领地。

次年,国王收到兰斯大主教新的诉苦信函。大主教抱怨说,市民们不肯服从他,只有征得市政法官的意见和同意后,他们才执行自己的命令。奥布里·德·奥维利尔大主教对公社人员的拒绝和自命不凡非常愤怒,主教觉得,他们妄图限制国家最大采邑之一的特权,严重侵犯了自己和国王的权力。菲利普·奥古斯都也这样认为,他向兰斯市民发出更严苛的指令:"吾命令你们,"国王写道,"谦卑地遵行

---

① 马赫洛:《兰斯大主教区史》,卷二,第478页。

大主教的封地强制权；如果你们发现有不合理的事情，应平和地对领主阐明，请求他修正应该修正的地方，不可违抗他的命令，要像忠仆一样告诫他、恳求他，让他为可能发生的危难做相应的准备。如果他拒绝你们的告诫和要求，你们向吾重申，吾将愉快地履行在这方面应尽的义务。"①

目前为止，类似空泛的保护承诺，兰斯市民已听得耳朵长茧，不可能就此任凭主教主权摆布。他们同权力执行人发生的日常冲突，比官方消息里的温和描写可怕得多。在城市北端，矗立着一座据说是法兰西的亨利建造的城堡。那里驻扎了大批骑士和弓箭手。城堡面向乡村一侧，有几处作为防御的高塔，它们位于环绕城市的壕沟上，靠吊桥连通外部；另一侧的守卫设施则极其壮观，城堡墙壁坚固厚重，四周壕沟又宽又深，沟内填土非常结实，还配备了机关。所有迹象表明，修筑这个堡垒的目的不在于抵御外部攻击，而是为了阻挡和吓唬居民。城堡内有一座凯旋门，它是为奉献给战神而建，曾经用作城门，如今被封闭，因此城堡又叫"战神之门"。城墙脚下的乡村还有一栋带花园的小宫殿，平安无事时大主教们在此休憩，一旦风吹草动，立刻躲进城堡。

主教法庭设在战神之门内。凡接到传讯的人都不由自主地战栗，因为只要进入城堡，没人确保能安然无恙地出来，除非他支付赎金。若某市民被指控对抗大主教，哪怕是微不足道的轻罪，比如在言语上对主教权威或法庭判决显出蔑视之心，军士们就会放下吊桥鱼贯而出，秩序井然地穿过城市，去搜查和抓捕罪犯。如果军士们在街上巡视或翻查房屋后都没找到罪犯，就随便拦住一个人，把他强行带

---

① 马赫洛：《兰斯大主教区史》，卷二，第478页。

走,与城堡里的囚犯关在一起,收到索要的赎金才放人。大主教监狱的看守以各种借口折磨那些可怜的囚犯,迫使家属们支付高额的赎金。潮湿的地牢中,囚犯们戴着沉重铁链,食物只是面包和水,有时看守连这些都不给。如果被通知的家属没有反应,看守便对囚犯动用酷刑,等交出赎金往往已太晚……①这些事实足以解释公社历经腥风血雨,也说明了投入内战的商贩和手工业者为何如此斗志昂扬。习惯了文明安宁的我们读到市民与军兵的战斗,很难理解振兴手工业的佼佼者们屡屡放下手头的工具,挥舞刀枪,当远处钟楼的钟声回荡,号召公社成员奋起保卫他们的特权时,城堡主塔里的贵族骑士子弟们竟瑟瑟发抖。

---

① 昂格蒂耶:《兰斯史》,卷二,第 22 页及后。

## 第二十一封信

## 兰斯公社史（下）

　　1232年，路易九世尚未成年，博韦市民团体按该城惯例在公社议事大厅集会，进行市政司法官员的年度选举。顺利任命了12名同等议员和助理法官，该推选司法长官或市长时，富商们（又被称为"汇兑商"）①和手工业者之间出现不同意见，进而严重争吵。这种内部分歧对公社来说往往是致命的，给当权者可乘之机干涉公社事务、侵犯公社的政治权力。一方面，博韦主教声称要根据两位候选人的自荐，再由他任命市长；另一方面，以国王名义执政的摄政委员会剥夺城市自治权的意图早已十分明显，接着不久便实施了。

　　国王或他的摄政大臣们指定了一位市长，派往博韦赴任，他的名字叫罗贝尔·德·莫雷（Robert de Moret），是个外乡人。此举违背了所有公社的惯例，高阶层市民在党派相争的驱动下，恭顺服从国王

---

① "汇兑商"这个词指开办银行的商人，但还有更广泛的意义，就是用来表示我们说的金融贸易，几乎所有古代城市的主要街道都叫"汇兑街"。

的选派,但普通市民不以为然。他们提出异议,说一个外乡人插手市政违反了公社法律;忍受罗贝尔·德·莫雷一段时间后,低阶层市民为选出另一个市长而发起暴动。同等议员和助理法官以及市政负责人都拒绝叛乱者们的要求;他们越阻挠,越激发了大家的义愤。起义演变成攻击所有公社官员;市长和司法官员被迫从议事大厅撤离,躲入一个武器作坊,围攻民众用放火烧隔壁房屋的办法逼他们跑出。叛乱者们抓住罗贝尔,从背后撕破他象征市长身份的貂皮长袍,还押着他穿过街道,殴打他,冲他喊:"看我们怎么对付你这个市长。"①

民众的对立派急忙向国王参政院报告,主教管辖区的国王执行官这个时候特意催促米隆·德·南特伊(Milon de Nanteuil)填补空缺的主教职位。主教抵达博韦后,叛乱者们不仅没有与他作对还显出极大尊重,为赢得己方诉求,他们辩白说维护公社权力也是维护主教权力。80多名参与叛乱的人请求主教庇护,但主教想率先行使自己相当于最高司法领主的特权,他告诉叛乱者他们要为所犯罪行受到教会的司法审判。人们听了十分不快,吵闹不休。其实,他们无法开展任何定期选举,表面上的胜利不会带来一丁半点儿的成功。很多叛乱人员被关进主教监狱,上层市民重获优势,主教等候着年轻国王率领一支部队赶来,打算趁机成为解决市民争端的仲裁者。国王刚一进城,主教行礼之后说:"非常可怕,王上,请问您的意见,我的主人,在这种令人恼火的情况下我该怎么做。"国王说他相信主教能够做出迅速适当的裁决。"敬爱的国王,"主教又说,"那么是我来执行城市从高到低的一切司法权力吗?"主教重复问了三次,国王没有

---

① 勒·瓦瑟:《博韦史》,第366页及后。

回答。①

第二天,国王来到同等议员和助理法官开会的议事大厅,说想知道事情的始末。助理法官们不如主教那么大胆,没有维护他们的市政司法权;在骚乱中丧生者或受伤者的亲属立刻跪在国王面前,哭喊:"王上,请为我们伸张正义。"国王命令人打开主教监狱,押出好几个被告,再去叛乱者的家里抓捕,把他们带到大厅关起来,直到审判。共1 500人被判放逐,15座属于要犯的房屋被判拆毁。市长第一个敲锤,他那一派的人和雇佣工人们跟着敲打附和。主教米洛却以教会司法特权为由,不断对这项判决表示抗议。他要求国王的官员交还被放逐的人,认为他们受到了不合理的审判,国王不予理睬,告诉主教应付给自己80里弗尔的住宿费②;主教说会慎重考虑。国王听了这个答复,派军队进驻主教宫殿,没收了他的家具,进行拍卖。

同僚受到侵犯的消息激怒了兰斯主教管区的辅佐司教③,他们聚集一起,由大主教亨利·德·布雷恩(Henri de Braine)主持召开省教务会议。大主教野心勃勃,充满政治热忱,令兰斯市民以至教务会成员都十分担忧,会议上他宣布派出三位主教去见国王,让其归还博韦主教的刑事审判权,补偿对主教宫殿的破坏,送回被放逐的市民。这道训令没有回音,兰斯教区的辅佐司教再次集会,大家议定,派代表去罗马,如果设定期限后国王仍不给满意答复,就向全省发出禁令。

---

① 勒·瓦瑟:《博韦史》,第306页。
② 我们在拉昂公社的特许状里看到对该词的解释。以前法律规定所有城市都要为经过的法兰克国王提供房间休息和饮食,后来转换为金钱,先由城市的主教或领主支付,作为补偿他可以提高自由民的赋税,在所有建立了公社的地区,这笔费用的支出几乎直接落到了居民头上。
③ 罗马天主教会的辅佐司教是一位主教,管主教管区,从属教区省大主教管辖。——译者注

当涉及必须与王权敌对的行为时，包括努瓦永主教和沙隆主教的好几位主教都退缩了。狂热的兰斯大主教坚决执行上述决意，1233年11月，他下令在自己的主教管区停止圣事活动。①

这场严重争执轰动各地，成为人们议论的焦点。几乎只有神职人员支持主教。虽然王室法庭毋庸置疑地侵犯了公社权力，但非常惧怕教会势力的一些城市却支持国王，大家认为博韦事件是个特例，它的情况不会在其他地区重现。民选司法官员团体力图解除主教、教务会和修道院院长的领主权，盼望王室和教会两大势力的斗争能促成他们的目标，各地革命热潮高涨。② 在努瓦永，抗拒议事司铎的骚乱频繁发生，人们高呼"公社！公社！"的口号。在苏瓦松，市民和神职人员刚一争吵，有人喊："打倒教士！"公社成员纷纷拿起武器。③ 主管教区的最大城市兰斯，形势剑拔弩张。由于其他地区人心惶惶，顽固的大主教便采取了更激进的措施。圣雷米封地居民因四周没有防御工事，夜间在街道尽头拉起铁链，修道院院长请求国王准许建造围墙，以保护大家的自由，对抗亨利·德·布雷恩的扩张。兰斯城内的陪审员和助理法官们时常戒备，以国王的名义把行为或言论上支持大主教一党的所有人当作暴乱分子抓捕审判。兰斯人无视教会特权，传讯一名大主教手下的议事司铎和司法官员——托马斯·德·博梅兹（Thomas de Beaumetz），他被判处放逐。司法人员不顾教务会反对执行了该判决，这成为大主教派的重要申诉缘由之一，神职人员信誓旦旦，要维护上帝的荣誉和教会的自由。④

---

① 《高卢编年史》，第九章，第109页。
② 马赫洛：《兰斯大主教区史》，卷二，第518页。
③ 《努瓦永纪事》，卷二，第932页。克劳德多尔梅：《苏瓦松史》，卷二，第299页。
④ 马赫洛：《兰斯大主教区史》，卷二，第518页。

1235年初,双方矛盾急剧发酵升温,原因是兰斯公社的司法官员决定借一笔钱来提供市政支出,用增税得到的部分收入支付利息。史籍里没有具体说明,我们可以猜想汇兑商们出借了这笔贷款,因为同一年,兰斯的三个市民:艾力桑·德克利(Hélisand d'Écry)、他的儿子艾蒂安和让·勒南的儿子吉沙尔(Guichard Jean-le-Nain),签字借给欧塞尔公社一笔巨额钱款,以终身年金的方式偿还。[①] 不管怎样,大主教声称既然公社对他封地里的市民提高了全部税赋,贷款中应有属于自己的份额,他将重新收取什一税[②]。助理法官们不予理睬,大主教在城市所有教区的主日讲道时宣布此事,依然没什么反应,亨利·德·布雷恩为展现自己手段强硬,加固战神之门巩固城堡的防御。但修筑工程的开动犹如起义迸发的信号,全体市民听到钟声后武装集结,攻击挖壕沟或装栅栏的工人,运走工事材料。城堡驻军,即大主教的附庸贵族和优秀弓箭手,迎击墙外无秩序的叛乱民众,尽管武器精良、战术卓越,驻军还是被逼退。大主教的军事指挥官后撤时中了致命一箭,幸好城堡吊桥升起,其他士兵才安全返回。[③]

当时叫"投石机"的巨型攻城机器一般存放于教堂,叛乱民众跑进教堂,夺下投石机,推着它们直到城堡前,开始轰击城墙。方济各会[④]的会所,坐落在能俯瞰城堡工事的高处,叛乱民众爬上屋顶,堆筑垛墙,让弓弩手日夜冲城堡守军放箭。然而城堡墙壁坚实,守军不乏

---

① 勒博夫院长(l'abbé Ie bœuf):《欧塞尔史》,卷二,第102页。
② 什一税(tithe):由欧洲基督教会向居民征收的一种主要用于神职人员薪俸和教堂日常经费以及赈济的宗教捐税,要求信徒捐纳本人收入的十分之一。——译者注
③ 昂格蒂耶:《兰斯大主教区史》,卷二,第41页。
④ 方济各会(L'Ordre des frères mineurs),又称"方济会"或"小兄弟会"(Les Frères mineurs conventuels),是天主教托钵修会派别之一。——译者注

勇气,成功抵挡了民众的猛烈攻势,见胜利无望,民众放弃进攻,把城堡团团围住,并在城堡壕沟外侧竖起一道石垒,以收缩防线,阻止守军突围。为了有足够的石头,他们拆毁街道,挪走墓园的墓碑,还搬走了为建造大主教堂准备的大小石料,而教堂尚未竣工。①

大主教亨利·德·布雷恩四处奔波,加倍努力地鼓励辅佐司教,让他们坚持不懈地保卫教会特权。危难之际,群龙无首的兰斯教务会不敢明目张胆支持他,就暗中行动。教务会与公社成员交谈时斟酌语言,尽量刺激对方,让他们对自己的权力产生怀疑。议事司铎时常在广场和街道上向一群人宣讲。他们通常善于表达,先听取旁人意见,等受欢迎的演说家结束了抨击,"当心,"他们对听众们说,"你们的特权并不是你们认为的那样明确;也许你们误解了你们的利益,在着手实行要做的事之前,你们最好深思熟虑。"②顿时有人反驳上述话语,尖锐矛盾让双方陷入混乱,议事司铎乱了方寸,断言公社在城市里没有权力,还引用纪尧姆大主教的特许状为他们的观点作证。种种说辞将调和市民与教务会矛盾的一切途径都封堵了,两派公然敌对。教务长和议事司铎们集体向教会极权最狂热的守护人之一教皇格雷戈里九世(Grégoire Ⅸ)③写信,征求他的意见和支持。教皇毫不犹豫地宣布兰斯公社无效,他派来一个委员会,授权议事司铎以仲裁人身份审理此事,传唤市政司法官员出庭。④

议事司铎们小心翼翼地服从教皇指示,以大主教的名义马上对

---

① 马赫洛:《兰斯大主教区史》,卷二,第519页。
② 昂格蒂耶:《兰斯史》,卷二,第41页。
③ 格雷戈里九世(Grégoire Ⅸ,约1143—1241),于1227—1241年任教皇。——译者注
④ 马赫洛:《兰斯大主教区史》,卷二,第518页。

市政司法官员们做出开除教籍的正式决定。为了报复,市政司法官员宣布兰斯公社的全体成员不得向议事司铎们或他们的军士、仆从出售任何物品,无论以什么价钱。政治动荡年月常出现类似指令,且市民严格遵守,议事司铎害怕饿死,无奈离开城市。大多数人偷偷逃出,他们刚走,民众就掠夺他们的家园,破坏他们的产业。市民的愤怒是可怕的,行动不太敏捷的议事司铎们会有被屠杀的危险。他们奔往不同方向,最后在兰斯北部四古里的一个小城科尔米西(Cormicy)汇合,互相承诺在情势对教务会足够有利前决不返回城市。兰斯公社与兰斯教会的友谊纽带完全断裂后,主管教区每座教堂里都张贴了教皇强烈提出的开除广大市民教籍的判罚。下面是教皇诏谕中的段落:

> 我收到一个投诉,它的危急性质令人吃惊。我们的兄弟兰斯大主教作为兰斯世俗领主,该城市民本应是他的忠实子民,视他为精神上的父亲,但我不得不痛心地宣告他们的堕落,而且他们丝毫不为叛逆父母、与之为敌而脸红,他们已不再是教会的儿子,他们凶残损害父亲的财产,让母亲兰斯大教堂成为废墟,他们如同魔鬼般成群践踏母亲,摧毁了对自己的救赎,他们驱逐了父亲后,侵吞他的遗产,总之他们的狠毒超过了蝰蛇……为了避免他人仿效这个邪恶的例子,让肇事者不会因他们的行为感到欢喜,以绝罚来警告同样意欲犯上作乱的人,我通过这封代表教廷的信命令,敦促你们审慎地于星期日和节日,在兰斯教堂、邻近教区教堂和你们认为合适的其他教堂,敲响大钟,点燃圣烛,庄严宣布将上述人等逐出教会的判决。倘若他们不愿回归作大主教的忠实子民,执意留在教会之外,无论他们到集市或任何地

方,你们要扣留他们的收入、应收账款和其他财产,即使有各种已知教义和契约、他们债务人的誓言。你们必须制止他们的执拗,如果需要,向世俗权力请求帮助。①

遵照这道教皇诏谕,兰斯全省每座大主教堂里的神职人员,都宣布弃绝兰斯市民。惯用仪式肃穆阴郁,教堂钟声大作,宛如举行隆重的典礼,主教披着华丽袍服,四周站立12位神父,手持点燃的蜡炬,主教用拉丁文朗诵下面的文字:"按照教会法规和圣徒们的训诫,我们以圣父圣子圣灵之名义,将这些破坏上帝教堂的人、掠夺者和杀人凶手,从圣母堂怀抱中驱逐,开除他们的教籍,对他们施以永远的诅咒。他们会在城市及乡村遭到诅咒,他们的财产和身体亦将遭到诅咒。他们的孩子和土地上出产的果实同样被诅咒,主通过摩西之口对违反他律法的人发起的一切诅咒都会降临。他们被逐出教会,而主必要来,也就是说他们将在耶稣基督第二次降临人间时死亡。没有任何基督徒理睬他们。没有神父为他们主持弥撒,分发圣餐。他们将被埋在荒山野岭,成为土地的肥料。除非他们悔改赔罪,给损害过的教堂支付罚金或忏悔苦修,否则我们熄灭掌中的烛火,他们的前景将黯然无光。"全体神父把蜡烛掷地踩灭,踏行于上。②

继而主教用法语对百姓解读仪式:"你们要知道,"他说,"他们从今以后是异教徒,不再是基督的子民。谁与他们之中的人联系,与他一起喝酒吃饭、交谈或祈祷,或在家中接待他,将和他一样被开除教籍,除非他已经发誓悔改,赎罪赔偿。"主教补充说,凭借教皇至高的

---

① 马赫洛:《兰斯大主教区史》,卷二,第519页。
② 原文本,《高卢史和法兰西史汇编》,卷九,第612页。

权威,这些恶徒的债务人的欠款将获免除,他们之间过去的全部契约都是无效的。

兰斯教区的辅佐司教于圣康坦召开了第三次外省主教会议。会议仍由亨利·德·布雷恩主持,经磋商拟定大量决议,其中最重要的是:"如果兰斯大主教阁下请求国王的援助,让逾越作乱的市民道歉赔罪,国王要前来支持,无需任何调查。当教廷凭至高权威对市民做出宣判,国王应该信任兰斯领主,无需调查绝罚的因由。另外,兰斯领主不必回复市民司法机构针对自己的任何谋杀指控或其他起诉,也不必到王室法庭申辩,因为市民已被逐出教会。"①

兰斯大主教和随同的 6 名主教及很多教务会成员来到默伦②,向年轻国王递交请愿书,或者更确切地说,是主教会议制定的训令。"王上,"主教们说,"我们请求您帮助兰斯教会反对压迫它的市民。"国王回答他会与顾问大臣们仔细审议,并定下一个月的期限来考虑这些请求。投诉人对他的答复十分不满,接着,贡比涅的主教会议上,兰斯省主教们认为务必要求国王接受训令,他们在圣德尼同路易九世展开第二次面谈;国王仍未明确答复,主教会议迁到桑利斯,通过了下述决议:

> 鉴于国王不服从对他做出的劝诫,我们下令,停止全省所有王室庄园内的一切圣事活动,施行洗礼和临终圣体圣事除外。对任何不遵从这一禁令和没有在教区里公布禁令的主教,我们

---

① 马赫洛:《兰斯大主教区史》,卷二,第520页。
② 默伦(Melun)是今法国法兰西岛大区的一个镇,也是塞纳—马恩省的省会,中世纪是卡佩王朝国王的居所。——译者注

把他开除教籍。①

国王路易九世长大成年,正式执政后,表现出甘心顺从主教们的意愿。为了与他们融洽相处,缔结和平,国王不等新的使者或主教们的再次拜访,自己数次前往实行禁令的兰斯省。王室与教会两大势力很快修订协议,和解后果对兰斯市民的自治事业十分不利。

内战造成的全部损失由市民来承担,他们所赢得的都被收缴。公社拥有的古老权力在许多情况下也受到限制,要靠王室法庭裁决,当问题有争议时,国王大多时候会照顾大主教的利益。凭着一道下达给兰斯助理法官的王室法令,亨利·德·布雷恩从容地收回他的城堡"战神之门";城市出资修复墙壁的缺口和外部防御工事,市民们要还原暴乱期间拆除或损坏的全部房屋,铲平他们架设的壁垒,伴随着赎罪仪式,重新安置坟墓和墓碑。自此,无论谁有诉讼都必须到主教城堡申辩。没有大主教的许可,不能分配城市收入的任何部分,没有大主教的同意,不能制定新税;最后,国王勒令市民们向大主教支付1万巴黎里弗尔的赔偿金,来弥补他的一切损失。②

圣路易统治时期因公正享有盛名,却以不同准绳对待公社和领主的特权,他尤其偏袒教会领主。他按自己的意愿行事,把兰斯市民推向比和宫廷、主教们产生分歧时更恶劣的境地。不过,国王对社会秩序与合法性的思想虽然顽固僵硬,但为人和善,他写信表示希望大主教人道地对待市民,执行恢复主教权力的条款时,不要过于严苛。这封信函送到助理法官手中,被当作诏令放进公社档案保管;大主教

---

① 马赫洛:《兰斯大主教区史》,卷二,第522页。
② 马赫洛:《兰斯大主教区史》,卷二,第523页。

则佯装不太理解，含糊其辞，毫无诚意。两名王室特派专员来到兰斯，试图仲裁、平息因执行判决引发的各种小纠纷。深入讨论前，大主教首先对兰斯市民的印章拥有权提出异议，这相当于要剥夺公社的一切司法权和作为一个政治协会存在的合法性。在场专员担心倘若就这些问题辩论，会一发不可收拾，他们避重就轻，在判决时插入以下的话："至于印章之事，等我们决定审查后再通知两方。"①过了几天，专员离开，此事悬而未决，像以前那样被弃置不管，反正民众力量或领主野心哪一方获胜都无关紧要。

教会举行惯常仪式解除了对兰斯居民的绝罚。人们开启墓地，运回被开除教籍者的尸体，他们断气前曾流露悔意，想重归教会。教会还宣布了一道大赦令，赦免曾帮助市民、为其抵押担保的外乡人，他们在暴乱期间和市民做生意或签契约，支付现金放贷谋利。② 经过三年的动荡，兰斯城恢复了平静，平静中暗含着对革命挫败的感伤。商人和手工业者合作，弥补政治斗争造成的损失，恢复中断的贸易，还将承担所有的战事费用。1万巴黎里弗尔的赔偿金要分数次来兑现。第一部分的赔款按现金平安无事地支付了，但1238年大主教亨利感到手头紧张，想让市民一次结清余额。他在全城设立等价的赋税，派人负责每一个社区的分摊和征收。官员的表现极其苛刻，不准许任何人拖延，并以监禁来威胁。他们的强硬态度引发了下层市民的骚乱，市民们殴打征税员和执行官。大主教命令、督促助理法官即刻处理此事。

公社司法官员简单告诫了肇事者，大主教收到回复，便在"战神

---

① 马赫洛：《兰斯大主教区史》，卷二，第525页。
② 马赫洛：《兰斯大主教区史》，卷二，第524页。

之门"集结大批骑士,他们都从属于兰斯伯爵领地,由大主教带领进城,他先于每座城门安排守卫,再派人去助理法官和一些被怀疑的市民家中进行抓捕。助理法官和市民们被押到主教法庭,未经询问和调查,主教就对他们判处监禁或流放,还把最顽强不屈的几个人的房屋从上到下全部拆毁。① 城市又一次遭到教会的绝罚,所有教堂都公布了禁令。兰斯市民长期承受这道判决的压迫和它带来的动荡,直至1240年亨利·德·布雷恩去世。随后大主教职位空缺了四年,这段时间公社一如既往地重占优势,不仅教会判罚被撤销,还获得了市政特许状,不过要继续支付赔偿金。②

在城市两大敌对势力的永久斗争中,无论自愿或被迫,一方的稍许让步往往会为另一方带来有利契机。因而重大问题的处理办法皆可能导致新一轮争斗,再用背道而驰的方式去解决。恢复了昔日活力的兰斯公社开始顾虑亨利·德·布雷恩的继任者,市民们自发地组成民团,市政法官们制定规范。民团听从治安官的指挥,日夜守护各个城门和不同街区,经常武装训练,有几次,公社旗帜与领主旗帜相遇,民团与大主教的士兵动武,表现出一种军事上的虚张声势。市民们把全面维护城市安全与和平当作借口,在每条街道路口放置铁链和路障,实际目的是防止主教城堡的军兵未经助理法官允许就拥进市内。

公社巩固和完全恢复原有特权的新尝试,在1257年招致了国王路易九世的第二次干预。③ 大主教职位由上面提到过的托马斯·

---

① 马赫洛:《兰斯大主教区史》,卷二,第526页。
② 昂格蒂耶:《兰斯史》,卷二,第67页。
③ 昂格蒂耶:《兰斯史》,卷二,第90页。

德·博梅兹担任,他不如亨利·德·布雷恩野心勃勃,可同样反对市民自治运动。受1235年两派发生严重冲突时国王偏袒教会的鼓励,大主教恳求国王帮助他,听取他对公社的申诉。国王同意到兰斯仲裁,待两派申辩后,他做出和22年前相似的判决。助理法官们解释兰斯作为自治的法制城市,市民组建团体院校,且以此名义,他们有权征集民兵、任命指挥官、保管城门钥匙和修筑防御工事,然而这是枉费口舌,国王在各方面一律判大主教胜诉,下令民团接受大主教的统管,城门钥匙也交付给他,并且铲除路障。①

13世纪下半叶至14世纪上半叶,教会同兰斯公社的争执不断爆发,场景也大致相同,总是王室法庭出面干预,上诉到最高法院。领主特权与市民自治的斗争,起因气势汹汹,运动如火如荼,发展成两派的诉讼,大主教和公社的司法官员轮流扮演原告、被告的角色。由于无法调解双方当事人的矛盾,诉讼往往悬而未决,斗争形式愈演愈烈,终于过渡到武装敌对阶段。大主教或他的代理人形容对手为"贫弱之人、低等人",当对手展示盖有公社印章的诉状时,教会派就说:"这是伪造的文书,无任何司法效力,兰斯市议员助理法官没有印章的拥有权。"②

1362年,大主教区律师呈递公诉状:"宣布废除市政法院,把民事和刑事司法管辖权交还到大主教手中;请国王取缔公社这个危险的、前任诸王未授权的非法团体;大主教有权按其意愿管理城市,武装居民或解除居民的武装,征募军队,任命治安官和指挥官,大主教不从

---

① 昂格蒂耶:《兰斯史》,卷二,第94页。
② 马赫洛:《兰斯大主教区史》,卷二,第572页。昂格蒂耶:《兰斯史》,卷二,第255页。

属于任何人。"

最高法院既不理睬公社关于暴君的申诉,也不满足教会的越权请求,而对不利于申诉双方的第三方势力的要求,给予了认可。判决书中写道:"城市的守卫和管理,是属于国王个人的事务,要按他的意愿来指派人选。"①

14世纪的兰斯公社停止了一切政治活动,它虽未被取缔,但在王室权威的压迫下失去光泽和活力,走向沉寂。不久前依然存在的市政法院,宛如旧共和制的幻影和失去自由的印记。几百年平和的从属关系取代了中世纪的纷乱,遗忘在当代资产阶级和古老自由民间竖起一道屏障,尽管后者曾如此自豪独立。对兰斯居民来说,当地唯一重要事件是国王的加冕仪式;孩子们在大主教旧城堡下面玩耍,永远不知这些断壁残垣饱受他们祖先的咒骂。四个世纪以来,法兰西所有城市走向衰落,政治方面无所建树,人们生活舒适平淡。若想要找寻体现公民意识热忱的例子,我们不妨充分发掘史册,追溯至古代,这样就能发现最默默无闻的市镇中,不止一个有过奋发蓬勃的时刻。约讷省的维泽莱,甚至不算专区政府的一个行政区,这个简单的小村落,七百年前竟勇敢地进行了一场轰轰烈烈的革命。

---

① 昂格蒂耶:《兰斯史》,卷二,第257页。

# 第二十二封信

# 维泽莱公社史（上）

维泽莱①坐落在欧塞尔②南8古里、讷韦尔北23古里的地方，中世纪时只是一个镇子，不过种种迹象表明，它那时的面积比今天大，人口也比今天多。繁荣的主要原因是修建了圣玛丽·玛德兰娜③纪念教堂，吸引人们从远方赶来朝圣或许愿。教堂从属于9世纪时杰拉德伯爵(le comte Gherard)创办的一座修道院，这位伯爵就是骑士小说里十分著名的杰拉德·鲁西荣(Gérard de Roussillon)。杰拉德伯爵把对乡镇和该地居民的全部所有权及领主特权移交给维泽莱修道院，本意是要修道院自治独立，直属罗马教廷，永远不受地方世俗

---

① 维泽莱，又译作弗泽莱(Vézelay)，是法国勃艮第大区约讷省(Yonne)的一个市镇，属于阿瓦隆区弗泽莱县。——译者注
② 欧塞尔(Auxerre)是约讷省的首府，位于法国勃艮第大区、巴黎与第戎之间。——译者注
③ 玛丽亚·玛德兰娜(Mary Magdalene)，又译为"抹大拉的玛丽亚"，在《圣经·新约》中，被描写为耶稣的女追随者。——译者注

或教会司法权力管辖。他在这方面获得秃头查理的文书,证明维泽莱教堂和它的从员、平民及农奴,现在与将来都永远不隶属于任何皇帝、国王、伯爵、子爵,或主教。此外,教皇也郑重宣布,罗马教廷的子教堂维泽莱是属于真福者使徒彼得的财产,任何教会或世俗领主胆敢触犯它的自由,将被开除教籍。

尽管有皇帝特许状的保证和至高教皇谕令中开除教籍的威胁,欧塞尔和讷韦尔的杰拉德伯爵的权力继承者仍多次试图将维泽莱镇划归到他们的领主权限内。地区的富庶和名望,激发了继承者的野心并使之膨胀。他们不无羡慕地看着维泽莱修道院从川流不息的各种异乡人身上获取巨额钱财,而且镇上的集市,尤其是在圣玛丽·玛德兰娜节日期间收益丰厚。持续数天的集市吸引商贩们互相竞争,有的来自法兰西王国,有的来自南部公社,镇子上汇聚了数千人,其热闹程度堪比当时最大的城市。圣玛丽修道院的全体农奴、维泽莱的居民逐步获得了附近好几个地区的产业权;他们的劳役逐渐减少,慢慢简化为只缴纳人头税与年贡,但必须把小麦、面包和酿酒用的葡萄送到修道院拥有的或租用的公共磨坊、烤炉和酒榨厂。讷韦尔伯爵们与维泽莱圣玛丽修道士之间的长期冲突,经常需要通过教皇干预才能平息,可是双方又以各种借口重新争执起来。12世纪初,争执变得越发激烈。纪尧姆伯爵曾多次受到教皇威权的警告,要他打消贪念,这让伯爵更加执拗,临终前他给同名的儿子灌输了对修道院的全部敌意。

这时,维泽莱修道院院长和领主职位由来自奥弗涅的庞斯·德·蒙特布瓦谢(Pons de Montboissier)担任,他非常有决断力,比年轻气盛的讷韦尔伯爵沉稳得多。两个性格迥异的对手的斗争,因伯爵参加十字军东征而暂停。在圣地逗留期间,伯爵意向坚决,但返程渡海时遇到猛烈暴风雨,伯爵以为死期将近,向上帝和圣玛丽·玛德兰娜保证如果能够平安回家,他再不打维泽莱修道院的主意。恐惧中许下的承诺并没有维持很久,很快随着形势变化而打破。

维泽莱有个外乡人,显然是南部来的,名叫于格·圣彼得(Hugues de Saint-Pierre)。这个人刚来镇子时没什么财富,却凭一个很大的作坊迅速发家。① 为了扩大贸易,他和当地贵族,以至讷韦尔伯爵开展业务关系,伯爵总是很好地招呼他,接受他的礼物。被迫生活在一个奴役国家,于格·圣彼得不耐烦地忍受着新环境,他渴望维泽莱镇建立以那些伟大公社为模式的新共和制度,这些公社在普罗旺斯、图卢兹伯爵领地和地中海沿岸发出夺目的光辉。该宏伟计划可能包含着个人野心,大概于格的政治梦想里,已预先看到他这个维泽莱手工业者身罩红色长袍,这个红色长袍是南部公社市政高级司法官员的身份标志。

无论如何,于格·圣彼得擅长抓住每一个能帮助自己实现计划的机会。目睹了讷韦尔伯爵与圣玛丽修道院院长的矛盾,于格相信这场斗争对他的规划有利,便竭尽全力说服伯爵再次展开攻势,建议伯爵夺取维泽莱居民的司法权,要么参与修道院庭审,处理未判决的诉讼,要么让手下军官羁押修道院的囚犯,于格还保证,如果居民可以任意选择,他们会毫不犹豫地接受伯爵的司法机构。同时于格试图唤起同胞们对自由的憧憬和渴望,像那些公社成员一样。他联络了最开明勇敢的人士举行秘密聚会,大家谈论目前的局势和争抢利益的各派,或许还有高深的政治理论,比如自由民阶级状况,他们同

---

① 于格·德·普瓦杰(Hugonis Pictaviensis):《维泽莱修道院史》,第三册,吕克·达谢里搜集,原文本,卷二,第526页。

领主的关系,在某些地方能享有的、其他地方却被剥夺的权力。这些以虔诚信徒活动为借口而隐秘召开的聚会,使居民心中涌起了强烈的波澜;他们过去对圣玛丽院长和修道士们权势的尊敬有所动摇,以至首次出现反抗领主威严的叛逆行为。

　　一名宗教人士骑马路过修道院旁边的森林,发现有个男子无视禁令忙着劈柴,于是跑过去想夺下对方的斧头,结果被这男人狠狠地揍了,还被从马背上掀翻在地。抓到罪魁祸首后,修道院法庭判处挖掉他的双眼。讷韦尔伯爵得知这一消息极为愤慨,或者他假装极为愤慨。他冲修道士们大发雷霆,指责他们残酷不公,僭越了他作为领主的高等司法权力。除了口头痛斥,伯爵通过司法途径,勒令庞斯德蒙特·布瓦谢院长到自己的法庭,回应提出的各种问题;院长不仅不服从,还告诫伯爵收敛贪图妄想。于是所有休战协定作废,伯爵公然和修道院敌对,毁坏对方的产业,封锁维泽莱村,让传令官张贴告示禁止出入,并派出骑兵和弓箭手守卫道路。以上措施令维泽莱商人和手工业者无法外出买卖商品,只得留在家中,他们感到非常懊恼,抱怨院长,认为他的固执引起了一切麻烦,甚至说不愿有院长这样的领主,还在公众场合散布类似的言论。① 讷韦尔伯爵对维泽莱民众的群情激愤感到幸灾乐祸,他对自己的计划寄予了厚望。怀恨修道院的伯爵与民众受到共同利益的驱使,尽管双方的志向有很大差异:一方想代替圣玛丽·玛德兰娜修道院院长成为领主,另一方则倾向于维泽莱镇的彻底解放。

　　不论持续多久,修道院的仇敌之间将缔结联盟。伯爵动身去维

---

① 于格·德·普瓦杰:《维泽莱修道院史》,第三册,吕克·达谢里搜集,原文本,卷二,第527页。

泽莱，打算亲自与市民们商谈，再签订协议；他刚一到达，政治手腕精明的修道士们就毕恭毕敬地迎接伯爵，承诺不管日后如何都会一直尊重他，无论他怎样想都会争取、强迫他与己方和解。庞斯·德·蒙特布瓦谢院长正要奔赴罗马，为了保持更好的关系，他委托伯爵在他缺席期间行使领主权力并照看收益。院长还保证会向教皇请求，今后把维泽莱教堂的佃户划归到讷韦尔伯爵司法权限内，当然他知道教皇绝不会答应。

实际上院长从罗马带回一名教廷监察，其神圣职责是捍卫院长的领主权。此事引起讷韦尔伯爵无比强烈的怒火，他明白对方在向自己施压。修道士们不先挑衅，伯爵也不好贸然派人进攻，他找来附近的小领主，命令这些附庸武装入侵修道院的土地。欧塞尔和讷韦尔的贵族趁机肆无忌惮地掠取教堂财产。他们敲诈修道士，破坏分成制租田，四处抢夺储备品、农奴和牲口。由于缺乏军队，无法抗击武装的敌人，维泽莱院长凭着教会人士特有的德性耐心，对他们犯下的罪恶忍受了一段时间，随后他感到事态棘手，决定尝试其他方法，去请求法兰西国王的保护。

大约继位的第15年，也就是1152年，国王"年轻的"路易收到维泽莱院长的诉状，诉状里院长用神学文笔叙述了圣玛丽教堂的苦难。国王同意了诉求，传唤原告与对手讷韦尔伯爵，两者在法兰西贵族法院竭力申辩，可是，院长担心最后的判决不能对自己完全有利，拒绝了继续庭审，诉讼无果而终。①

奉命去国王法庭听证的伯爵发现院长的犹豫不决，变得镇定下

---

① 于格·德·普瓦杰：《维泽莱修道院史》，第三册，吕克·达谢里搜集，原文本，卷二，第528页。

来，他返回领地后重新和维泽莱愤懑的民众暗中联络，约定一起商量对策。他们在镇子附近的平原聚集，伯爵说道："杰出的诸位，你们有可嘉的审慎和勇气，凭勤劳致富而声名远扬，你们目前的悲惨处境令我痛心疾首，表面上你们占据着很多产业，其实却一无所有。① 你们受到压榨却无计可施，我想知道，过去诸位把前任院长阿尔托置于死地的魄力到哪里去了。② 他是位不乏智慧和别的好品质的人，做过唯一糟糕的事情就是想在两个修道院征收新的税赋。你们如今默默容忍那个极端冷酷的外乡人，那个骨子里自大嚣张、行为上庸碌不堪的奥弗涅人，他不仅擅自勒索你们的财产，还对你们暴力相向。你们若是同意和此人脱离关系，与我定下相互协议，我保证从此各位免除一切捐税，乃至佃租。"

参会的大部分人出于谨慎本能，不太情愿采取冒险手段。起初准备暴动的维泽莱居民此时似乎退缩了，他们用伯爵没有料到的平静态度说，背叛自己的信仰和领主是非常恶劣的行为，他们要仔细斟酌，交流关于此事的意见，过几天给他答复。散会后，很多政治主张温和、受人尊敬的年长居民去拜访院长，看看能否避免决裂。"我们如实地向您转述讷韦尔伯爵的话，"他们说道，"请您作为我们的领主和精神之父，给予我们关于这次会晤的教导和建议。"

见居民们不太真诚地吐露隐情，院长不动声色，他可能性格使然，也可能装作从容不迫。"我忠实的朋友们，"院长回答，"谨慎的你们不会看不到，伯爵与我为敌，是为了操纵你们，通过诡计让你们放

---

① 于格·德·普瓦杰：《维泽莱修道院史》，第三册，吕克·达谢里搜集，原文本，卷二，第 529 页。
② 指 1106 年村民起义，他们入侵了维泽莱修道院，当时克鲁尼修道院的阿尔托（Artaud）院长被谋杀。——译者注

弃可以自由生活的从属地位，而陷入一种彻底的奴役。我坚持不懈地捍卫你们的自由，但如果你们的回报是辜负我的恩情，背叛我和教会，即使心怀悲伤，我也只能听任你们和你们的子孙承受背叛的恶果。你们若接纳更好的建议，坚决抵制他并始终不渝地遵守对领主和抚育你们的教会的誓言，我甘愿为你们的自由奉献牺牲，我毫不怀疑，悲惨现状过去之后将是美好时日。"①"我们相信，也希望如此，"维泽莱居民接着说，"不过在我们看来，放弃同伯爵的诉讼，做些让步、达成和解是明智的。""我没有投诉任何人，"院长最后说，"我已做好准备对抗一切攻击者，维护自己的权利。向非正义的要求屈服，是胆怯的行为。我素来期盼和平，然而不管祈祷还是用金钱，这个持己见的孩子从未答应过我。"②自由民代表们在院长的言谈里找不到一丝和解的希望，只得告退了。

自那天起，求和派对同胞的影响力荡然无存。院长的固执成为民众暴动的借口，如近期革命一样，冲锋在前的大多是年轻人。③ 维泽莱镇随后发生的一切骚乱狂热事件，都体现了中世纪公社自治与领主意愿之间的对抗。居民们聚集起来背弃了对院长和圣玛丽教堂的信义，他们发誓要互相保护，只为一个愿望。我们不清楚新社会契约是在什么规章基础上形成的，也无法了解各种市政机构是如何组织的。关于这场奇异革命，历史作家唯一所知的，就是居民在最年长

---

① 于格·德·普瓦杰：《维泽莱修道院史》，第三册，吕克·达谢里搜集，原文本，卷二，第529页。
② 于格·德·普瓦杰：《维泽莱修道院史》，第三册，吕克·达谢里搜集，原文本，卷二，第529页。
③ 于格·德·普瓦杰：《维泽莱修道院史》，第三册，吕克·达谢里搜集，原文本，卷二，第529页。

者中推选市政法官,仿照南部公社那样称呼他们为"执政官"。① 这的确引人注目,那时勃艮第的一些大城市与法兰西北部的人们只知道陪审员和助理法官的称呼。维泽莱小镇之所以受到南部思想的特殊影响,绝对是因为于格·圣彼得这个来创办手工作坊的外乡人,他为他的同胞带来了启蒙理念。

讷韦尔伯爵加入了公社,也就是说,他郑重宣誓忠诚于自由民,承诺和他们共进退,没有他们的谅解,不会与任何人签订合约或休战协议;自由民同样发誓,愿以他们的身心财产,与伯爵出生入死。原本从属于修道院的悲惨纳税子民一下子跻身到有强大领主撑腰的政治联盟行列,维泽莱人尽其所能地向外界展示这次蜕变。他们根据财力于自己房子周围竖起锯齿形墙,围墙是自由特权的象征和保证。其中一个最有名的人叫西蒙,他建造的方形塔楼,和图卢兹、阿尔勒及意大利几座城市里留存至今的建筑式样类似。② 这些遵循传统,仍以第一位主人名字命名的塔楼,为中世纪富庶的自由民带来了极大的声誉,他们比后来纯粹君主政体统治下的自由民,地位要尊贵得多。在很多建立公社的大城市,如此气派的建筑并不代表少数人的专属特权,也不是大批贫民中的富户才能拥有:13世纪初的阿维尼翁,有不下三百座房子配有塔楼。③ 维泽莱人起义后,绝无可能建造同样数量的塔楼;但见证这个小镇12世纪政治变换的人,假若今天再看到它是否感到惊讶呢?他会不会自问,旧时的自由民去向何处,生活的目标又是什么呢?

---

① 于格·德·普瓦杰:《维泽莱修道院史》,第三册,吕克·达谢里搜集,原文本,卷二,第529页。
② 于格·德·普瓦杰:《维泽莱修道院史》,第三册,吕克·达谢里搜集,原文本,卷二,第533和535页。
③ 马修·帕里斯:《大编年史》。

## 第二十三封信

## 维泽莱公社史（中）

经过各自由民的宣誓、执政官的选举、市镇议会组成的一系列步骤，维泽莱公社终于建立，市政司法官员们忙着和昔日领主、修道院院长谈判，以便得到他对新行政体系的承认。负责人代表拜访院长，请他加入公社，并自愿放弃专制苛刻的一切领主特权。① 他们提出缩减年贡和人头税，具体细节不甚清楚，究竟是完全废除，还是简单减少佃租。院长坚定不移地拒绝任何要求，包括对公社的承认。他回答，假若自己教堂的子民愿意抛却邪恶联盟，他会把全部租金退还给他们，而且一概原谅他们；但是，如果他们继续叛逆，那么所有与合法领主和解的途径都将中断。这些话语让代表们非常不快，大家在院长面前一反常态提高嗓音宣称绝不重新接受教堂的奴役。② 代表们

---

① 于格・德・普瓦杰：《维泽莱修道院史》，第三册，吕克・达谢里搜集，原文本，卷二，第529页。
② 于格・德・普瓦杰：《维泽莱修道院史》，第三册，吕克・达谢里搜集，原文本，卷二，第530页。

回到同胞当中,城内已然风卷云涌,最激昂的市民表示终结的时刻到了,必须通过武力解决争端,还有不少人谋划要杀死院长。①

讷韦尔伯爵与维泽莱修道院院长的新一轮冲突发展惊动了众多教皇使节。有位枢机主教肩负沉重的使命特地从罗马赶来,欲意终止这场令教廷极为担忧的纷争。他抵达之后不久,另一位高卢的教皇特使,名叫若尔当(Jordan)的枢机主教,为了圣玛丽·玛德兰娜节日也来到维泽莱。两人建议院长离开城市,和他们同行好确保人身安全。②

他们一道前往沙布利(Chablis)③见讷韦尔伯爵,后者陈词滥调地抱怨,回绝任何形式的调解,即使枢机主教们用开除教籍威胁他。无效会谈之后,庞斯院长没有返回维泽莱;在讷韦尔主教帮助下,院长平安到达克鲁尼修道院隐居,由于枢机主教的推荐,他受到殷勤接待。院长继续同维泽莱公社抗争,写信给法兰西国王、大主教和一些重要主教,征求他们对维泽莱教堂的支持。他还恳请教皇本人就此事给法兰西国王写信,直至枢机主教宣布开除维泽莱民众的教籍,他的心情才感觉放松。

一名自愿的人躲过市政人员的巡查把逐出教会的判罚带进城,请一位神父当众宣读。判决书用词严厉,指出整个城市及郊区都在绝罚的范围内。除了新生儿洗礼和临终忏悔,禁止一切弥撒日课和

---

① 于格·德·普瓦杰:《维泽莱修道院史》,第三册,吕克·达谢里搜集,原文本,卷二,第530页。
② 于格·德·普瓦杰:《维泽莱修道院史》,第三册,吕克·达谢里搜集,原文本,卷二,第530页。
③ 沙布利(Chablis)是法国勃艮第大区约讷省的一个市镇,属于奥克塞尔区沙布利县。——译者注

施行圣礼。神父好像专等广场的人少时刻朗读,来到广场的第一批民众听了后,几乎没等他念完就开始追打他。有个叫厄德·杜马雷(Eudes du Marais)的人脱下他的外套,捡起石头向神父头部扔去。另外两个居民也一起追打,幸好冷静的人们及时出现阻止,神父才得以逃脱,跑进大教堂祭坛寻求庇护。① 第二天一大早,勇气可嘉的神父不畏威胁地帮助几个修道士卸掉教堂的两扇大门,在通道上摆放荆棘以阻碍行人,作为停止日课的标志。而于格·圣彼得和别的自由民,也许是公社执政官等,搬走了荆棘,重装了大门。② 院长出行期间,圣玛丽·玛德兰娜留下的修道士服从某位修道会会长管理,这一天,城里对他们的抗议呼声高涨,很多自由民不顾规定闯入修道院,大声喧哗着来到会长房间,攻击谩骂,指责他将大家逐出教会,并催促会长与他们和解。会长回答说,他无权赦免教廷使节的判罚,更不可能与他们缔结协议,除非有合法上司庞斯院长的命令。民众震怒吼道:"既然您不公正地把我们逐出教会,我们这些没有教籍的人以后不再交纳年贡和什一税了。"③

维泽莱人虽然满腹自治热忱,对宗教禁令却并非毫无顾虑和担忧。内心深处,大家为受到教会最严重惩处,被剥夺的、无法追索的教会圣礼和恩典而悲伤不安,他们派人向讷韦尔伯爵诉苦,询问他能否帮助解除这项判罚。伯爵自己正被枢机主教的威胁和主教们的信

---

① 于格·德·普瓦杰:《维泽莱修道院史》,第三册,吕克·达谢里搜集,原文本,卷二,第531页。
② 于格·德·普瓦杰:《维泽莱修道院史》,第三册,吕克·达谢里搜集,原文本,卷二,第531页。
③ 于格·德·普瓦杰:《维泽莱修道院史》,第三册,吕克·达谢里搜集,原文本,卷二,第531页。

件弄得焦头烂额,粗暴地回复说:"我什么办法也没有,他们要是高兴,也会对我做同样的事。"①他的回答令自由民们困惑,沉默一阵才说道:"如果修道院的磨坊主和烤炉厂的人不愿理睬被教会逐出的我们,我们到哪里磨麦子、烤面包呢?""哎呀,"伯爵立刻说,"随便找一个付钱的烤炉,用你们的木柴烧火,谁反对就把他生生扔进炉子。至于磨坊主,他若敢抵抗,就让他自己的磨轮把他活活碾碎。"②

新公社成员建立了共和体制,表面上是获得解放,其实他们长期以来习惯了既无磨坊也无烤炉,更没有私人的压榨工厂,依然处于采邑领主的控制中。修道院的仆从、神职人员和教友监管这些工业设备,一切收益属于修道院,短时间不可能有所改变。自由民只得日复一日地同修道院一派抗争,又难以取得优势,就愈发愤恨神职人员和前任主人,发誓要"把对方也带进如此不堪的境地,并让他们从头到脚统统等待赦免"。③

自由民迫害世俗仆从,把很多人从家园和农场驱赶出去,攻击修道士们,囚禁他们,索要赎金。警觉的修道会会长派几位兄弟在随从护卫下来找讷韦尔伯爵,请他做公社和修道院的调停人,让自由民有所克制。伯爵给予的答复远远出乎使者的期望。"我倒希望,"伯爵说,"你们走的一个不剩,维泽莱修道院不复存在!为什么你们的院长把人们逐出教会呢?"他拔掉紧身齐膝外衣的毛皮衬里上的一根

---

① 于格·德·普瓦杰:《维泽莱修道院史》,第三册,吕克·达谢里搜集,原文本,卷二,第531页。
② 于格·德·普瓦杰:《维泽莱修道院史》,第三册,吕克·达谢里搜集,原文本,卷二,第531页。
③ 于格·德·普瓦杰:《维泽莱修道院史》,第三册,吕克·达谢里搜集,原文本,卷二,第531页。(这里的赦免指临终前的忏悔,意思是杀死神职人员。——译者注)

毛,继续说:"看吧,即使整个维泽莱山区天翻地覆,我也不会费一丝一毫的力气出面干预。"

这时候,一个自由民因忍受不了全城被绝罚的压力死去,在没有一名神父到场的情况下,同胞们扛着十字架,唱着追思祷文跟随棺木,到墓地埋葬了他。① 维泽莱人已从初受判罚的惊恐转为习以为常,他们攻占圣玛丽教堂,把它当作据点和兵器库,将所有刀剑和储备品放入两座钟塔内,又派了足够的人看守。② 自由民从钟塔上监视修道士,没有许可和随同,修道士不能出去,等于被软禁在修道院里。不久,民众觉得这些措施过于简单,他们捣毁修道院围栏,把外墙也夷为平地,说要防止修道士筑垒抵抗。③ 他们的举动在尊崇宗教的年代是极其恶劣的,加上附近城镇和法兰西宫廷的人虚妄不实的叙述,夸大了事实的严重性。相传被民众武装攻击的修道士,坚守在教堂钟塔里,围困下他们吃不到面包,只得违反修道院规则吃肉。④

人们七嘴八舌地议论此事,看法不一。从身份和个人情感出发,有的支持庞斯院长,有的支持伯爵和维泽莱公社。好几位主教都是伯爵的朋友,他们站在他的诉讼方,不喜欢超出自己司法管辖权限、直属教廷的宗教机构;甚至克鲁尼修道院院长,嫉妒维泽莱修道院的声望,为了自己的修道院也秘密偏袒伯爵。这样的形势令庞斯院长

---

① 于格·德·普瓦杰:《维泽莱修道院史》,第三册,吕克·达谢里搜集,原文本,卷二,第531页。
② 于格·德·普瓦杰:《维泽莱修道院史》,第三册,吕克·达谢里搜集,原文本,卷二,第550页。
③ 于格·德·普瓦杰:《维泽莱修道院史》,第三册,吕克·达谢里搜集,原文本,卷二,第550页。
④《路易七世传》,原文本,《高卢史和法兰克史汇编》,卷十二,第132页。

终于离开克鲁尼修道院，赶赴位于科尔贝（Corbeil）①的路易七世宫廷。院长对国王讲述维泽莱公社对自己不公正的折磨，他一直怀着赢得诉讼的信心。"为了王室尊严，"院长说，"捍卫上帝的教会，反抗迫害它的人，这是一种责任。"关于该诉讼，国王已被枢机主教说服，他派朗格勒主教以国王名义命令封臣，立刻同维泽莱教堂缔结和平，断绝和自由民的来往，解散公社。② 伯爵含糊其辞地回应这项命令，执行起来拖泥带水，指望亲近国王顾问大臣的朋友从中周旋；假使国王没收到教皇阿德里安四世（le pape Adrien Ⅳ）的来函，伯爵消极抗命的策略很可能成功，公社也将保留，那封信是这样写的：

> 主教阿德里安，上帝仆从的仆从，致他耶稣基督挚爱的儿子、法兰西人杰出的国王路易，教廷的问候及祝福。
>
> 劝说你尊重和维护宗教人士的圣地，显然是不必要的。你不需要建议，你的内心燃烧着圣主传播到世上的神圣火焰，在教会眼里，全天下君王中你是最值得赞许的。虽然你履行义务，用你的权力维护国土内全部教堂，我仍希望你能为维泽莱教堂奉献出更多热忱，因为它对真福者彼得的意义重大，而该区奸诈的民众却让它蒙受了极多苦难。审慎的你必然察觉到，几年来这些民众如何伙同讷韦尔伯爵背叛了我们亲爱的儿子维泽莱院长庞斯，他们肆无忌惮地掠夺教堂产业，驱逐院长本人，他们不配和耶稣基督的身体相连，不再是宗教信徒。还有，这些人近日冲

---

① 科尔贝（Corbeil-Essonnes）是法国法兰西岛大区埃松省的一个市镇，属于埃夫里区县。这座城市位于埃松和塞纳河交汇处，具有非常早期的军事和商业战略作用。
② 《路易七世传》，原文本，《高卢史和法兰西史汇编》，卷十二，第132页。

向教堂，打破教堂和修道院大门，剥去修道士们的衣服，倾倒他们的葡萄酒，抢占圣殿饰物；最后胆大包天的民众竟袭击修道院的修道士和仆人。既然教会严厉的判罚无法制止他们罪恶的行径，惩治的责任就落到你的手上，由你利用王权的力量，去改善直至今日教务司法审理未能扭转的局面。阁下，我以主的名义勉励、忠告、敦促你，赦免你的一切罪过，祈祷你顺利根除修道院遭遇的苦难；你应率领一支强大的军队，在圣洁正义的引导下向维泽莱前进，迫使民众放弃他们创立的公社，重新归属于我们亲爱的儿子维泽莱合法的领主庞斯院长，并交还侵占的全部物品，修复所造成的损坏。我嘱托你解决这起公诉，让纠纷的始作俑者和他们的后代，从此不敢以反抗领主为荣，再不对上帝的圣殿做出类似侵犯。①

路易七世的顾问大臣，为从伯爵、院长连同维泽莱自由民那里获取高昂的调解费，眼看着争斗持续尖锐，不过，他们没有胆量抵制教会领袖的明确要求。国王征集了一支军队，亲自打头阵，兰斯大主教和其他许多主教跟随，1155年从巴黎出发，经枫丹白露大道向讷韦尔伯爵领地行进。② 伯爵知道无实力与国王开战，急忙让欧塞尔主教去说明自己已决心按照国王的意愿取缔维泽莱公社，但请先听他和公社人员的申诉。在离枫丹白露两古里的莫雷村（Moret），国王收到消息，停止前进。伯爵火速抵达，一些维泽莱民众受同胞委托也赶来。路易七世以及法兰西主教、诸侯组成王室法庭，聆听两派辩论，

---

① 《教皇阿德里安四世的信》，原文本，《高卢史和法兰西史汇编》，卷十五，第670页。
② 《路易七世传》，原文本，《高卢史和法兰西史汇编》，卷十二，第132页。

维泽莱院长首先发言。他详细陈说民众对他和修道士、仆从施行的摧残虐待,并借用圣书上的段落形容维泽莱教堂被围困蹂躏的破败场景。讷韦尔伯分辨道:

> 维泽莱镇的人口数千,他们大部分是来自不同地区的外乡人,生活方式多种多样,习俗各异;把民众所做的一切叛乱恶行都归罪于该城子承父业的自由民,不太公平。①

作为市民盟友,伯爵此番话体现了他在良知与个人利益间的最后挣扎,然而这遭到对方律师的轻松反驳。"这些本地人和其他人一样有罪,"律师们说,"他们原本承担着保卫领主的职责,却没有采取任何行动阻止和打击叛乱分子,所以也是共犯帮凶。"这种观点占了上风,法庭做出如下裁决:

> 维泽莱全体居民,无论阶层境况,凡是在庞斯·德·蒙特布瓦谢院长离开时,没有和他一道出行,或忠诚地加入到被围困的修道院兄弟当中,或没有根据自己的能力向他们提供援助者,都被证实犯下变节罪、伪誓罪、渎圣罪和杀戮罪;因此,他们要受到神法和国法对上述暴行的惩处。②

判定整个维泽莱城人都有罪后,诉讼暂停,下一次庭审将听取院

---

① 于格·德·普瓦杰:《维泽莱修道院史》,第三册,吕克·达谢里搜集,原文本,卷二,第532页。
② 于格·德·普瓦杰:《维泽莱修道院史》,第三册,吕克·达谢里搜集,原文本,卷二,第532页。

长呈报他的各项损失。得知孤立无援的城镇即将蒙受王室的严厉报复,公社代表们的脑海中映现出可怖景象,他们不再等听证会,瞒着国王连夜逃离,去给同胞报信。尽管他们缺席,院长无法提供有效证据,法庭还是确认了他呈报的一切损失,共计16万苏,且不包括森林水利上的破坏和每个杀人犯应交付的罚金。对维泽莱居民的各项裁决公布完毕,兰斯大主教代表国王,向伯爵宣判如下:"吾命令讷韦尔伯爵,国王的忠实仆从,武力缉拿变节者和亵渎圣物者,或称维泽莱公社民众,请国王到指定的地方,让他们在其面前,接受与所犯严重罪行的相应惩罚。而且该讷韦尔伯爵要把罪犯的全部财产交给庞斯·德·蒙特布瓦谢院长,从家具到房屋无一例外,以赔偿他的损失。"①

大主教问伯爵是否接受此判决,伯爵回答说接受,接着他请求法庭给自己一定的时限以执行国王的命令,答复是一个星期。

---

① 于格·德·普瓦杰:《维泽莱修道院史》,第三册,吕克·达谢里搜集,原文本,卷二,第533页。

# 第二十四封信 维泽莱公社史（下）

在众侍从陪伴下，讷韦尔伯爵从莫雷返回欧塞尔，途中他为自己的新处境和刚刚做出的承诺感到十分焦虑。一方面，伯爵深知无法违反国王的命令，尤其他本人也赞同法庭的判决；另一方面，他想起了加入公社的誓言、市民送的大笔钱财、对维泽莱领主权的向往，而艰难境况冲淡了自由的激情。① 伯爵采取折中办法，尽量推脱、回避抓捕叛乱的肇事者和同谋。他让许多亲信到维泽莱，吹响喇叭召集民众并通知他们，月相变换那天，为了执行国王的命令，讷韦尔伯爵将出于无奈，派遣军兵抓捕镇上的所有人，并把他们押往巴黎；因此伯爵呼吁自由民离开市镇，寻求可以避难的地方。②

维泽莱人马上陷于惊恐之中。他们本来毫无准备，寄托于伯爵

---

① 于格·德·普瓦杰：《维泽莱修道院史》，第三册，吕克·达谢里搜集，原文本，卷二，第523页。
② 于格·德·普瓦杰：《维泽莱修道院史》，第三册，吕克·达谢里搜集，原文本，卷二，第523页。

军队的保护,如今却失去了这个靠山;再者,面对当时世俗与教会势力的一贯敌意,他们也很难泰然自若。全城男子放弃了商铺和产业陆续出逃,次日维泽莱城仅剩妇女和儿童。① 讷韦尔伯爵下令他辖管的城镇和附庸贵族的城堡接收维泽莱人,只要他们别来自己的宅邸。移民们分散住进几座堡垒,但由于人数众多,无法被全部接纳,很多人在适宜地段扎营,四周围上树枝做的栅栏;另一些人结伴躲到附近的森林。②

讷韦尔伯爵盘算,庞斯院长一无骑士,二无弓弩手,没有自己的陪同绝对不敢回城,于是他故意称病,想要再次为难院长,延迟事务的处理。一个星期日的夜晚,无畏的院长却独自返回,这果敢的行动令伯爵不得不从幕后走出,至少姿态上服从国王法庭的判决。几个士兵到维泽莱逮捕全部叛乱肇事者。士兵们在院长面前假装礼貌,先对他不顾危险突然返回表示惊讶,然后说道:"我们的任务是执行对您敌人的判决。""如果这是伯爵下达的命令,是否执行在于你们,"院长回答,"而我,除了耐心等待没什么可说的。"伯爵派去的军兵说:"我们在镇上只找到妇女和小孩,任务已经算完成了。""很好,"院长讥讽道,"你们四个来抓捕数千人。"③士兵们无言以对,在场的一位神职人员说,有个地方藏着80名逃犯,若他们愿意,自己可以为他们引路。伯爵的手下对这个建议迟疑不决,说:"我们还要去其他地方,不

---

① 于格·德·普瓦杰:《维泽莱修道院史》,第三册,吕克·达谢里搜集,原文本,卷二,第523页。
② 于格·德·普瓦杰:《维泽莱修道院史》,第三册,吕克·达谢里搜集,原文本,卷二,第533、534页。
③ 于格·德·普瓦杰:《维泽莱修道院史》,第三册,吕克·达谢里搜集,原文本,卷二,第533页。

能去那里。"①

伯爵的消极怠工使圣玛丽的修道士们不得不自行执法,各户父辈男丁纷纷逃离后,修道士们控制了城镇,他们抓捕一些年轻人——这些人是住在修道院田村农奴的儿子,接着挥舞刀枪来到街上,高声宣布叛乱结束,合法权威已恢复。② 经过公社领袖西蒙尚未竣工的新建房子时,修道士们发现墙上贴有一张政治宣言,就把它撕毁。他们愤怒地拆除了那面墙和部分建好的房屋,说这所房屋是违法的,是对修道院的侮辱。③ 修道士们继而闯入其他两个自由民于格·德·圣保罗(Hugues de Saint Paul)和于格·格拉特潘(Hugues Gratte-Pain)的家,破坏了酒窖里的新压榨机,因为私人拥有压榨机不利于公用压榨机的租赁,而这是修道院权益之一。④

流亡自由民,特别是未能被讷韦尔伯爵辖管市镇或城堡收留的人,生活状况变得非常悲惨。许多人露天安营,睡在树枝搭建的窝棚下,一直处于被抓捕或被抢劫的危险之中。当他们遇到不了解维泽莱冲突真相的人时,常被视作敌人和土匪。流亡自由民日夜挂念城里的事情,和匆匆逃离时丢下的家人、任人掠夺的财产,经常有人伪装成朝圣者,去查看有什么新情况。可是谁都难以长期忍受这种凄凉境遇,流亡自由民打听到维泽莱镇现在靠修道院的农民守卫,既无

---

① 于格·德·普瓦杰:《维泽莱修道院史》,第三册,吕克·达谢里搜集,原文本,卷二,第533页。
② 于格·德·普瓦杰:《维泽莱修道院史》,第三册,吕克·达谢里搜集,原文本,卷二,第533页。
③ 于格·德·普瓦杰:《维泽莱修道院史》,第三册,吕克·达谢里搜集,原文本,卷二,第533页。
④ 于格·德·普瓦杰:《维泽莱修道院史》,第三册,吕克·达谢里搜集,原文本,卷二,第523页。

头领也无好兵刃，便决定孤注一掷，想凭武力夺回城市。他们计划于维泽莱南部五古里的科尔比尼村（Corbigny）汇集①；历史作家记载："获悉此事的院长花钱征召了一大批手持长矛和弓弩的外乡精锐兵丁。"②

　　该说法不够确切，该作家很可能指的是战斗经验丰富的雇佣骑兵和步兵。这类冒险团伙训练有素，他们的头领想得到好报酬，于是向公侯领主们自吹自擂，夸赞手下。那时，法兰西国王同英格兰国王为争夺图赖讷③和贝里④几个城市的主权动武，两王的纠纷引起雇佣兵领队和士兵们的兴趣。他们由南部顺着里昂大路奔赴战场，中途经过维泽莱一带，因此庞斯院长找些人为自己效力是相当容易的。他让全副武装的骑士驻守城内，把弓弩手和农民、仆从分派到公社时期自由民修筑的各个防御工事，⑤不仅很好地守护了城市，令它免受攻击，还有大队人员沿着修道院围墙到乡间产业日夜巡逻。雇佣兵与流亡者进行了几次小交锋，抓获很多自由民，给他们戴上镣铐，或

---

① 于格·德·普瓦杰：《维泽莱修道院史》，第三册，吕克·达谢里搜集，原文本，卷二，第534页。
② 于格·德·普瓦杰：《维泽莱修道院史》，第三册，吕克·达谢里搜集，原文本，卷二，第534页。
③ 图赖讷（Touraine），是法国历史上的一个行省（行省这一行政区划已于1789年被取消），首府为图尔。——译者注
④ 贝里（Berry），法国旧制下行省，首府是布尔日（Bourges）。（在卡洛林王朝时期贝里是一个独立的伯爵领地，其后为阿基坦公爵和安茹公爵及布卢瓦公爵分有。法国的国王们于11世纪起开始攫取这个省份，在长达两个世纪的时间内将它完全纳入国王领地。——译者注
⑤ 于格·德·普瓦杰：《维泽莱修道院史》，第三册，吕克·达谢里搜集，原文本，卷二，第534页。

施以各类酷刑。①

于格·德·圣彼得,这个勾画了维泽莱公社蓝图的外乡人,显然成了叛乱的主要罪魁祸首,是修道院法庭要惩办的第一要犯。他收到传讯不肯出庭,时限一过,人们以案犯缺席为由肆意处置他的财产。"于格的房子分外豪华……"历史作家描述道,"新竖立的磨坊被整个掀翻;人们还填堵了于格为改善农业作物产量而挖好的池塘。"②其他富有显赫的自由民也因抵抗传讯受到毁坏财产的惩罚。人们洗劫自由民的房屋和农庄,搬走储备品和家具,立即收缴发现了的武器。历史作家详尽的记录为我们提供了遭到最严重暴力处罚的自由民的名字,这些人很可能是维泽莱公社民选的市政官员。下面是被大众遗忘的名字:艾蒙·德·圣-克里斯托夫、皮埃尔·德·圣-皮埃尔、艾蒙·德·法莱兹、罗伯特·杜弗、雷诺·多代、高杰·勒诺曼、高杰·杜尚-皮耶鲁、杜兰德·勒格鲁、阿拉尔·克劳德、皮埃尔·伽利玛、尤斯塔斯、杜兰德、奥布尔纳、大卫和菲利克斯。③

讷韦尔伯爵目睹自己策动的革命一败涂地,难免心怀伤感。出于个人利益和良心,他不遗余力地援救自由民,但那些施虐者是以残暴著称的雇佣兵,多次被主教会议和教皇们开除教籍。自从有了强大的辅助力量,院长不允许任何反对他的举动,伯爵知道唯有仰仗崇尚和平宽容的国王以君主权威来干涉。他决心亲自去巴黎求情,又

---

① 于格·德·普瓦杰:《维泽莱修道院史》,第三册,吕克·达谢里搜集,原文本,卷二,第 534 页。
② 于格·德·普瓦杰:《维泽莱修道院史》,第三册,吕克·达谢里搜集,原文本,卷二,第 534 页。
③ 于格·德·普瓦杰:《维泽莱修道院史》,第三册,吕克·达谢里搜集,原文本,卷二,第 534 页。

害怕泄露目的会导致这趟旅行无功而返,于是换上朝圣者装束,拿了手杖,腰间系着钱袋,佯装要到圣德尼墓还愿。① 一抵达巴黎,伯爵脱下衣装换上朝服,被领入王宫。向国王介绍了维泽莱流亡者的凄惨境况后,他恳求国王的恩典,保证尽快让自由民首领当国王的面,同圣玛丽修道院院长缔结永久和平。国王也许被伯爵的话语,或被他以自己和流亡者名义进献的金钱打动,同意起驾到欧塞尔,召见伯爵、院长和维泽莱人的签约代表。特定的日子来临,相关各方到场,院长和伯爵就坐,自由民们脱帽站立,国王开口问自由民们有什么请求,想怎样解决。经过这么多磨难,疲惫的自由民不再寄希望于伯爵,仅渴求和平返回家园,他们谦卑地说愿用身心和财产报答国王,完全按照他的意愿行事。国王和大臣们商讨后说道:

  首先,维泽莱城内和郊区的居民郑重宣誓放弃他们和讷韦尔伯爵制定的阴谋联盟,并尽力而为,交出杀害了修道院修道士或仆从的凶犯。

  第二,他们要在祭坛和圣骨前发誓,从此效忠于庞斯院长和他的继任者,如实支付4万苏给圣玛利教堂作为补偿,在确定期限也就是圣安德烈节日(11月30日)前,摧毁他们为防御房屋建造的塔楼和内外墙。

  第三,他们要同样发誓,全面真诚地执行这些条款,绝不欺诈或保留。②

---

① 于格·德·普瓦杰:《维泽莱修道院史》,第三册,吕克·达谢里搜集,原文本,卷二,第534页。
② 于格·德·普瓦杰:《维泽莱修道院史》,第三册,吕克·达谢里搜集,原文本,卷二,第534页。

这项裁决是1155年,"年轻的"路易执政第18年做出的。

全体维泽莱公社的创建人员,共40个流亡市民,按要求宣誓,随庞斯院长一起离开欧塞尔,原来的敌人之间相处十分融洽。流亡者期盼与家人团聚,恢复日常生活,他们忘记了付出高昂代价、经受种种痛苦才获得的自由,回到维泽莱时,每个人都感觉流放结束般的欢悦。大家互相亲吻,疯狂地唱歌、跳舞,处在一种陶醉的状态。① 那天之后,一批批流亡民众涌现在返城路上,他们为达成和解兴高采烈,握着院长的手诚恳地发誓永远效忠。人们在长期动荡之后需要精神上的放松,所以修复初期,维泽莱城上下总充满愉快的气氛。

重获完整主权的维泽莱院长,第一件要务就是实行巨额捐税补偿他的损失,或者说他认为的所有损失。院长不满意判决里注明的4万苏赔款,起草了一份新清单,再次估算后,让每位居民赔付其资产的十分之一。历史作家记叙道:"这么多人当中,没有一个敢于抗命或出言反对。"② 有个问题上,维泽莱人显示出不太温良的一面,当各街各路贴出拆除房屋、防御围墙的公告时,无人理睬。这些自由标志花费了大量金钱,而且,维泽莱人可能没有彻底放弃重建公社的希望。③

院长已打发走那些雇佣兵,现已缺乏有效手段强迫居民执行他最后的命令。他屡次召见自由民首领,反复督促他们,规定严格限

---

① 于格·德·普瓦杰:《维泽莱修道院史》,第三册,吕克·达谢里搜集,原文本,卷二,第534页。
② 于格·德·普瓦杰:《维泽莱修道院史》,第三册,吕克·达谢里搜集,原文本,卷二,第535页。
③ 于格·德·普瓦杰:《维泽莱修道院史》,第三册,吕克·达谢里搜集,原文本,卷二,第535页。

期,但期满时仍无人遵从。在几千人口的小镇拆除一些商贩和手工业者建造的垛墙竟成了一项轰动欧洲的事件。教廷使节像当时处理公社叛乱一样忙碌奔走,教皇本人也觉得问题严重,写信给法兰西国王,信中说:

> 出于对主的爱戴和我前几封信的重视,阁下根据崇高地位所承担的责任,协助我们亲爱的儿子庞斯院长,发起提议支持他,打击迫害他和修道院的人。我为你热情无私地完成了圣洁的使命,表示由衷的祝贺和深切的感激。不过,频繁督导是保持杰出成果的有效方式,我借此机会嘱托你,期待你的义举,为了让主赦免你的一切罪过,请珍惜并尊重这位院长,捍卫他的修道院,遏制我们亲爱的儿子讷韦尔伯爵或其他任何人的不良企图,那里的众兄弟都将在主面前为你祈祷和称道你王国的恩情,而我也会赞美你崇高的王者风度。鉴于维泽莱市民依仗自家门前修筑了石砌工事,对该院长和当地教堂极其蛮横无理,他们的迫害使院长难以留在修道院,我请求你慷慨出面,摧毁这些坚固的房屋,去除市民心中的傲慢,把维泽莱教会从苦难中解救出来。①

教皇的信送至法国的时候,庞斯院长正在恐吓维泽莱人,说要让他们体会领主发怒的后果。他的话毫无反响。有的自由民不仅没有拆除房屋的防御,甚至继续施工。上面提过的西蒙,终于完成了公社成立那天奠基的宏伟塔楼。西蒙交结许多省内贵族,他有很高声望,在院长权势面前不肯低头,贵族们亦通过信件并派人来提醒院长,宽

---

① 《教皇阿德里安四世的信》,原文本,《高卢史和法兰西史汇编》,卷十五,第671页。

容对待这位值得尊敬的人。维泽莱人获悉法兰西国王将重新干预，前景不可能有利于自由民，他们气馁沮丧，而院长大胆地发起决定性的一击。他召集许多教堂领地的青年农奴，尽可能武装他们，并让最果断坚决的修道士率领。这支队伍直奔西蒙的家，见没有抵抗，他们便开始捣毁塔楼和雉堞围墙，房屋主人则像共和时代的罗马人那样镇静自若，与妻子儿女坐在角落烤火。① 不战而获的成功，意味着领主权威的胜利，那些住宅修筑了防御工事的自由民向院长送交了人质，作为拆除一切设施的保证。教会记录者写道："争吵结束，维泽莱修道院从叛乱下属手中收回了独立司法管辖权。"②

在自由民声势浩大的起义并建立过公社之后，领主是否还可以全面行使权力，这令人怀疑。对自由的渴望足以带动两三千人奋起反抗那个时代最强大可怕的政权，他们心中又怎能对所发生的事彻底忘却，不留痕迹。维泽莱人再次成为圣玛丽教堂的农奴，毫无疑问，他们不会像以前那样勤勉；因为劳作通常要看个人自愿和勇气。③ 维泽莱人完全独立的日子固然短暂，但请不要急于指责他们的怯懦，认为他们和整个民族一样心血来潮，不够坚韧顽强。设想 12 世纪时，屈指可数的商贩如何面对王室和教会的双重权威？广大农民缺乏反抗奴役制意识，分散各方的自由民小团体和不开化的他们相比

---

① 于格·德·普瓦杰：《维泽莱修道院史》，第三册，吕克·达谢里搜集，原文本，卷二，第 535 页。
② 于格·德·普瓦杰：《维泽莱修道院史》，第三册，吕克·达谢里搜集，原文本，卷二，第 535 页。
③ 写这几行时，这只是我的一个猜想，可是通过最近发现的维泽莱修道院和市民之间的和解协议完全证实了这个问题。在 1222 年蒙圣约翰的领主纪尧姆发给当地居民的自由特许状中，该协议被一字不差地抄录下来。参见《约讷省档案》，维泽莱修道院所有权状。

仿佛沙漠中的绿洲。在并未完成的、争取自治的伟大事业上,我们的确比先辈做出更多成绩,但与其不痛不痒地批评前人,不如对他们克服了重重阻碍才展露于我们面前的自由思想表示敬佩。要承认,这种思想无论过去或现在,都不断激发人们强烈的欣喜与刻骨的遗憾,而必胜的信念将帮助我们从容接受各种考验。

# 第二十五封信　关于国民议会

　　政治保守的作家书写法兰西历史造成的错误，被人们过分夸大了。在各个时期、各个国家里，凭已有事物状态和现代人观点想象地描述过去场景，由此产生的影响才是对历史真相的最大危害。不论观点对或错，奴性或宽容，歪曲事实都会导致相同结果，即把历史篡改成一部真正的小说，某个世纪的君主政体小说，或另一个世纪的哲学或共和主义小说。17、18世纪历史学家作家所犯的谬误和矛盾，大多缘自他们那个时期帝国的社会习俗和政治形势。我们应防止用当代的道德观念，甚至还要避免依靠法律秩序和宪法制度来批驳君主专制的权威。在受古老道德规范束缚的人们眼里，我们如今的自由主义思想，几乎是失去常理的，绝不可能被愉快接受的，而且是恰恰处于真正历史道路之外的。史料难以完善，这些错误亦无法辨析，不过，从科学角度指摘作品的同时，我们必须向爱国作家表示敬意。

　　公众目前特别关注的历史问题，是国民议会的起源与延续。这种偏爱表示支持宪法理论,我们当然赋之赞赏,即使它对历史研究方面至今没有明显的推进作用,仅仅引发了人们一些单纯的梦想,以为在查理大帝甚至克洛维时代,全部关于国民议会的期望就已然实现。尽管孟德斯鸠的著作有相当的权威性①,塔西佗的几个章节亦闻名于世,而法兰西史的开端既非典型君主制时期也非路易十五的集权年代。人们觉得第一种假说比第二种更自由开放,但两种假说都缺乏切实的考证,混淆了完全不同的民族起源,对高卢被征服后真正状况的认知也不充分。把18世纪末崛起的第三等级的需求和热忱,强加到日耳曼入侵时的人民身上,与把法兰克王朝及国王部属(ghesels)②描写成风流宫廷和侠义骑士同样荒谬。目前被称作中间阶级的大部分人,付出高昂代价才得以作为国民代表参商国家政事,我们很难推测出这类民众自古就拥有一致的愿望、思想和感受。况且,过去几个世纪他们在行使权力与获得政治授权上,采取的是截然不同的方式。只有当法兰西各城持有的特殊特许状都因中央集权的扩张相继被销毁或干扰后,制定一部统一的宪法、一部国家的宪法,才可能成为人民心中共同追求的目标。

　　看到14世纪起,主要城市的代表被传唤参加三级会议,我们不该从表面现象判断,他们和后人一样对当今立法议会深感兴趣。在英格兰,这个被视作传统的议会制国家,当城市和村镇居民得知议会选举的消息,也并非总是喜悦的。14、15世纪的人们对选举权没什么向往,倘若碰巧郡长突然考虑把这项权利授予那些往昔不曾享有过的城市,居民们甚至苦恼抱怨。他们向国王投诉郡长

---

① 参见《论法的精神》,第九册,第六章(1748年,旧译为《法意》)。
② "ghesels"词意是"部下、僚属、同伴",很可能自此衍生了"附庸"一词。

的"狡黠恶意"——请愿书里的用词,声称他们被迫派人出席议会。① 法国南部几个被要求选派代表的城镇,认为法兰西国王有"不良企图",想违抗传唤,并请求英国国王、吉耶讷领主给予足够的支援,②收到传唤的其他城镇,特别是既往属于法兰西国土的,没有显现出如此的反感,不过也缺乏证据表明这些地区参加三级会议是一种绝对服从的行为。根据当时文字的描述,城市居民"服从"命令派遣代表;国王中断传唤,市民们非但不抱怨权利受到侵犯,还为三级会议的取消而庆祝,因为它的召开暗指"人头税"和"附加税"的提高。

历史上有两种国民议会的基础理论观点最受认可。一种认为日耳曼人入侵之前,无人希望在罗马行省里成立议会,或者帝国政权憎恶的类似意向。另一种坚信野蛮人、哥特人或法兰克人在高卢定居后,根据他们的民族风俗举行三月场或五月场,当地居民参加了集会并拍手称赞。③ 两种观点皆无事实根据。第一种观点与418年霍诺里乌斯④和狄奥多西⑤两位皇帝颁发给高卢驻阿尔勒城行政长官的诏书明显相抵触。请看译文:

---

① 《条约、协议、公文及一般官方文件集》,"爱德华三世"一章。(该文件集由托马斯托·赖默[Thomas Rymer,1643—1713]所编,收录了1066年至1654年间英格兰国王与其他君王及国家之间的条约、协议、公文等官方文件。——译者注)
② 参见《条约、协议、公文及一般官方文件集》。
③ 法兰克墨洛温或加洛林王朝时代,每逢三月或五月,为了开展下一次侵略行动,在草场上举行各地勇士的战马聚集大会,也就是新军事行动大会。——译者注
④ 弗拉维乌斯·霍诺里乌斯·奥古斯都(Flavius Honorius Augustus, 384—423),狄奥多西一世(大帝)之次子,罗马帝国正式分裂为东西两部分后首任西罗马帝国皇帝,在位时间393—423年。——译者注
⑤ 狄奥多西二世(Flavius Theodosius Iunior Augustus, 401—450),东罗马帝国皇帝,阿卡狄乌斯长子,狄奥多西一世的孙子,408—450年在位。——译者注

霍诺里乌斯·奥古斯都与狄奥多西,致高卢行政长官阿格里科拉(Agricola)①。

阁下为我们呈现的杰出报告,相比其他信息对共和国非常有益。为了让这些地区拥有法律的永久力量,我们向七省②居民颁布必须遵循的以下条文,如果他们有自己的愿望也可以提出诉求。鉴于因公务或私人情由,各省和每个城镇的主要负责人或专门代表都经常向阁下汇报账目及业主关心的事项,我们认为这种举措适宜有效,决定从今年起,每年首府,即阿尔勒城③召开七省居民议会。通过上述机构,我们可了解民众的普遍和特殊注重的事情。首先,卓越的行政长官若没有其他公共治安的政务,亦将出席重要居民议会,人们磋商每个议题,以获得最好的意见。各省严格执行深入讨论后做出处理和裁决;没有出席大会的人也不例外。其次,在君士坦丁大帝钟爱的城市定期召开议会,既利于公共事业,也能够扩大社会关系。④ 这座城市的地理位置异常便利,异乡人络绎不绝,城内贸易繁华,来自各地的商品琳琅满目。富饶的东方、香郁的阿拉伯、精致的亚述、肥沃的非洲、美丽的西班牙、热情的高卢,它们出产的多姿多彩、闻名遐迩的货物如同泉涌,令人艳羡。而且,罗纳河与托斯卡纳海(Toscane)的融汇让周边地区几乎成为交界,商船只需渡海或沿

---

① 弗拉维乌斯·朱利叶斯·阿格里科拉(Flavius Julius Agricola, 365—421),古罗马帝国政治家,高卢行政官员(416—418),后任执政官(421)。——译者注
② 七省:维耶纳省、第一阿基坦省、第二阿基坦省、第三阿基坦省、第一纳博讷省、第二纳博讷省和阿尔卑斯滨海省。——译者注
③ 阿尔勒(Arles)是法国南部城市,位于罗纳河口省。——译者注
④ 君士坦丁大帝非常喜爱阿尔勒城,在那里设置高卢大行政区机关,他还想用自己的名字命名该城,但习惯称谓胜过他的意愿。

罗纳河迤逦而下,四面八方都为享受盛誉的阿尔勒城服务,各处货产靠马车、帆船、桨舟,经陆路、海航、河道运达。如此生机勃勃、商业发达的城市,某种程度上难道不是神的恩赐吗,我们宣布于此举行公众议会,高卢人民难道不会赞同这明智之举吗?

杰出的行政长官佩特罗尼乌斯(Pétronius)[1]曾有一个值得称赞的、理由详尽的规划,要求人们贯彻集会习俗,但往往由于疏忽了日期或越权者的专制而中断。现在,我们决心凭谨严的权威让它重新生效。挚爱的亲友阿格里科拉,杰出的阁下,按照我们的诏令和你的前任确立的习俗,于七省执行下列规定:

所有光荣的公职人员、土地业主、各省法官,于每年8月13日至9月13日,在阿尔勒市举行议会,召开日期和会期可随意设定。

第二阿基坦省、第三阿基坦省,因为距离较远,如果法官因事务繁忙不能参加,可按惯例派代表代替。

在规定时间内未到达指定地点的人,法官要交付5里弗尔的罚款,库利亚或其他官员要交付3里弗尔。[2]

我们相信,该举措会使各省居民受益匪浅,他们必会欢迎;我们确定,这样不仅会增加阿尔勒城的魅力,还根据父辈和贵族的意见和见证,表示我们对忠诚的阿尔勒应有的谢意。

5月15日寄出,6月10日至阿尔勒。

这道帝国诏书体现了对公众利益和文化商业的重视,相比法兰

---

[1] 402—408年佩特罗尼乌斯任高卢行政长官。
[2]《狄奥多西法典》,原文本,《高卢史和法兰西史汇编》,卷一,第767页。

克国王、伯爵召集全国和领地附庸时用的诏令或公告（banns）①，更符合我们的宪法道德规范。可是，从我们与南高卢人民的思想差异得出结论，阿尔勒议会远远不如今天人们设想的融洽。高卢城镇居民怀着深深的厌恶，多次试图脱离罗马帝国，竭尽所能想做到市政独立，虽然徒劳无功；任何机构，即使形式自由开放，但若其目的是加强帝国高层的管理，一定不受欢迎，民众态度冷漠。诗人希多尼乌斯·阿波黎纳里斯（Sidonius Apollinaris）多次提及并生动描述了这种普遍不满的情绪。"父辈们说过，"诗人写道，"随着帝国命运的衰退，我们麻木地遵守律法，承担帝国阴影下的重负，把它视作某种义务；而且习以为常地对古老族裔、那些披绛红长袍人们的罪恶视而不见。"②

人们以为罗马皇帝坚决反对各省居民举行议会来掌管管理事务，实则不然，他们甚至试图利用代表大会，阻止各省、市镇同时兴起的伟大解放运动。之所以不受欢迎，不是因为中央集权固执拒绝提供今天我们所说的政治保障。相反，这些保障加剧了大家对它的厌恶，高卢人民渴求民族独立，公民只关心自己的内部事务，无暇顾及帝国问题。召开阿尔勒议会的谕令授予参与者最广泛的讨论和审议权利；而重罚缺席者的规定，以及关于阿尔勒形形色色繁华乐趣的夸夸其谈，恰恰揭示了中央集权的担忧，唯恐大会遭到部分业主和市政团体的强烈抵制。议会的确是面向众多公民的全新特权，但高卢都市居民立志摆脱令人厌倦已久的帝国，该愿望高于一切政治特权。当地人自愿或被迫忍受野蛮人的入侵，终于实现了愿望，来自日耳曼

---

① 在法兰克语中"banns"的词意是"公告、诏令、判令和禁令"。
② 希多尼乌斯·阿波黎纳里斯：《颂歌》，原文本，《高卢史和法兰西史汇编》，卷一，第810页。

的在罗马行省扎营、穿兽皮的战士,没有强加任何制度。① 日耳曼人为维系自己的民族政权建立了各个公国,他们召开会议时帝国的古老臣民被排除在外,绝大多数居民毫不在意。

在高卢土地上初步定居后,哥特人、勃艮第人和法兰克人用他们的语言议事讨论,当地居民不去参加,他们最多把这类军事会议看成一个奇特的景象,因为到会的国王和日耳曼勇士个个手持武器。希多尼乌斯·阿波黎纳里斯为我们描述了西哥特王狄奥多里克(Theoderik)在图卢兹举行会议的某些细节。他用相当别致生动的方式,刻画了最高领袖会议上南部征服者们的奇装异服②,形容参加所谓长老会的野蛮人腰佩利剑,穿着大多是肮脏和油腻的麻布衣服,脚上套马皮做的破烂鞋子。③ 诗人的这番描写和其余的文字说明"领主"这个古老头衔当时只是字面上的,不具有后来的词义,即指一位强大而富有的人或一位贵族贵胄。

卢瓦尔河以北的法兰克国王们举行的集会大概也都如此。如果议题很难决定,部族首领、长老将分别被召唤;如果涉及军事事务,则全体人员一起讨论。克洛维决定入侵哥特人的领土时,在巴黎城下集合所有武装法兰克人,想获得大家的支持。野蛮人国王的动员简短扼要,用日耳曼语说:"我无法容忍阿里安人占据着一部分高卢,让我们仰仗神的帮助击败他们,凭我们的力量夺取他们的土地。"④全体

---

① 希多尼乌斯·阿波黎纳里斯:《吟唱》,原文本,《高卢史和法兰西史汇编》,卷一,第807页。
② "贫穷的长老们在会议之后……"希多尼乌斯·阿波黎纳里斯:《吟唱》,原文本,《高卢史和法兰西史汇编》,卷一,第809页。
③ 希多尼乌斯·阿波黎纳里斯:《吟唱》,原文本,《高卢史和法兰西史汇编》,卷一,第809页。
④ 格雷戈里,原文本,《高卢史和法兰西史汇编》,卷二,第181页。

参会人员大声欢呼表示赞同,一齐向阿基坦进发。

克洛维后人举行的会议,几乎一直是征服种族的军人大会。城市居民和保留了罗马文明礼仪的人组成另一个群体。这个群体只要安安静静,蛮族人很少理会,因此在法兰克政府之外,该群体有自己的市政机构或库利亚、民选法官和贵族会议、罗马都市的古老特权,某些地方原本衰败的帝国权威甚至出现了复兴的迹象。① 战败者的子孙维护市政机构,设法抵制侵略种族的暴力压迫。日耳曼统治者虽然不关心高卢城市居民执行另一套政治制度,但在征税和霸占土地方面从不心慈手软。居民与中央政府无直接联系,主教为了同胞,有时自愿代替被罗马人称作"卫护者"的司法官员②,到法兰克王宫交涉。主教倾诉大家对重税和税务官员过于苛刻的不满,然后带着令居民满意的王室特权文书返回,税吏和军官们却一切照旧。

主教们一贯是半官方的陈情者,直到加洛林王朝时大批蛮族人被提拔为主教以后,才于政治议会上有了正式稳定的席位。然而,他们不再扮演城市卫护者的以往角色,仅仅作为教会阶级的代表,同军事代表国王和领主站到一起。法兰克人讨论军事问题用条顿语,讨论教会事务用拉丁语,都市居民们听不懂法兰克国王的宫廷语言和五月场集会用语,他们未曾直接或间接参与过会议,也无抱怨之心。所以,在前两个王朝、确切地说是法兰克王朝统治时期,被历史作家

---

① 例如在南高卢部分地区。这在西哥特国王阿列拉克二世的法律、阿尼亚诺斯日课经里能找到证据。参见萨维尼:《罗马法律史》,卷二。(阿列拉克二世[Alaric Ⅱ,? - 507],西哥特国王。他统治的领土包括整个高卢和大部分西班牙,他非常注意保存罗马文化,并准许其罗马臣民信仰基督教正统教义。他是一个宽容的统治者。其最大的贡献是下令编成以《阿列拉克法律要略》之名著称于世的法律文件。——译者注)
② 司法官员的最初职责是卫护城市人民,抵抗帝国官吏及雇员的压迫和不公正行为。

称作民族会议的非宗教会议,都是由法兰克人组成,他们的母语为条顿语。直至9世纪末,原始文档中只记录过两次国王使用另外一种语言,进行公开简短的演说。第一次是842年的斯特拉斯堡会议,秃头查理和日耳曼人路易友好结盟反对洛泰尔,第二次是860年科布伦茨举行的三兄弟维持和平的会议。① 两次大会上,秃头查理和日耳曼人路易使用了罗曼语。我已提到,这种罗曼语不是现在的法语,而是南部方言。阐述科布伦茨会议召开缘由的誓言文书证实了这一点。该会议实际是向不久前反叛秃头查理的普罗旺斯领主宣布最终赦免。"查理国王先用罗曼语朗读这些条款,又用条顿语概述一遍,然后路易国王用罗曼语对他的兄弟查理说:'现在,请对因为信任投靠我的人说出您感人肺腑的话。'查理国王提高嗓音,用同样的语言说:'你们知道,一些人曾反叛我,转到我兄弟麾下,为了上帝,为了上帝的爱和恩典,我原谅他们所做的一切……'路易国王用条顿语表示赞同赦免条款,并保证遵守。"②9世纪,罗曼语只有在法国南部地区比前征服者的语言盛行。北部省份中,"胖子"查理被废黜,疆界从默兹河到卢瓦尔河的新法兰西王国刚刚形成时,罗曼语的应用才普遍起来。语言演变经一个世纪的潮起潮落,于卡佩王朝开启时完结,罗曼方言发展为实有的法语,它在高卢北部不再单纯是一种乡村或自由民用语,还变为宫廷和议会上使用的语言。

第一个真正的法兰西王朝——卡佩王朝的国王,贵族和农奴使用同一种语言,社会等级、阶层、状况的差异接替了昔日民族划分。按野蛮族裔与本地民众之间的遗留区别,人们把"法兰克"(franc)当

---

① 尼达尔,原文本,《高卢史和法兰西史汇编》,卷七,第26页,参见第十封信。
② 尼达尔,原文本,《高卢史和法兰克史汇编》,卷七,第27页。

作一种尊贵头衔,称呼那些聚集了大量财富、个人及财产并享有充分自由的人,这些人又叫"拜尔"(bers)或"巴隆"(barons,"诸侯"),该词条顿语的意思是"男人"(bar)。①卡佩王朝的每位国王时常举行法兰西诸侯会议,但会议的召开没有规律性,参会人数也不同。会议以当时词语的"法庭"或"议会"为名,出席的贵族没有等级之分,只是封建头衔不同。"年轻的"路易当政后,为了给王室法庭增添小说中描述的查理大帝时期的辉煌,将12位最强大的诸侯封为法兰西重臣。自此,人们习惯把他们称作"顾问大臣",某种意义上他们是国王的左膀右臂。尽管地位较高,重臣们仍继续与法兰西其他贵族及全体主教出席会议。大型御前会议保持着古老形式,总是由军事将领和神职人员组成,13世纪,大量法律人士开始加入,与此同时主教们停止参会——除非他是法兰西重臣,拥有大主教区首府的领主权。从这个时候起,王室议会逐渐转变为单一的司法议会,具备记录诏书和法令的特权。在遇到财物困难、司法议会难以解决的情况下,国王为了扩张和巩固君权,采用召集全国三个主要阶级代表开会讨论的方法,三个阶级是贵族和神职人员,以及公社成员,后来又称"第三等级"。

14世纪初,自由民代表第一次被传唤参加国家三级会议②,这既不是作家所写的什么恢复了从卡佩王朝建立后便失去的古老政治权利,也不是指自由民们获得了新近解放。两个多世纪前,为数众多的自由民已拥有充分自治权,他们可以举行公众集会,选举其司法长

---

① 条顿语中"bar"一词只有拉丁文"vir",即"男人、战士、人"的意思,法兰克律法中写道:"所以男人比女人……",伦巴底人律法中说:"如果有人犯下杀人罪,无论是自由人还是农奴……"

② "美男子"菲利普四世于1302年5月10日召开了第一次三级会议,除了教会和贵族的代表之外,还第一次召集每个城市的两名市民代表参加会议。——译者注

官,接受同等议员审判。在有市政机构的城市,公社管辖的地方,是禁止征收人头税的,这在当时是一个公认的原则;因此国王若想强加赋税,必须同小型自治协会的专门代理人洽谈。①

召集第三等级代表不是政治恩典,而是简单地承认公社古老特权,承认之后,另有诸多糟糕的条款,包含对该特权的初步侵犯,以及取缔公社、把城市交到国王手中的企图。刚从持久的、毫无市政自由的君主专制时期走出的法兰西人民,迫切寻求对抗极权的有效保障,他们饶有兴致地回顾过去,感到三级会议似乎是最好的选择。作家们带着无意识的冲动,为我们这段历史赋予了过于亮丽的色彩,自由民真正解放的公社时代则变得暗淡无光,朴实坚韧的独立性失去了以往的吸引力。关于这段历史的真实情况,16、17世纪的历史作家有很好的认识,并充分尊重史实,没有浪费时间幻想什么"美男子"菲利普执政期间发生的轶事。请看艾蒂安·帕斯基耶②在《法兰西研究》一书中是如何谈论三级会议的。

"美男子"菲利普率先推出这项革新,他还创立了首次1%,二次1/50%的产业特税。征税造成巴黎、鲁昂、奥尔良的市民农民起义,收税人员全部被杀死。当他从弗兰德远征回来时,又想到每出售一件商品,征收6德尼尔的附加税,可是人们不愿服从。为避免骚乱,国王接纳财务总监安居朗·德·马里尼(Enguerrand de Marigny)的意见,仔细考虑怎样更温和地让人

---

① 《瓦卢瓦王朝菲利普六世告诫兰斯居民书》,引自《兰斯大主教首府史》,卷二,第619页。
② 艾蒂安·帕斯基尔(Etienne Pasquier, 1529—1615),法国政治家、历史学家、诗人、司法官员。——译者注

民交付捐税。意图再征新税的菲利普四世在巴黎市内建起一座大厦，安居朗于大厦中代表国王高度赞美了这座城市，把巴黎比作历届国王用于进食的头等起居室，然后他向三个等级的代理人重申紧急事件，说弗兰德战争军需问题令国王财政陷入困境，劝勉他们自愿帮助陛下解决这一牵涉到所有人的公共危机。大家当即表达身心财产的忠诚。国王提出的金额巨大，征税规模波及全国。首次尝试获得可喜的成功，召开三级会议从此变成习惯。不仅路易十世、菲利普五世、查理四世，连瓦卢瓦王朝的国王们都纷纷仿效。

梅泽雷从他所在时代的角度，凭清醒思维和独立不羁的特性判断事务，对三级会议的评价几乎同艾蒂安·帕斯基耶一样淡漠。他的历史著作中关于亨利二世①有这样的句子："国王需要的只是钱，1558年1月6日，他在巴黎召开了三级会议，自约翰二世②起，开会都是为了增加贡金……"

14、15世纪城镇居民未能享有更多的专营权，在王权扩张的年代，公社反而丧失了原有的共和性质，大部分公社从属于司法行政官吏，然而推动全民族的、消灭一切奴役的运动并未就此终止。自由民力量被慢慢削弱的时刻，一直隐于后方的数目庞大的阶级，即农奴与佃农挺身而出，这场革命的成果比它的起源和发展更易察觉，却没有任何历史作家关注过。依靠叙述者含糊和不完整的记录，探索并重现历史真相，将是一项崇高的工作。要是能完善它，我们便可以把法

---

① 亨利二世（Henri Ⅱ, 1519—1559），瓦卢瓦王朝国王。
② 约翰二世（Jean le Bon, 1319—1364），瓦卢瓦王朝国王。——译者注

国社会史上的12世纪公社革命与18世纪民族革命重新连接起来。劳动和自由依托的文明社会,聚集了当今每位有良知的人和广大劳动者,法兰西古罗马市政制度仿若文明社会的摇篮,固守在有效的市政庇护制度里,文明社会抵挡住了野蛮人征战入侵的冲击,它强大的生命力不断削弱征服者政权,使高卢土地上的日耳曼统治走向衰亡。分布在辽阔疆域上的文明社会,四周环绕着好战的军士和苦役劳工,它对渴望和平的贵族与向往自由的农奴敞开怀抱。自由民这个称号,不仅仅意味自由,还标志着一种荣誉;因为该词语同时表达了个人解放和积极参与市政主权的理念。① 当古老称号失去特权和威望,相应地,如同一种补偿,很多乡村废除了奴隶制度,庞大的农奴群体获得了世俗自由,但不具有政治特权。1789年,他们掀起整个法国革命,展开了中世纪先祖在一些普通城镇曾经投入的事业。有目共睹的是,现代的文明社会仍在同过去的残余势力、昔日的征服者、封建贵族以及君主专制做斗争;不过不必担心,它的既往史已向我们预示了未来:文明社会的力量一定能战胜一个又一个强大的黑暗势力。

---

① 我们经常在中世纪条约里看到"自由骑士"一词,但在当今语言里,两词似乎相互排斥。